中国社会治理
如何开启现代化

杨宜勇 等 著

人民出版社

责任编辑：高晓璐

图书在版编目（CIP）数据

中国社会治理如何开启现代化/杨宜勇 等 著. —北京：人民出版社,2021.5
ISBN 978－7－01－022850－1

Ⅰ.①中…　Ⅱ.①杨…　Ⅲ.①社会治理-现代化-研究-中国　Ⅳ.①D63

中国版本图书馆 CIP 数据核字（2020）第 249323 号

中国社会治理如何开启现代化
ZHONGGUO SHEHUI ZHILI RUHE KAIQI XIANDAIHUA

杨宜勇 等 著

人民出版社 出版发行
（100706 北京市东城区隆福寺街 99 号）

北京汇林印务有限公司印刷　新华书店经销

2021 年 5 月第 1 版　2021 年 5 月北京第 1 次印刷
开本：710 毫米×1000 毫米 1/16　印张：15.5
字数：253 千字

ISBN 978－7－01－022850－1　定价：49.00 元

邮购地址 100706　北京市东城区隆福寺街 99 号
人民东方图书销售中心　电话（010)65250042　65289539

序　言

全面建成小康社会以后怎么办？

我们永不停歇，即将开启全面建设社会主义现代化强国的新征程！

2019 年是新中国成立七十周年。党的十九届四中全会吹响了面向新中国成立一百周年的总号角，是强起来的时代最强音。《中共中央关于坚持和完善中国特色社会主义制度、推进国家治理体系和治理能力现代化若干重大问题的决定》就是要进一步弘扬中国的制度优势，通过不断改革和完善相关环节，让国家治理水平再上一个新台阶。

一、科学把握社会主义现代化建设的历史脉络

治国理政和写文章一样，必须注意起承转合的关系。处理好起承转合关系的文章就是篇好文章；处理好起承转合关系的国家治理就一定会欣欣向荣。总而言之，懂得起承转合是做好坚持和完善中国特色社会主义制度、推进国家治理体系和治理能力现代化这篇大文章的关键所在。党的十九届四中全会的重要《决定》紧密围绕"中国制度优势—中国特色的治理体系—全面深化改革的总目标—中国现代化的解决方案"的逻辑，构建了集总体目标、制度建设与执行能力于一体的治理路线图，并从 13 个方面提出了具体工作要求，值得大家认真学习，充分懂得，自觉贯彻，全面践行。制度坚持是完善治理体系的重要前提，优化治理体系是制度坚持的必然结果。

（一）起

起即走起。"起"就是一个全新的开始，起好头就约等于成功了一半。《中共中央关于坚持和完善中国特色社会主义制度、推进国家治理体系和治理能力现代化若干重大问题的决定》开启一个新阶段。强起来的阶段，是最求品质发展和品位发展的新时代。2019年中国人均GDP达到并超过一万美元，这是量变到质变的一个里程碑，是在世界范围内强起来的一个新起点。进入人均GDP一万美元之后，中国要想发展得更好、更顺利，必须不断进行制度体系完善和治理手段优化。面对百年未有之大变局，决胜未来的肯定是制度竞争。我们一定要充分发挥社会主义制度的优越性，积极推进中华民族的伟大复兴。

《中共中央关于坚持和完善中国特色社会主义制度、推进国家治理体系和治理能力现代化若干重大问题的决定》有利于推动未来中国实现高质量的发展。高质量发展，在微观层面上要特别注重在生产要素、生产力、全要素效率的提高之上进一步发展，不能再主要依靠要素投入量上的简单扩大，要追求创新带来的高收益和高利润；在中观层面上要高度重视国民经济结构包括产业结构、市场结构、区域结构等的升级换代，把宝贵的稀缺资源配置到最需要的地方和环节，要有意识地占领产业和行业战略制高点；在宏观层面上，则要求经济均衡发展，其中包括空间均衡、所有制间均衡和居民间均衡等，更好地实现共享发展。要做到这些，绝对离不开《报告》中提出的十三个"坚持和完善"。

其中特别需要指出的是要坚持和完善社会主义基本经济制度，积极推动经济高质量发展。我们要充分发挥市场在资源配置中的决定性作用，更好发挥政府作用，全面贯彻新发展理念，坚持以供给侧结构性改革为主线，加快建设现代化经济体系。在强调经济建设为中心的同时，深入推进"五位一体"的建设。在强起来的新时代，我们让人民群众的安全感、参与感、获得感、成就感和幸福感普遍增强。

（二）承

承即接着。"承"就是承上启下，没有继承就没有创新，我们绝对不能像狗熊掰棒子那样。推进国家治理体系和治理能力现代化必须处理好继承和创新的关系。新时代创新是重要的，但继承也是同等重要的。实践证明，中国特色社会主义制度和国家治理体系是与马克思主义一以贯之、深深植根中国大地、具有深厚中华文化根基、深得人民拥护的制度和治理体系，是具有强大生命力和巨大优越性的制度和治理体系，是能够持续推动拥有14亿人口的大国进步和发展、确保拥有5000多年文明史的中华民族实现"两个一百年"奋斗目标进而实现伟大复兴的制度和治理体系，必须毫不动摇地坚持下去。

党的十九届四中全会提出，中国特色社会主义制度是党和人民在长期实践探索中形成的科学制度体系，我国国家治理一切工作和活动都依照中国特色社会主义制度展开，我国国家治理体系和治理能力是中国特色社会主义制度及其执行能力的集中体现。中国特色社会主义制度发展和国家治理现代化相辅相成，相互推动。"问渠那得清如许，为有源头活水来。"要做到这一点，绝对离不开《报告》中提出的十三个"坚持和完善"。

其中特别需要指出的是要坚持和完善党的领导制度体系，着力提高我党科学执政、民主执政、依法执政水平。我们要坚决维护党中央权威，健全总揽全局、协调各方的党的领导制度体系，把党的领导落实到国家治理各领域各方面各环节。与此同时，坚持和完善人民当家作主制度体系，大力发展社会主义民主政治；坚持和完善中国特色社会主义法治体系，不断提高党依法治国、依法执政能力；坚持和完善中国特色社会主义行政体制，完整构建职责明确、依法行政的政府治理体系，也都非常重要缺一不可。

（三）转

转即求变。"转"就是转折和发展，在发展中不能没有创新，没有创新就不能真正实现各项工作全面上台阶。创新是中国特色社会主义制度和国家治理体系的自我革命和内部完善。2018 年 3 月 11 日，第十三届全国人民代表大会第一次会议通过中华人民共和国宪法修正案，在"自力更生，艰苦奋斗"前增写"贯彻新发展理念"。创新、协调、绿色、开放、共享的发展理念管全局、管根本、管长远的基本导向，具有战略性、纲领性、引领性。新发展理念指明了"十三五"乃至更长时期我国的发展思路、发展方向和发展着力点，要深入理解、准确把握其科学内涵和实践要求。创新发展的关键是彻底解决发展动力问题。要做到这一点，绝对离不开《报告》中提出的十三个"坚持和完善"。

创新是一种能力，更是一种精神和文化。其中特别需要指出的是要坚持和完善繁荣发展社会主义先进文化的制度，进一步巩固全体人民团结奋斗的共同思想基础，这是国家治理体系和治理能力现代化的深厚支撑。我们要坚定文化自信，牢牢把握社会主义先进文化前进方向，激发全民族文化创造活力，更好构筑中国精神、中国价值、中国力量。

文化就是民族精神，必须体现祖国传统优秀文化和社会主义现代文化的有机结合。有了文化创新和创新文化以后，科技创新、产业创新、业态创新、管理创新等就一定会迎刃而解。

（四）合

三口相同为合。"合"就是要形成合力，最后才会有一个完美的结局。坚持和完善中国特色社会主义制度与推进国家治理体系和治理能力现代化是统一的，绝对不能割裂开来。新中国是人民的国家，社会主义社会是人民社会，新中国的辉煌历史由人民创造，未来我们必须进一步发挥人民的主体性和创造性，一张蓝图绘到底。党的十九届四中全会明确提出到我们党成立一百年时，在各方面制度更加成熟、更加定型上取得明显成效；到 2035 年，各方面制度更加完善，基本实现国家治理体系和治理能力现代化；到新中国成立一百年时，全面实现国家治理体系和治理能力现代化，使中国特色社会主义制度更加巩固、优越性充分展现。要全面实现这个宏伟目标，绝对离不开《报告》中提出的十三个"坚持和完善"。

其中特别需要指出的是要坚持和完善党和国家监督体系，有效强化对权力运行的制约和监督。一切源于人民，一切为了人民，必须一切依靠人民。我们要健全党统一领导、全面覆盖、权威高效的监督体系，增强监督严肃性、协同性、有效性，形成决策科学、执行坚决、监督有力的权力运行机制，构建"一体推进不敢腐、不能腐、不想腐"体制机制，确保党和人民赋予的权力始终用来为人民谋幸福。

总而言之，坚持和完善中国特色社会主义制度、推进国家治理体系和治理能力现代只有坚持以马克思列宁主义、毛泽东思想、邓小平理论、"三个代表"重要思想、科学发展观、习近平新时代中国特色社会主义思想为指导，增强"四个意识"，坚定"四个自信"，做到"两个维护"，坚持党的领导、人民当家作主、依法治国有机统一，通过系统治理、依法治理、综合治理、源头治理，才能把我国社会主义的制度优势更好转化为国家治理效能，为实现"两个一百年"奋斗目标、实现中华民族伟大复兴的中国梦提供根本保证。

二、治理体系是制度的有效支撑

在坚持中不断完善中国特色社会主义制度，与全面推进国家治理体系和治理能力现代化是相辅相成、相互促进的。党的十九届四中全会是在全面建设小康社会即将圆满结束、全面建设社会主义现代化强国即将开启时召开的历史性大会，旨在进一步落实全面深化改革总目标的系统部署，通过全面强化制度建设和治理效能，把新时代中国特色社会主义事业不断推向新境界。

（一）时代是出卷人，我们是答卷人，人民是阅卷人

一代人有一代人的历史使命。党的十九届四中全会与党的十一届三中全会一样，是一次具有开创性、里程碑意义的重要会议。如果说党的十一届三中全会是总结过去，拨乱反正，发出了"富起来"的新时期宣

言书，那么党的十九届四中全会则是展望未来，系统构建，发出了"强起来"的新时代宣言书。全会通过的《中共中央关于坚持和完善中国特色社会主义制度、推进国家治理体系和治理能力现代化若干重大问题的决定》（以下简称《决定》），系统地回答了在我国国家制度和国家治理上，应该"坚持和巩固什么，完善和发展什么，实践和创造什么"这个重大政治问题，《决定》既有理论上的新概括又有实践上的新要求，既有制度的新设计又有体系上的新补充，是中国特色社会主义进入新时代、全面加强制度建设，有效促进国家治理体系和治理能力现代化的政治宣言和行动纲领。

党的十八届三中全会通过的《中共中央关于全面深化改革若干重大问题的决定》就已经明确指出：中国全面深化改革的总目标，一方面要不断完善和发展中国特色社会主义制度，另一方面要全面推进国家治理体系和治理能力现代化。新中国建设的七十年所取得的伟大成就再一次证明，中国特色社会主义的完整科学制度体系是一笔宝贵的制度财富，必须在坚持中不断完善。与此同时，国家治理体系的现代化和国家治理能力的现代化也是一个社会历史过程，必须根据中国发展阶段的变化中不断演进。这次最新的《决定》，吹响了新时代推进中国政治文明建设的总号角。

（二）牢固树立理论自信，坚持和完善中国特色社会主义制度是推进国家治理体系和治理能力现代化的重要前提

在人类近代史上，社会主义从空想变为现实是历史发展脉络的必然结果。在新中国，中国特色社会主义不断发扬光大也是历史客观发展的大趋势。众所周知，在坚持中不断完善中国特色社会主义制度，系统推进国家治理体系和治理能力现代化建设是一个完整的整体，决定不能割裂开来，更不能够对立起来，必须自觉统一于全面建成小康社会、全面开启社会主义现代化新征程和实现中华民族伟大复兴的社会实践活动之中。在坚持中不断完善中国特色社会主义制度规定了全面推进国家治理

体系和治理能力现代化的发展方向，对此我们必须有高度的政治敏锐度和政治自觉性，绝对不能天马行空，忘掉初心。实践证明，没有坚定的中国特色社会主义制度自信，绝对做不好新时代推进国家治理体系和治理能力现代化建设这样一篇大文章。在坚持中完善中国特色社会主义制度是深入推进国家治理体系和治理能力现代化的重要制度前提；与此同时，我们也应该反对故步自封、不思进取，制度建设难在完善，要勇于自我革命，不断革除体制机制弊端，努力开创新时代中国特色社会主义事业发展的新局面，让中国特色社会主义制度更加成熟而持久。

制度是治理体系的扎实根基，治理体系是制度的有效支撑。推进国家治理体系和治理能力现代化绝对不是一个纯粹的治理技术问题，与发展和完善中国特色社会主义制度一起事关中国政治文明的建设，务必对人民高度负责、务必对历史高度负责、务必坚持正确的政治方向。因此，在全面推进国家治理体系和治理能力现代化的历史进程中，我们必须毫不动摇地坚持以马克思列宁主义、毛泽东思想、邓小平理论、"三个代表"重要思想、科学发展观、习近平新时代中国特色社会主义思想为指导，全面增强"四个意识"，始终坚定"四个自信"，坚决做到"两个维护"，坚持党的领导、人民当家作主、依法治国有机统一，突出坚持和完善支撑中国特色社会主义制度的根本制度、基本制度、重要制度，着力固根基、扬优势、补短板、强弱项，努力构建系统完备、科学规范、运行有效的完整制度体系，通过加强系统治理、依法治理、综合治理、源头治理，切实把我国现有的制度优势更好转化为国家治理绩效。

（三）牢固树立道路自信，十三个"坚持和完善"是发展中国特色社会主义制度、推进国家治理体系和治理能力现代化的重要着力点

中国的发展道路既是人民的选择，也是历史的选择。改革是发展的不竭动力源泉。中国特色社会主义之所以能在新时期显示出蓬勃的生机和活力，根本在于它实行的是改革开放的社会主义；中国改革开放之所以能健康地发展，关键在于它是有利于巩固和发展社会主义的改革开放。

伴随中国特色社会主义事业发展进入新时代，我们同样离不开改革开放这个管用的法宝。今后我们要围绕全面深化改革的总目标，义无反顾地在坚持中不断完善中国特色社会主义制度，全面系统地推进国家治理体系和治理能力现代化；必须学会弹钢琴，在经济体制改革、政治体制改革、文化体制改革、社会体制改革、生态文明体制改革、党的建设制度改革等领域全面发力；必须狠抓顶层设计，搭建好新时代国家治理的主体框架；必须有板有眼，在重要领域和关键环节改革取得突破性进展。

《决定》第一次系统描绘中国特色社会主义制度的完整基因图谱，一共由13个部分组成，其中党的领导制度是国家的根本领导制度，统领和贯穿其他12个方面的制度，并着眼于健全总揽全局、协调各方的党的领导制度体系，提出了6方面具体要求：一要建立不忘初心、牢记使命的制度；二要坚定维护党中央权威和集中统一领导的各项制度；三要健全党的全面领导制度；四要健全提高党的执政能力和领导水平制度；五要健全为人民执政、靠人民执政各项制度；六要完善全面从严治党制度。13个"坚持和完善"既是中国未来改革开放的基本原则，也是中国未来改革开放的重要布局。13个"坚持和完善"构成了一个完整的系统设计，缺一不可；13个"坚持和完善"各有侧重，必须稳扎稳打，落实到位。在坚持中不断完善中国特色社会主义制度，深入推进国家治理体系和治理能力现代化，必须通过深化、细化、融化13个"坚持和完善"，努力破除一切不合时宜的思想观念和体制机制弊端，坚决突破利益固化的藩篱，合理吸收人类文明有益成果，全面构建系统完备、科学规范、运行有效的制度体系，充分显现我国社会主义制度的优越性。只有这样，才能让国家得到进一步高质量发展，让人民得到更多的实惠，让中华民族昂扬于世界民族之林。

（四）牢固树立制度自信，准确把握坚持和完善中国特色社会主义制度、推进国家治理体系和治理能力现代化的时间表

一张蓝图绘到底，必须是建立在高度的制度自信基础之上的，否则

就会犹豫不决，甚至颠三倒四。目前世界正经历百年未有之大变局，中国也处于实现中华民族伟大复兴的关键时期。顺应历史发展之潮流，适应我国社会主义主要矛盾之新变化，总揽伟大斗争、伟大工程、伟大事业、伟大梦想，勇于战胜前进道路上的各种困难险阻，不断满足人民群众对美好生活的新期待，我们务必在坚持中不断完善中国特色社会主义制度，全力推进国家治理体系和治理能力现代化，做出新的效能和业绩，才真正无愧于这个伟大的新时代。

时间表就是蓝图。我们要用对历史高度负责的态度，不断带领全体中国人民和中华民族再立新功。在坚持中不断完善中国特色社会主义制度，系统推进国家治理体系和治理能力现代化建设，必须始终牢记总体目标，明确工作阶段，循序推进，狠抓落实。首先，到我们党成立一百周年时，要让各方面的制度更加成熟、更加定型，并且于实践中充分体现其优越性。这既是对全面建成小康社会的具体要求，又是向建党一百周年的重要献礼。其次，到2035年，要让各方面的制度更加完善更加顺畅，并且基本实现国家治理体系的现代化和国家治理能力的现代化。这既是对基本实现社会主义现代化提出的具体要求，也是我们向2036年伟大长征胜利一百周年的重要献礼。第三，到新中国成立一百周年时，必须全面实现国家治理体系现代化和国家治理能力现代化，并使中国特色社会主义制度更加巩固更加完美，发挥出无与伦比的优越性。这既是对实现社会主义现代化的具体要求，也是我们向中华民族伟大复兴的致敬。

（五）牢固树立文化自信，坚持和完善中国特色社会主义制度、顺利推进国家治理体系和治理能力现代化关键在于领导到位

中国文化是传统优秀文化和现代建设文化的集合。其中，全心全意为人民服务是我们的宗旨，民主集中制是我们的工作法宝。在坚持中不断完善中国特色社会主义制度，全面推进国家治理体系现代化和国家治理能力现代化，既是全党的一项重大战略任务，又是全党的一大系统工程。在党中央统一领导下，我们的各级干部一定要善于开动脑筋、科学

谋划，要善于流程再造、精心组织，要善于步步为营、远近结合，要善于系统思维、整体推进。

马克思说过："在他握有意志的完全自由去行动时，他才能对他的这些行为负完全责任。"党的十九届四中全会纲领性文件出台以后，实际效果如何，关键在于落实、落实、再落实，绝对不能再等待、再观望、再犹豫。为此，党和政府的各级领导干部在全面深入推进国家治理体系现代化和国家治理能力现代化的过程中，一定要牢固树立制度意识，坚决维护制度权威，自觉做制度执行的表率，并积极带动自己周边的全体党员。各级地方党委和政府一定要善于因地制宜，切实把推进国家治理体系现代化和国家治理能力现代化与坚持完善中国特色社会主义制度有机结合起来，切实把推进国家治理体系现代化和国家治理能力现代化与全面开启社会主义现代化新征程有机结合起来，切实把推进国家治理体系现代化和国家治理能力现代化与实现中华民族伟大复兴有机结合起来，坚决不忘初心，牢记使命，努力开创新时代中国特色社会主义发展的新境界。

三、精心打造社会治理共同体

党的十九届四中全会通过的《中共中央关于坚持和完善中国特色社会主义制度、推进国家治理体系和治理能力现代化若干重大问题的决定》，是新时代治国理政的政治宣言书，其中对如何坚持和完善共建共治共享的社会治理制度做了系统深刻的论述，我们必须认真学习，深刻领会。社会治理是国家治理的重要组成部分。目前中国是全世界最安全的国家之一。与中国特色社会主义制度相一致，中国在新时代形成了党委领导、政府负责、民主协商、社会协同、公众参与、法治保障、科技支撑的社会治理体系，不仅效果良好，而且特点非常鲜明。未来在全面建设社会主义现代化强国的历史进程中，我们要坚持社会治理的问题导向和目标导向相结合，不断完善共建共治共享的社会治理制度，着力打造人人有责、人人尽责、人人享有的社会治理共同体，从而进一步确保人民安居乐业、社会安定有序，建设更高水平的平安中国和幸福中国。完善社会治理共同体，首先必须有共同的治理价值观，其次必须有共同的治理框架，第三必须有共同的治理行动。其中，人人有责就是共建，人人尽责就是共治，人人享有就是共享。精心打造中国特色社会主义新时代的社会治理共同体，是坚持和完善共建共治共享的社会治理制度的关键所在。

（一）正视矛盾，化解矛盾，充分发挥人民群众的聪明才智，不断完善正确处理新形势下人民内部矛盾有效机制

矛盾是普遍存在的。我们通常把社会矛盾分为两类：一类是敌我矛盾，另一类是人民内部矛盾。其中，敌我矛盾是有根本利害冲突的对抗性矛盾，必须用专政的方法来解决；而人民内部矛盾则是没有根本利害冲突的非对抗性矛盾，只能用说服教育、和风细雨的方法来解决。当前在社会治理领域中，中国面临的绝大多数矛盾都是人民内部矛盾。完善正确处理新形势下人民内部矛盾有效机制，首先要正确区分这两类矛盾，不要把敌我矛盾扩大化；其次要善于处理人民内部矛盾，不要把人民内部矛盾激化为敌我矛盾。

"枫桥经验"就是社会治理共同体的经验。20世纪60年代初，浙江诸暨枫桥镇干部群众创造了"发动和依靠群众，坚持矛盾不上交，就地解决。实现捕人少，治安好"的"枫桥经验"。1963年11月20日，毛泽东同志亲笔在有关枫桥的材料上批示，"此件看过，很好。讲过后，请你们考虑，是否可以发到县一级党委及公安局，中央在文件前面写几句介绍的话，作为教育干部的材料。其中应提到诸暨的好例子，要各地仿效，经过试点，推广去做"。"这就叫矛盾不上交，就地解决"，并要求好好总结和学习枫桥的经验。矛盾是在人民群众中产生的，解铃还须系铃人。化解基层当地矛盾，必须充分相信群众、依靠群众，坚持"不推一把拉一把，不帮一时帮一世"的原则，群众的办法往往比政府的有效。随后，

"枫桥经验"得到不断的发展，形成了具有鲜明时代特色的"党政动手，依靠群众，预防纠纷，化解矛盾，维护稳定，促进发展"的枫桥新经验，成为新时期把党的群众路线坚持好、贯彻好的经典案例。

2003年11月，时任省委书记习近平同志在浙江纪念毛泽东同志批示"枫桥经验"40周年大会上明确提出，要牢固树立"发展是硬道理、稳定是硬任务"的政治意识，充分珍惜"枫桥经验"，大力推广"枫桥经验"，不断创新"枫桥经验"，切实维护社会稳定。

2013年11月，习近平总书记就坚持和发展"枫桥经验"作出重要指示强调，各级党委和政府要充分认识"枫桥经验"的重大意义，发扬优良作风，适应时代要求，创新群众工作方法，善于运用法治思维和法治方式解决涉及群众切身利益的矛盾和问题，把"枫桥经验"坚持好、发展好，把党的群众路线坚持好、贯彻好。习近平总书记指出，50年前，浙江枫桥干部群众创造了"依靠群众就地化解矛盾"的"枫桥经验"，并根据形势变化不断赋予其新的内涵，成为全国政法综治战线的一面旗帜。浙江省各级党委和政府高度重视学习推广"枫桥经验"，紧紧扭住做好群众工作这条主线，为经济社会发展提供了重要保障。

从改革开放新时期到中国特色社会主义新时代，"枫桥经验"不断与时俱进，不断迭代更新，已经成为社会治理领域一面鲜明的旗帜。新时代"枫桥经验"的主要内容就是要在开展社会治理中实行"五个坚持"，即坚持党建引领，坚持人民主体，坚持"三治融合"，坚持"四防并举"，坚持共建共治共享。其中，党建引领是新时代"枫桥经验"的政治灵魂，反映了新时代"枫桥经验"的本质特征。路径创新是新时代"枫桥经验"的实践特质。人民主体是新时代"枫桥经验"的核心价值，实现人民的利益是新时代"枫桥经验"的价值导向。坚持自治、法治、德治"三治融合"是新时代"枫桥经验"的主要路径。坚持人防、物防、技防、心防"四防并举"是新时代"枫桥经验"的重要手段。坚持共建共治共享是新时代"枫桥经验"的工作格局。

在全面开启社会主义现代化建设的新征程上，我们必须始终坚持党的集中统一领导，坚持人民当家作主，这是中国特色社会主义制度的显著优势，坚持和发展新时代"枫桥经验"，就是要通过畅通和规范群众诉求表达、利益协调、权益保障通道，不断完善信访制度，不断完善人民调解、行政调解、司法调解联动工作体系，不断健全社会心理服务体系和危机干预机制，不断完善社会矛盾纠纷多元预防调处化解综合机制，努力将矛盾不上交，完全化解在基层。

（二）政府主导，全民参与，强化基层，立体行动，着力完善社会治安防控体系

社会治安必须依靠社会治理共同体。所谓社会治安是指社会在一定的法律、法规及制度的约束下而呈现的一种安定、有秩序的状态或状况。社会治安重在事先预防，不在事后处置。为此，我们必须下足功夫，毫不动摇地坚持专群结合、群防群治，大力提高社会治安立体化、法治化、专业化、智能化水平，努力形成问题联治、工作联动、平安联创的工作机制，不断提高预测预警预防各类风险能力，切实增强社会治安防控的整体性、协同性、精准性，努力使人民群众安全感更加充实、更有保障、更可持续。

凡事不能眉毛胡子一把抓，必须突出重点。社会治安防控体系构建重点主要包括：一是社区治安防控体系，社区是重要抓手，必须大力整合社区防范力量。二是重点单位（部位）治安防控体系，单位是基础，必须进一步强化技防物防。三是城区街面治安防控体系，街面是重点，必须实现动态控制。四是单位（企业）内部治安防控体系，内部是要害，必须落实安全保卫措施。五是农村乡、村、组"三级"治安防控体系，统筹是要点，必须全面提升基层防控能力。六是库区治安防控体系，库区是难点，必须切实维护库区稳定。七是校园及周边地区治安防控体系，校园是优先，必须优化育人环境。八是工业园区治安防控体系，园区是痛点，必须优化投资环境。九是道路交通治安防控体系，交通是形象，

必须创建平安大道。

（三）政府领导，法律规制，法人配合，自然人监督，着力健全公共安全体制机制

美国心理学家亚伯拉罕·马斯洛在 1943 年在《人类激励理论》论文中所提出了著名的马斯洛理论，它把需求精确地由低层次到高层次排列：分成生理需求（Physiological needs）、安全需求（Safety needs）、爱与归属感（Love and Belonging）、尊重（Esteem）和自我实现（Self-actualization）五大类。从马斯洛的需求理论来看，安全是基础性的需求，我们必须高度重视人民群众的安全感问题。

公共安全体制机制呼唤社会治理共同体。所谓公共安全是指社会和公民个人从事和进行正常的生活、工作、学习、娱乐和交往所需要的稳定的外部环境和秩序。目前中国是世界上最安全的国家之一。未来我们要进一步完善和落实安全生产责任和管理制度，全面建立公共安全隐患排查和安全预防控制体系。着力构建统一指挥、专常兼备、反应灵敏、上下联动的应急管理体制，持续优化国家应急管理能力体系建设，不断提高防灾减灾救灾能力。进一步加强和改进食品药品安全监管制度，充分保障人民身体健康和生命安全。

众所周知，健全公共安全体制机制任务十分繁重，一要健全公共安全保障机制，保障是前提；二要健全公共安全行政管理机制，行政管理是基础；三要健全社区治安和公共安全机制，社区是依托；四要健全公共安全的法规体系，法律是遵循；五要健全公共安全的人才保障机制，人才是支撑；六要健全公共安全的物质和财政保障机制，经费是血液；七要健全公共安全科学与技术体系，科技是实力；八要健全安全的教育、宣传、培训体系，传播是预防。

（四）充分调动基层组织和个人活力，狠抓自我管理和自我服务，着力构建基层社会治理新格局

创新产生活力，基层社会治理格局重在创新。为了适应新时代的发

展，我们要密切顺应社会环境的变迁、社会结构的变化和社会主体的多元化，在党中央的领导下稳步推行政治体制改革，有效促进非政府组织和志愿团体的发展，为城乡基层治理不断注入活力，进一步激发了城乡居民和基层治理组织的自我管理、自我服务和建设的积极性。

实现社会主义现代化强国任重而道远，充分调动基层组织和个人活力就是完善基层社会治理共同体，为此我们要不断完善群众参与基层社会治理的制度化渠道。进一步健全党组织领导的自治、法治、德治相结合的城乡基层治理体系，健全社区管理和服务机制，推行网格化管理和服务，充分发挥群团组织、社会组织作用，发挥行业协会商会自律功能，实现政府治理和社会调节、居民自治良性互动，稳步夯实基层社会治理基础。大力加快推进市域社会治理现代化。积极推动社会治理和服务重心向基层下移，把更多资源下沉到基层，更好提供精准化、精细化服务。更加注重发挥家庭家教家风在基层社会治理中的重要作用。切实加强边疆治理，推进兴边富民。总而言之，基层社会治理重在机制优化，应注意政策执行节奏、分寸和力度，避免"一刀切"和运动式推进，避免把好事办砸，削弱市场活力，影响经济发展。要通过着力构建基层社会治理新格局，形成当地经济和社会协调发展的良好局面。

（五）着力完善国家安全体系，人民安全是宗旨，政治安全是根本，经济安全是基础，军事、科技、文化、社会安全是保障

维护国家安全需要完善宏观层面的社会治理共同体。众所周知，国家安全是指国家政权、主权、统一和领土完整、人民福祉、经济社会可持续发展和国家其他重大利益相对处于没有危险和不受内外威胁的状态，以及保障持续安全状态的能力。完善国家安全体系包括国民安全、领土安全、主权安全、军事安全、政治安全、文化安全、经济安全、科技安全、信息安全、生态安全和核安全等诸多方面。未来我们要始终坚持总体国家安全观，统筹发展和安全，坚持人民安全、政治安全、国家利益至上有机统一。以人民安全为宗旨，以政治安全为根本，以经济安全为

基础，以军事、科技、文化、社会安全为保障，进一步健全国家安全体系，有效增强国家安全能力。进一步完善集中统一、高效权威的国家安全领导体制，不断健全国家安全法律制度体系。切实加强国家安全人民防线建设，进一步增强全民国家安全意识，建立健全国家安全风险研判、防控协同、防范化解机制。进一步提高防范抵御国家安全风险能力，高度警惕、坚决防范和严厉打击敌对势力渗透、破坏、颠覆、分裂活动。以促进国际安全为依托，维护各领域国家安全，构建国家安全体系，走中国特色国家安全道路。

国家是人民的国家，社会是人民的社会，治理是人民的治理。综上所述，共建共治共享是中国社会治理制度的最大特色，过去的实践证明是成功的，未来我们必须在坚持中不断完善和发展。共建体现人人有责，共治需要人人尽责，共享就是人人享有，只有不断完善共建共治共享的中国社会治理制度，才能打造好社会治理共同体，为顺利推进全面实现社会主义现代化强国和中华民族伟大复兴夯实基础。

综上所述，共同体是指社会中存在的、基于主观和客观的共同特征（这些共同特征包括种族、观念、地位、遭遇、任务、身份等）而组成的各种层次的团体与组织。社会治理共同体，既包括小规模的社区自发组织，也包括地区内部的经济组织、社会组织、政府组织和政党组织。精心打造社会治理共同体，必须坚持中国共产党的领导，必须坚持人民民主，必须坚持基层组织高度自治，必须坚持社会主义和谐友爱的精神，才能获得真正的成功。

习近平总书记在关于《中共中央关于制定国民经济和社会发展第十四个五年规划和二〇三五年远景目标的建议》的说明中还指出："我们越来越深刻地认识到，安全是发展的前提，发展是安全的保障。当前和今后一个时期是我国各类矛盾和风险易发期，各种可以预见和难以预见的风险因素明显增多。我们必须坚持统筹发展和安全，增强机遇意识和风险意识，树立底线思维，把困难估计得更充分一些，把风险思考得更深入一些，注重堵漏洞、强弱项，下好先手棋、打好主动仗，有效防范化解各类风险挑战，确保社会主义现代化事业顺利推进。"

当前，在党的十九届五中全会关于《中共中央关于制定国民经济和社会发展第十四个五年规划和二〇三五年远景目标的建议》的指导下，结合落实《中华人民共和国国民经济和社会发展第十四个五年规划和2035年远景目标纲要》，我们认真总结"十三五"社会治理，积极谋划"十四五"社会治理，是为了把社会主义现代化之社会治理现代化篇做得更加扎实、更加高效、更加优质！

杨宜勇

2021年4月12日

写于木樨地国宏大厦

目　录

第一章　中国社会治理现代化既需要 思维创新又需要总体设计

习近平总书记在《求是》2020年首期开篇就强调，坚持和完善中国特色社会主义制度、推进国家治理体系和治理能力现代化，是关系党和国家事业兴旺发达、国家长治久安、人民幸福安康的重大问题。党中央决定用一次全会就这个重大问题进行研究部署，是从政治上、全局上、战略上全面考量，立足当前、着眼长远作出的重大决策。

只有不断深化各项改革，发展才会永不停步。社会治理现代化是中国经济社会发展进入新阶段后提出的新命题。作为现代国家治理体系的一个重要组成部分，社会治理现代化是社会治理体系不断优化、治理能力不断提升以适应社会发展的过程。据测算，我国社会治理现代化总指数从阶段性最低点的0.39逐年上升到阶段性最高点的0.73，增长了87.2%。社会治理现代化既要有有限的政府，也离不开有为的政府，同时还必须有有效的社会组织和有活力的公众。社会治理现代化的理念高于制度，制度高于体系，体系高于技术。我国社会治理现代化绝对不是西方化，而是始终坚持党的领导和以人民为中心的发展思想，在社会体制与社会建设层面对中国特色社会主义制度的进一步完善。根据党的十九大和党的十九届四中全会精神，本报告尝试为我国社会治理现代化进行顶层设计，构建一个由"理念—体系—机制—能力"构成的整体性理论与政策框架。着眼于完善和发展中国特色社会主义制度，努力构建社会主义人民社会、和谐社会和美好社会，我国社会治理现代化的顶层设计是一个亟须认真对待的复杂性问题，并不能期待一蹴而就，具体体制机制设计需要在顶层设计与治理实践的互动中不断探索、改革与完善，最终实现社会发展领域的善治。

　　社会治理现代化是中国经济社会发展进入新阶段后提出的新命题。与社会主义市场经济体制的建立和不断完善相伴随，我国社会治理的理念在逐步明晰，实践在不断探索，体系在日益完善，为形成有中国特色的社会治理体系奠定了坚实基础，为推进国家治理体系和治理能力现代化提供了重要支撑。但是，社会发展与经济发展不相适应的问题仍然非常突出，社会治理体制改革滞后，社会治理方式过于僵化，导致诸多社会矛盾和社会问题，严重影响社会和谐，甚至危及社会稳定。长期以来，我国对社会治理并未给予足够重视，直到近年来才成为理论界和实践领域关注的焦点，社会治理的独立性和受重视程度才得到增强。社会治理的内涵与外延是什么？与社会管理的联系和区别是什么？社会治理为什么要现代化？怎么评价社会治理现代化？社会治理如何现代化？这些问题需要展开深入探索和思考。

　　"十三五"时期是为实现党的十八届三中全会所提出的"完善和发展中国特色社会主义制度，推进国家治理体系和治理能力现代化"的全面深化改革总目标奠定坚实基础的关键性发展时期。形成一个与社会主义现代市场体系相匹配的现代社会体系，并相应地提供一套与传统农业社会和计划经济时代完全不同的治理结构与制度框架，已经构成了当代中国社会发展迈向全新发展阶段的迫切需求，这也是党的十八大以来，社会治理现代化被党和国家置于前所未有重视高度的现实背景。"没有最好，只有更好"在今后相当长的一段时间内，我国社会治理所要解决的一个核心问题，就是如何在新常态条件下通过全面社会治理创新来实现社会系统的现代化改造，从而内在支撑国家治理体系和治理能力的现代化。

第一节　厘清概念界定　突出时代特色

一、概念界定

（一）社会治理

"治理"一词源于 20 世纪 80 年代，全球治理委员会在《我们的全球伙伴关系》（1995 年）中将其定义为各种公共机构、私人机构和个人管理公共事务的诸多方式的总和。社会治理是以实现和维护群众权利为核心，发挥多元治理主体作用，针对国家治理中的社会问题，完善社会福利、保障改善民生、化解社会矛盾、促进社会公平并推动社会有序和谐发展的过程。

社会治理是现代国家治理体系的重要组成部分。现代国家治理体系包括政府治理、市场治理和社会治理。推进国家治理体系和治理能力现代化，其实质就是在法治国家、法治政府、法治社会三位一体的建设中，最终实现国家对社会的有效治理，形成"国家—市场—社会—公民"之间有机良性互动的多元共治格局。社会治理的时代内涵体现在三个方面：第一，社会是进步的，社会治理的思路是民本位，要通过法律来解决问题；第二，社会是平等的，社会治理要更多强调发挥多元主体的作用，鼓励参与者自主表达、协商对话并达成共识；第三，社会是包容的，社会治理要加强合作与良性互动，形成新型包容关系，将学习借鉴现代文明优秀成果与尊重自身实际结合起来。

社会治理与社会管理一字之差，但体现的是系统治理、依法治理、源头治理和综合施策，其实质上是对国家与社会关系认识的不同，为我国现代化的社会治理体制创新指明了路径。从主体上看，社会管理强调政府和国家对社会公共事务的强制性管理，社会治理强调除政府和国家之外的社会力量的参与。从方式上来看，社会管理强调自上而下的行政性，社会治理除政府和国家的行政方式之外还强调法治、思想、道德、制度等多种方式。从方向上看，社会管理是自上而下的单向、线性管理，社会治理强调国家与社会的双向、多元沟通和互动。

（二）现代化

现代化不仅仅指经济的丰裕，而且包括给社会带来普遍幸福、提高人们生活质量的其他要素，如自由、公正、平等、自主参与、协作等。由于学科背景的不同，现代化的定义也有很大差异。社会学意义看，现代化是一个传统社会的变革，也就是欠发达社会获得较发达社会共有特征的过程。经济学意义看，现代化是经济由不发达到发达的发展过程，社会消费由低级向高级上升的过程。政治学意义看，现代化是传统政体向现代化政体的转变过程、政权的合理集中化和科层化的过程。

（三）社会治理现代化

社会治理现代化是社会治理体系不断优化、治理能力不断提升以适应社会发展的过程，在本质上这一过程没有终点，要求理念、价值、制度相互融合和促进。社会治理现代化的内涵应该包括治理主体多元化、治理方式科学化、治理过程法治化和治理机制规范化四个方面。关于治理主体多元化，社会治理现代化既对市场、社会与政府共同参与社会事务提出要求，也更加强调三者关系的协调制衡和良性互动。关于治理方式科学化，社会治理要求必须避免单一化的治理模式，把社会作为一个有机体看待，形成一套完整的治理体系。关于治理过程法治化，在社会治理现代化进程中，要坚持按照宪法和法律法规进行科学治理，加强法治保障，运用法治思维和方式化解社会危机。关于治理机制规范化，当前我国面临的社会风险具有复杂性、异变性、多样性等特点，要求政府创新社会治理机制，规制社会行为，提高实施机制、决断机制、交流机制、责任机制的规范化、科学化、系统化水平。在全面深化改革的新时期，社会治理现代化是国家治理现代化的核心构成要素，而法治建设是社会治理现代化的战略突破口。

二、时代意义

（一）社会治理面临新挑战

我国社会主义现代化建设进入一个新的发展阶段，工业化、信息化、城市化、市场化、国际化全面推进，这给当今我国社会带来巨大变化，社会活力大为增强，经济结构、社会结构、利益结构不断调整，社会流动性、开放性、活跃性和复杂性前所未有。当前我国社会治理领域中，社会整体结构、社会资源配置和社会问题情境呈现出较强的非均衡性特征，使得社会风险和不确定性因素累积，严重阻碍着社会治理体系和治理能力现代化的时代步伐。我国社会治理体系创新是一项崭新的制度设计与实践过程，核心议题是如何将传统治道与现代性发展结果相结合，从而形成有中国特色的社会治理体系。近年来，大数据发展迅速，对经济社会发展的方方面面产生深刻影响，大数据带来的不仅仅是研究方法的革命，更是对社会治理思维的冲击。

（二）社会治理进入新常态

当前我国社会治理进入新常态，呈现出八个方面的主要特征：一是更加重视权利保护，人民群众享有基本公共服务是公民的基本权利，维护好、实现好、发展好人民群众的切身利益，是党和政府一切工作的出发点和落脚点。二是更加重视依法治理，法治是国家治理体系和治理能力的重要依托，社会治理创新需要运用法治思维和法治方式，做到科学立法、严格执法、公正司法和全民守法。三是更加重视多种手段的综合运用，社会治理既要讲法治，也要讲德治，实现法律和道德相辅相成、法治和德治相得益彰，同时要更加重视运用市民公约、乡规民约、行业规章、团体章程等其他社会规范。四是更加重视基层治理，及时反映和协调人民群众各方面各层次利益诉求，形成政社良性互动格局。五是更加重视互联网治理，建立和完善互联网管理体制机制，强化互联网行业监管，形成从技术到内容、从日常安全到打击犯罪的互联网管理合力，确保网络正确使用和网络安全。六是更加重视公共安全和应急管理，健全食品药品安全监管机制，完善安全生产监管制度，健全防灾减灾救灾机制，创新立体化社会治理防控体系。七是更加重视人民团体和社会组织的作用，努力实现政府治理与社会自我调节、居民自治良性互动。八是更加重视社会治理人才培养，着力提高行政管理人才化解社会矛盾、维护群众利益的能力，培养专业化社会工作人才队伍。

（三）社会治理实现新要求

当前我国不失时机地推进社会治理现代化，对全面建成小康社会以及实现中华民族伟大复兴的中国梦无疑具有重要的战略意义。第一，社会治理现代化是社会管理理念与治理方式的重要升级。从社会管理转向社会治理，是我国社会管理从体制到理念的创新。社会治理现代化要求实现从政府包揽向政府主导、社会与民众共同参与治理的转变，从管控规制向法治保障的转变。第二，社会治理现代化是维护社会稳定有序、促进社会和谐发展的有效途径。当前，不同阶层利益诉求多样化，思想价值观念多元化，社会矛盾与问题多变性，要求社会治理实现现代化、科学化，以维护社会安定有序。第三，社会治理现代化是增强社会活力、实现社会善治的必然选择。当前制约全面深化改革的阻碍因素依然很多，社会活力相对缺乏，阶层固化严重，建设善治社会就需要推进社会治理现代化。

第二节　精准评价社会治理水平　着力补短板锻长板

一、社会治理现代化的评估维度和评价指标

（一）社会治理现代化的评估维度

社会治理体系包括社会治理体制的本质内涵、价值诉求和基本原则，也包括社会治理过程中的治理主体、治理范围、治理方式和治理绩效。社会治理现代化的基本目标主要体现为民主法治、公平正义、包容活力和安定有序四个方面。根据四大基本目标，社会治理现代化可以进一步

细分为 7 个维度，即公民参与、社会法制、社会公正、社会稳定、政务公开、行政效率和公共服务。中国社会治理评价指标体系共包括 1 个一级指标（即中国社会治理现代化指数）和七个二级指标。这 7 个二级指标构成了中国社会治理现代化评价体系基本框架的 7 大支柱，体现了民主、法治、公平、正义、稳定、参与、透明、自治等社会治理的重要价值和理念，有助于引领社会治理改革和创新的发展方向。

（二）社会治理现代化评价指标

基于多层次评价的思路，社会治理现代化评价指标体系形成维度指标、二级指标、三级指标的三层次体系结构。结合数据可得性，最终筛选出 30 个与社会治理现代化有密切关联的二级指标，每个二级指标选定 1 个最为核心的三级指标。采用加权逐级合成方法，将不同的三级指标赋予相同的权重，然后再按各个二级指标内部所占权重加权，形成层面指数，再加权形成子系统指数，最后加权形成总指数。为了体现均衡、协调、可持续发展的理念，子系统、层面以及各评价指标被赋予同等比例的权重。

二、社会治理现代化评价结果分析

（一）总体水平和变化趋势

我国社会治理现代化总指数从 2002 年最低点的 0.39 逐年上升到 2014 年最高点的 0.73，增长了 87.2%。总体来看，2002—2014 年，我国社会治理水平大体分为三个阶段。一是 2002—2009 年的缓慢增长阶段，二是 2009—2012 年的稳步增长阶段，三是 2012 年以来的显著加速增长阶段。从原因上看，受 2009 年全球性金融危机的影响，我国经济社会发展出现一些波动，政府财政收入增幅出现下滑，同时稳增长、调结构和保就业的压力陡增，导致政府提升治理能力和水平受到限制，社会治理现代化总指数上涨势头在 2009 年出现停滞甚至中断。2012 年以来，本届政府加大对社会治理和国家治理能力现代化的重视程度，社会治理现代化指数出现了一个加速增长的过程。2002—2014 年，公民参与、社会法制、社会公正、行政效率的指数低于这一时期社会治理现代化的平均水平，而社会稳定和公共服务的指数明显高于同时期的社会治理平均水平。

综合比较来看，2002—2009年我国经济增长速度强劲，年均增长率达到10.8%，但社会治理现代化指数的增长较慢。2012—2014年，虽然年均经济增长率仅为7.6%，但社会治理现代化指数的增长较快。由此可见，经济增速与社会治理水平提升之间并不存在明显的正相关关系，当经济增速下降时，也可以通过加强管理、规范制度、提高治理效率等方法，来提高社会治理现代化的水平。

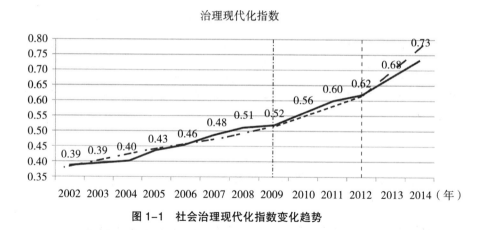

治理现代化指数

图1-1　社会治理现代化指数变化趋势

（二）结构指标分析

从总体趋势看，2002—2014年维度指标变化趋势明显，社会治理现代化指数在开始时得分较低，然后逐渐上升。2009年以后，维度指标的上升和下降趋势更加明显，表明社会治理现代化的发展趋势复杂化。这一方面是因为党和政府的重视程度增加，社会保护体系逐渐健全，由此带动了社会治理现代化水平的快速增加；另一方面则是由于不同群体之间收入差距的不断扩大，使得社会治理的公平性有所降低，与此同时劳资矛盾逐渐增加，社会稳定指数和行政效率指数的增速开始下降，由此也限制了社会治理能力的进一步提高。

从内部比较看，当前我国社会稳定指数和公共服务指数较高，而公民参与指数、行政效率指数和社会公正指数都比较低。这需要在继续改善社会法制、政务公开和公共服务指数的同时，也要注意平衡社会治理现代化各个方面的因素，应该在改善社会治理环境、社会治理状况、社会冲突方面投入更多，尤其是要增加公民参与、社会公正和行政效率方面的重视程度，以更快提升社会治理现代化的整体水平。

从测算结果来看，我国的社会治理现代化维度之间还存在高低不平衡、不协调的问题，所以需借助必要的调节手段来平衡各方面的发展，才能有效保证社会治理现代化的快速提高。总之，构成社会治理现代化指标体系的 7 个维度是相辅相成的，需要协调发展和同步提高才能使社会治理现代化得到快速提升。

表 1-1　社会治理现代化维度指标及其年度比较

年份	公民参与	社会法制	社会公正	社会稳定	政务公开	行政效率	公共服务	综合指数
2002	0.32	0.33	0.54	0.39	0.31	0.37	0.45	0.39
2003	0.32	0.34	0.52	0.44	0.31	0.36	0.46	0.39
2004	0.35	0.32	0.51	0.49	0.32	0.34	0.49	0.40
2005	0.39	0.35	0.53	0.53	0.34	0.35	0.55	0.43
2006	0.38	0.41	0.54	0.55	0.34	0.38	0.59	0.46
2007	0.40	0.45	0.52	0.61	0.39	0.41	0.61	0.48
2008	0.43	0.46	0.51	0.69	0.43	0.43	0.62	0.51
2009	0.45	0.48	0.51	0.74	0.44	0.44	0.59	0.52
2010	0.46	0.49	0.53	0.78	0.51	0.49	0.64	0.56
2011	0.46	0.53	0.59	0.82	0.58	0.51	0.68	0.60
2012	0.47	0.54	0.61	0.82	0.61	0.53	0.71	0.61
2013	0.55	0.65	0.65	0.81	0.71	0.59	0.75	0.67
2014	0.66	0.77	0.67	0.81	0.78	0.65	0.77	0.73

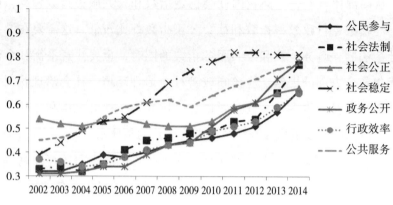

图1-2　社会治理现代化指标维度比较（2002—2014 年）

（三）分维度指标解析

1. 公民参与指数。该指数得分从 0.32 上升到 0.66，有较大幅度提高，尤其是 2012 年以来，公民参与指数呈现一个加速增长态势。主要原因表现为，这一时期工会参与率、社会组织数量占比两个指标的得分显著提高，这表明我国转型期职业参与和社会参与的重要性越来越高；同时，直接选举法规的完善性指标没有明显变化，表明我国公民的政治参与性并没有显著提高。

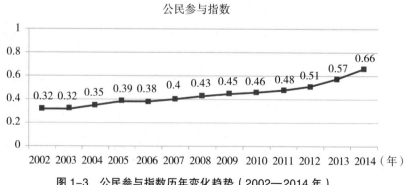

图1-3　公民参与指数历年变化趋势（2002—2014 年）

2. 社会法制指数。该指数得分从 0.33 上升到 0.77，有很大幅度提高，增长了 133.3% 以上。从阶段性划分来看，2002—2006 年法制指数增长有一定的波动，2006—2012 年法制指数稳定小幅提升，2012 年以后社会法制指数得分明显提高，表明我国在这一时期的依法治国基本方略得到有效落实，社会法制建设取得了更大成效。

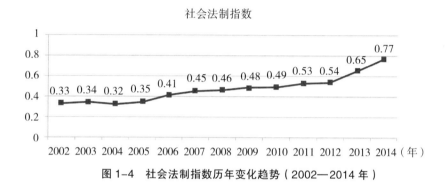

图 1-4　社会法制指数历年变化趋势（2002—2014 年）

3. 社会公正指数。该指数得分从 0.54 上升到 0.67，并没有明显提高。与其他维度指标相比，该指数具有水平高、增速慢等特点。2002—2009 年，社会公正指数甚至出现一定的下降趋势，表明该时期我国社会公平情况存在一定程度的恶化，这主要是收入分配差距逐渐扩大导致的。2009 年以来，社会公正指数开始呈现非常温和的增长态势，主要是因为我国近年来加大社会再分配的推进力度，使得城乡居民人均收入比、收入差距基尼系数都

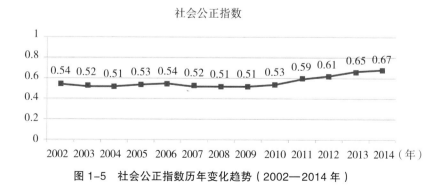

图 1-5　社会公正指数历年变化趋势（2002—2014 年）

有小幅度的下降，而且就业者通过最低工资政策的社会保护也得到了有效改善，从而社会公正指数再次提高。

4. 社会稳定指数。该指数得分从 0.39 提高到 0.81，呈现一个前期快速提高、中期基本稳定、后期甚至出现小幅下降的态势。具体而言，虽然工会参与率提高了，但工会调节效率有所下降，集体劳动争议数量占比增加，说明我国转型时期劳资矛盾逐步突出，一方面反映了企业对劳动者权益保护的缺失，另一方面表明劳动者自身的维权意识逐步加强，致使劳动争议发生率逐年增加。

社会稳定指数

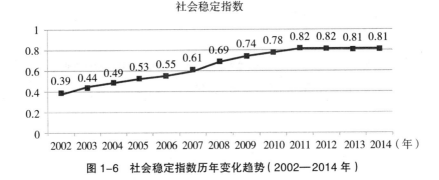

图 1-6　社会稳定指数历年变化趋势（2002—2014 年）

5. 政务公开指数。该指数得分从 0.31 上升到 0.78，提高幅度达到152%。该指数呈现波动幅度较小且持续稳定的增长趋势，这主要是政府公开力度加大、政府透明度提升所促成的。尤其是近年来，随着电子政

政务公开指数

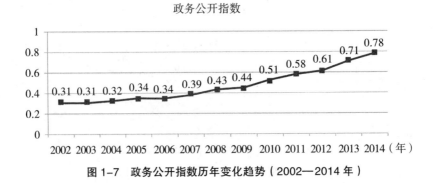

图 1-7　政务公开指数历年变化趋势（2002—2014 年）

务的快速发展，政务公开的各个单项指标都有明显提高，而且政府文件更加规范，政府主动公开意愿明显增强，公众获取政务信息方便性也显著增加，由此使得政务公开指数显著提高。

6. 行政效率指数。该指数得分从 0.37 上升到 0.65，总体上呈现稳定增加、增长幅度比较稳定的状态。从单项指标来看，虽然电子政务普及率快速提高，但区域协调程度和公共财政资金投入产出率只呈现小幅度的增长，由此导致政府行政效率指数也出现缓慢的增长态势。

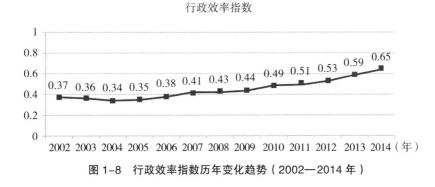

图 1-8　行政效率指数历年变化趋势（2002—2014 年）

7. 公共服务指数。该指数从 0.45 上升到 0.77，总体上呈现前期波动增长、后期稳步提高的态势。其中义务教育普及率、穷人救助投入、基础设施投资均显示出稳步提高的态势，反映出政府对公共服务的投入有了明显改善和提高；但是受 2009 年全球金融危机和我国经济增速放缓的

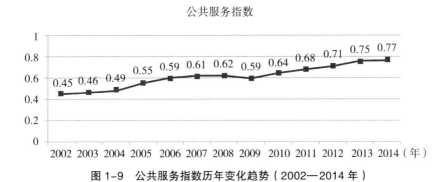

图 1-9　公共服务指数历年变化趋势（2002—2014 年）

影响，政府财政投入能力显著下降，公共服务支出增速在局部领域甚至出现下降的现象。

第三节　中国社会治理现代化　离不开四梁八柱

自党的十八届三中全会关于全面深化改革若干重大问题的决定起，中央文件中用"社会治理"的概念取代了以往的"社会管理"概念，从而表达了在社会领域全面推进国家与社会、政府与非政府、公共机构与私人机构之间合作共治的基本理念。社会治理现代化在"推进国家治理体系和治理能力现代化"的讨论语境下，也成为当前学术界和政策界关注和研究的重大热点之一。在理论上，20 世纪 90 年代兴起并风靡全球的治理理论，因其打破了社会科学中长期存在的市场与计划、公共部门与私人部门、政治国家与市民社会、民族国家与国际社会等两分法传统思维方式，把有效的管理看作是两者的合作过程，并力图发展起一套管理公共事务的全新技术而具有重要积极意义。但是，西方的治理理论一直存在着一种极其危险的倾向，即它有可能成为某些跨国公司和国家干预别国内政、谋求国际霸权的理论依据。治理理论，尤其是全球治理理论，建立在政府的作用和国家的主权无足轻重、民族国家的疆界模糊不清这一前提之上，强调治理的跨国性和全球性，从而削弱了国家主权和主权政府在国内和国际治理中的重要作用，客观上有可能为强国和跨国公司干涉别国内政、推行国际霸权政策提供理论上的支持（俞可平，2001）。

为了高度警惕西方治理理论所存在的这一危险倾向，以及中国社会治理现代化研究中出现"泛化""速成化""片面化"等不良倾向，需要明确指出的是，中国社会治理的现代化不是西方化，不是自由化，而是基于对新常态条件下经济社会发展全新治理需求的回应，对中国传统"政社不分"的社会体制以及相应社会管理制度的一种现代化改造，从而实现与党领导下的社会主义民主政治和社会主义市场经济之间的结构性耦合。毫无疑问，新中国成立后建立起的、改革开放后不断改革的社会主义制度，本身就是现代制度。中国社会治理现代化是在社会体制和社会建设层面对中国特色社会主义制度的进一步完善，不是推倒重来。因此，今天所讨论的社会治理现代化，本质上是在中国特色社会主义的制度前提下，中国社会治理体系与治理方式由市场经济与社会发展内在需求驱动下的演进升级，而非中国社会治理制度变革的"休克疗法"。

表 1-2　中国社会治理演进的三个阶段（1949—2049 年）

社会治理演进三个阶段	社会统制（1949—1977）	社会管理（1978—2011）	社会治理（2012—2049）
治理主体	单一	多元	泛主体
社会形态	计划经济	市场经济早期阶段	市场经济成熟阶段
治理方式	纵向为主	横向为主	纵横网络化
治理依据	行政命令	法制＋德治	法治＋德治
治理权力	领导的意志	组织的意志	人民的意志
法律体系	不健全	较健全	健全
治理评价	领导满意	组织满意	人民满意
治理理论	单边治理	多边治理	全民治理
权力结构	高度集中	多层级分离	网络化分散
社会冲突	被压抑	紧张	和谐
组织机构	政府部门	政府组织＋社会组织	政府组织＋社会组织＋公民个体
政府形态	全能型政府	规制型政府	服务型政府
社会体制	政社不分：简单化	政社分离：粗放化	政社合作：精细化

在规范性层面上论，中国社会治理现代化的顶层设计，并不能只观照现代性价值的抽象性引领，而必须回应当代中国社会发展和社会建设的实践需要，并在根本上要与完善和发展中国特色社会主义的国家治理要求相适应。它在整体框架上，以社会主义制度为前提，主要涉及四个层面：第一个层面是社会治理理念的现代化，即在价值理念上如何理解

"何为现代社会"，以及以何种价值理念支撑当代中国推进现代社会建设并实现社会治理的现代化；第二个层面是治理体系的现代化，即在社会体制上如何看待国家与社会的结构性关系，并以此规范执政党、政府、社会组织、公众等不同主体的定位建构及其主体间的相互关系；第三个层面是治理机制的现代化，即如何在具体机制设计上支撑现代社会治理体系能够有效地运转起来，如何实现政府、社会组织和居民等主体之间在社会治理领域中的合作共治；第四个层面是治理能力的现代化，即治理主体为贯彻践行现代社会治理理念，以及保障现代社会治理体系和机制有效运转，应具备哪些基础性能力。对此，本书尝试对上述问题进行逐一探讨，从而为中国社会治理现代化的顶层设计构建一个由"理念—体系—机制—能力"构成的整体性理论与政策框架。

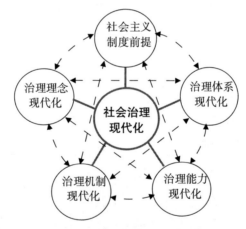

图 1-10　中国社会治理现代化顶层设计的总体框架

第四节　理念决定高度　社会治理理念必须现代化

推进社会治理体系和治理能力现代化是我国社会建设的重要内容，是国家治理体系和治理能力现代化的重要组成部分。推进社会治理现代化，必须不断解放思想，以先进性的社会治理理念为指导思想，在先进性社会治理理念的指引下开展社会治理现代化实践。我国社会治理的现代化之所以不能简单地等同于西方化，本质上是因为它在核心理念上坚持以人民为中心的发展观，实现全民的共建共享。

一、理念核心

在理念核心上，中国特色社会主义事业的发展实践呼唤和保障社会现代性和人民主体性。1978 年以来，中国特色社会主义事业发展的探索与实践，直接推动了市场经济体制转轨，并由此激发了现代社会转型的客观需求，即中国社会转型的根本性方向是形成一个具有现代性和人民主体性的社会。中国的现代性社会是相对于传统社会而言的，它的主要标志是以"启蒙价值"，即自由、公正、理性为价值支撑，以坚持党的领导下的民主政治、法治社会、市场经济为基本制度框架的现代国家。中国的现代性社会必然是一个具有人民主体性的社会，即"社会"是一个与国家、市场相对应的，以增进人民福祉、促进人的全面发展为发展出发点和落脚点的自主性主体。它的自主性载体是各类社会组织，即各种非政府组织、志愿性社团、慈善组织、协会、社区组织、利益团体等中间组织，但推动社会发展的根本力量则是人民。在社会生活的公共领域中，社会本着自我组织、自我规制的原则，能够在法治和民主协商的框架下自主运转。早在 2004 年，党的十六届四中全会所提出的"构建社会主义和谐社会"（民主法治、公平正义、诚信友爱、充满活力、安定有序、人与自然和谐相处的社会），就初步描绘了中国现代社会建设的蓝图。党的十八大以来，党中央在社会治理领域更加强调维护社会公平正义的重要性，并在法治社会、现代社会组织体制以及社会治理体系与机制等方面进行了战略部署和顶层设计，要求在"十四五"期间"实现政府治理和社会调节、居民自治良性互动"。可见，保障实现社会现代性和人民主体性是中国特色社会主义事业发展实践的必然要求。

二、理念目标

在理念目标上，社会现代性和人民主体性必然要求实现社会治理的全民共建共享。根据"人民群众是历史创造者"的马克思主义基本原理，要实现中国这样一个正在进行着人类历史上最大规模工业化、城镇化，并且拥有超巨型人口社会的治理现代化，就必须如党的十九届五中全会关于制定"十四五"规划建议所特别强调的，要"坚持以人民为中心"，依靠人民作为"推动发展的根本动力"，实现社会治理的"全民共建共享"。要坚持人民至上，因为社会是全体人民的社会，"人人参与、人人尽力、人人享有"的共建共享体现了社会治理现代化的本质属性和根本目标。一方面，由于人民群众是社会的主人，社会治理、社会建设就是千百万群众自己的事情，社会的事情要想办好，就必须有全体人民的积极参与和共同建设；另一方面，提高民生水平、实现和谐社会的社会治理、社会建设，不是为少数人，而是为全体人民服务，让全体人民共享发展的成果。但共同享有需要通过共同建设来实现，全体劳动者、全体国民都参与建设，创造出了巨大成果，全体国民的共享才有了重要的物质基础。可见，全民共建共享的理念目标突出了全体中国人民实现社会治理现代化的根本动力所在（李强，2016）。

三、理念含义

在理念含义上，全民共建共享必然要求在社会治理方式上实现"法治"、"自治"与"共治"三者的统合。这主要表现在以下三个方面：

首先，法治是社会治理现代化的根本。党的十八届四中全会通过的《中共中央关于全面推进依法治国若干重大问题的决定》明确指出，依法治国是坚持和发展中国特色社会主义的本质要求和重要保障，是实现国家治理体系和治理能力现代化的必然要求。必须坚持法治国家、法治政府、法治社会一体建设，而在社会治理中必须推进多层次多领域依法治理。在当前全面深化改革的历史发展阶段下，党关于法治在国家与社会治理中应该发挥重要作用的深刻认识，符合世界范围内的现代国家建设的理论与实践要求。法治能够通过大量程序性规则和制度为社会共同体构造一个理性的公共领域，使得人们通过一种规范的和理性的方式来处理日常生活中繁复多变的关系和冲突。法治之所以能够成为现代社会治理体系的基础性部分，是因为相比于传统社会管理的"人治"而言，它能够最为广泛地规范社会不同主体的行为，最为理性地协调社会利益关系及其冲突，更能够最为持续地保障现代社会秩序的稳定。可以说，在现代社会，法治不仅是社会治理需要依赖的根本性机制，而且也是需要内化为全体人民真诚拥护的信仰。因为只有法治，才能在最大程度上保障公正、自由、个人权利等现代性社会的价值。

其次，自治是社会治理现代化的基石。自治是现代社会主体性与自主性的必然要求，它是历史发展到一个特定阶段的产物，是人类社会进入现代市场经济体制和后工业社会的一种治理制度安排。作为对传统国家统治型社会管理的超越，社会自治是这样一种治理：治理主体与治理客体之间的界限被打破，治理者同时也是被治理者，被治理者又是治理活动的积极参与者。可以说，在社会自治体系中，每一个人都是服务者，同时每一个人也都是服务的接受者，是一种"人人为人人服务"的治理规范体系。需要指出的是，社会自治并不能在一个原子化结构的社会状态下得以实现，它必然要通过组织化的方式来进行。可是，社会自治组织不拥有政治权力，它们的治理行为不是行使政治权力的行为，而是在自我服务的理念下进行的管理和组织活动，也正是通过这样的自我管理和组织活动，才能构建起真正的社会生活共同体。总而言之，作为现代社会治理的基础途径，社会自治意味着具有自我治理能力的组织和团体拥有相对独立于政府的地位，并且在法治框架下能够自主地根据自治体的共同意志或意愿管理自身事务，这种自我管理与自我服务所依赖的主要是这个群体中已经存在的共有资源，而不需要依赖于政府。但是，政府对社会自治组织的自我服务负有引导、监督的责任，这种责任根源于政府的公共服务性质，其履行的本身构成了政府公共服务职能实现的一个基本途径（张康之，2003）。

再者，共治是社会治理现代化的路径。 强调政府、市场、社会等多元主体的协同治理，是当代经济社会生活复杂化挑战的必然要求。市场经济体制的深化演进，世界全球化进程的不断加速，科学技术发展的狂飙突进，以及大众消费社会和快速城市化的现代社会结构转型，这些因素都使得当代中国整个经济和社会生活变得空前复杂，从而客观上要求一种更有效的社会治理体系和治理能力，才能协调各方关系，提供生活秩序，适应发展需求，推动社会进步。显然，传统的政府管理或者单纯的社会自治等单中心主义的社会治理方式，均无法适应日益复杂的经济社会公共事务的挑战，也难以满足相应公共政策目标的体系化和复杂化的要求。面对复杂经济社会生活的治理需求，政府必须在公共政策目标实现的过程中，与社会中的非政府的、非营利的组织，市场中的私人组织以及人民群众开展广泛的合作。在这个共同治理体系中，政府、社会组织、市场组织以及人民群众之间在自主负责、合作分担治理责任的基础上，协同应对复杂性公共事务，共同从事公共产品的生产与供给，形成灵活多元的公共利益实现途径，从而实现社会治理体系的优化。在这个意义上，就能够深刻理解党的十八届三中全会所提出的，社会治理方式的改进，需要"实现政府治理和社会自我调节、居民自治良性互动"的重大政策含义。

四、政策支撑

社会治理理念的现代化能够得以贯彻落实，其相应的政策支撑主要包括以下三个方面：

第一，坚持和不断完善从中央至地方的各级人民代表大会制度。 人民代表大会制度是中国特色社会主义制度的重要组成部分，是保障实现"人民当家作主"的人民民主，以及支撑中国国家治理体系和治理能力现代化的根本政治制度。只有毫不动摇、与时俱进完善从中央至地方各级人民代表大会制度，社会治理的人民主体性，人民平等参与社会治理、公平发展的社会权利才有充分的制度保障；全民共建共享的积极性、主动性和创造性才能得以充分调动起来。

第二，加强全民法治教育与宣传，尤其不断增强国家公职人员和领导干部的法治思维和法律手段运用能力的培养。法治作为一种现代社会治理方式能够得到普遍执行的基本前提，依赖于全民法治意识的培育，尤其国家公职人员法治思维和法律手段运用能力的培养。法治思维和法律手段运用是建立在法治理念的基础上的，一个平时没有法治理念的公职人员、领导干部遇到问题不可能突然形成法治思维和运用法律手段处理各种经济社会问题，解决各种社会矛盾与争议。基于法治思维的要求，作为一个国家工作人员，特别是领导干部，在行使国家公权力时，无论是决策，还是执行，或者是解决社会矛盾、争议，都应遵守下述五项要求，并在整个决策、执行和解决的过程中随时和不断审视其行为是否遵守和符合这些要求：目的合法、权限合法、内容合法、手段合法、程序合法，如在行为过程中发现违反上述要求，应及时主动纠偏。因此，社会治理的法治化，必须要培养和提高国家公职人员特别是领导干部运用法治思维和法律手段进行社会治理的能力。其主要途径包括：一是强法

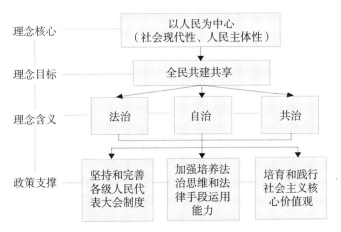

图1-11 中国社会治理理念现代化的设计

治教育、培训，不断增强国家公职人员和领导干部关于依法治国、执法为民、公平正义、服务大局、党的领导以及人权保障、权力制约、正当法律程序等方面内涵的社会主义法治理念；二是推广正反典型经验，不断引导和激励公权力执掌者主动、自觉和善于运用法治思维和法律手段进行社会治理；三是改善法治环境，通过外部制度环境影响和促进公权力执掌者的法治思维（姜明安，2012）。

第三，积极培育和践行社会主义核心价值观，引领社会思潮、凝聚社会共识，实现法治与德治的有机结合。法治重视法、制度和规则的作用甚于道德教化的作用，但并不意味着法治否定或忽视道德教化的作用。在社会公共生活的自治领域，"法"的规范作用并不是万能的，相反，传统道德教化与文化价值则更多地发挥了规范社会行为、调节社会关系、减少社会问题和化解社会矛盾的积极作用。因此，德治可与法治有机结合，相辅相成，共同构成现代社会治理的规范来源。推进社会主义核心价值体系建设，积极培育和践行社会主义核心价值观，注重发挥社会主义先进文化的思想教育和优秀传统文化的道德教化作用，对于实现社会治理的自治、有序与和谐具有重要的实践意义。

第五节　系统贵在完备　社会治理体系必须现代化

社会治理体系的现代化需要从根本上厘清国家与社会的结构性关系，即基于"政社分开"的基本原则，通过制度改革与创新，形成一个有中国特色的多元主体共治的现代社会治理体制，即党的十八届五中全会所强调的"党委领导、政府主导、社会协同、公众参与、法治保障"的社会治理体制。只有构建形成这样一个适应于社会利益群体高度分化的现代市场经济体制的社会治理体制，才能不断增强社会发展活力，提升社会治理水平。可以说，社会治理体系的现代化就是一个从传统政社不分的、自上而下的国家统制性社会管理，向多元主体共治的现代社会治理的转型过程。

一、基本理念

为促进这种治理转型，并从根本上实现社会治理的制度化、规范化与法治化，在制度上需要做出重大改革与创新的关键点，在于通过切实推进政府职能转变和政社分开，以构建政府与社会协同共治的现代社会体制。关于这一点，党的十八届三中全会就已深刻指出，"必须切实转变政府职能，深化行政体制改革，创新行政管理方式，增强政府公信力和执行力，建设法治政府和服务型政府"。"正确处理政府和社会关系，加快实施政社分开，推进社会组织明确权责、依法自治、发挥作用。"可以说，转变政府职能、实施政社分开，是"十三五"时期以及未来更长一个时期内，全面深化改革、推进国家治理现代化包括社会治理体系的制度化、规范化和法治化的关键环节，并在此基础上，推动群团组织改革，强化党和政府与社会组织和居民之间的纽带关系与良性互动。

（一）转变政府职能是社会治理体系现代化的前提条件

虽然党和政府在社会治理中发挥领导和主导作用，但在当今利益多元化、社会多样化的复杂经济社会生活中，政府统揽社会、包打天下的传统体制显然已经捉襟见肘，不合时宜。只有政府职能得到清晰而明确地界定并逐步向社会放权，才能激发社会活力，各种形式的社会组织才会有发展和发挥作用的空间，人民群众也才有实现自我治理的可能。这就意味着，政府需要把那些管不了、管不好、管不到、不该管的事情坚决地剥离出来，通过培育发展、孵化支持、购买服务等多种机制，大力促进多种形式的社会组织的形成，鼓励公共服务供给方式创新，推动社会组织积极参与到公共服务和社会管理等公共事务中来，从而建构政府与社会组织合作共治的社会治理体系。

进一步说，政府职能的转变过程，实质上就是国家与社会关系、党政与社会组织关系的转变过程，通过明确党和政府相关部门各自的权力与责任，明确社会组织的权利与职责，从而努力建构党政各相关职能部门与社会组织之间以"监管—服务"为轴心的新型关系以及形成彼此之间的合作互动机制。总而言之，为适应现代社会治理的现实需要，政府必须要从传统统制型向现代服务型、规制型进行转型，继续深化行政审批制度改革，继续简政放权，使其权限、职能和作用体现得更明确、更规范、更有限、更有效。

（二）落实政社分开是社会治理体系现代化的结构支撑

政社分开是深化政府体制改革并推动社会体制改革的核心，它是全面推进社会建设并实现社会治理现代化的基础性社会结构条件。政社分开得不到落实，社会组织就不可能有生存和发展的社会空间，多元主体合作共治的协同治理体系也不可能实现。因为只有在政社分开的社会结构条件下，政府在社会领域的职能才能界定清楚，才能从无限政府转变为有限政府、有为政府。相比于政府大包大揽的传统社会管理体制而言，落实政社分开，非但不是削弱政府的公共管理能力，也不是政府"看得见的手"完全退出社会，而是在发挥政府的主导作用之外，能够"更好发挥社会力量在管理社会事务中的作用"，"实现政府治理和社会自我调节、居民自治良性互动"，从而以一种政府和社会合作共治的治理机制来提升国家治理能力、公共服务供给效率以及公共事务治理效果。

需要指出的是，落实政社分开在改革过程中有两个重要问题应引起重视：其一，职能转移与公共权力和相应资源应具有匹配性。政府在剥离一部分公共事务的过程中，需要将支撑这些公共事务所需要的公共权力和相应的资源也同时转移给社会组织。换言之，如果政府只向社会转移职能和责任，而不相匹配地转移公共权力和资源，社会组织则缺乏足够的能力承担这些职能和相应责任，不仅会降低公共服务质量，也会导致更多的社会矛盾与问题的出现。其二，职能转移应考虑现实条件的可行性和具体步骤的策略性。政府转移一部分社会职能，并不是采用"休克疗法"，而是要采取渐进方式，在政策上积极支持社会组织发展并注重加强其能力建设，从而逐步将一定的公共权力、职责和资源转移给它们（王名，2014）。简言之，政府在推进政社分开的改革过程中，必须要对社会组织"赋权"与"赋能"相并举，二者不可偏废。

（三）依靠群团组织和基层党组织强化党、政府与社会组织、居民之间的纽带关系和良性互动

通过转变政府职能和落实政社分开以实现国家与社会关系的结构性分离之后，群团组织和基层党组织在沟通党和政府与民间组织、人民群众，以及巩固党和政府执政基础上就起着关键作用。工会、妇联、共青团、红十字会等群团组织较一般社会组织有着独特的政治优势和资源优势，同时又有向社会公众延伸的结构优势。它们与基层党组织一样具有"纵向到底、横向到边"的系统性组织的强大组织力和号召力，发挥着凝心聚力的作用。因此，在推进政社分开的现代社会治理体系的过程中，群团组织和基层党组织的纽带功能非但不能减弱，反而要不断增强，从而保障党和政府与日益壮大的社会之间的及时有效沟通与协调，扩大政府执政的群众基础，巩固党的执政地位。

二、政策支撑

社会治理体系的现代化能够得以贯彻落实，其相应的政策支撑主要包括以下四个方面：

（一）完善职能合理、运行高效的政府分工结构体系

政府在社会治理领域的职能转变，必然导致中央与地方各级政府事权与财权等职能分工结构的重大调整。现代社会治理的显著特征是通过政府合理的公共预算支出来满足公众的公共服务需求。该项职能涉及面广泛，需要由不同层级政府经由分工合作来共同承担，但不同层级政府承担的管理事权在类型和比重方面存在明显差别。因此，在传统社会管理体制逐渐失灵以及公共服务不断扩大化和社会治理复杂化的背景下，央地之间各级政府亟须根据事权与财权相匹配原则，改革与优化政府职

能分工结构体系；与此同时，需要考虑设置高效合理的社会治理机构，通过推广"政府与社会资本合作"（Public-Private Partnerships）模式让各方面主体更多地参与公共服务和社会事务管理。

（二）注重社会组织与群众参与，推进社会治理决策民主化和管理分权化

多元主体合作共治的社会治理体系在具体操作上的重要体现，就在于社会事务管理中的决策民主化和管理分权化，这也是区别于传统自上而下单中心治理的根本性标准。中央至地方各级党委和政府在发挥领导和主导作用时，在关于民生政策制定、公共服务供给、社会秩序管控措施等方面的社会治理中必须在制度上更加注重人民群众、社会组织参与和决策民主化。通过构建科学民主的社会治理决策程序，整合不同阶层的利益要求，扩大社会自治领域，将社会冲突风险控制在合理范围之内，从而避免出现大规模群体性事件和社会动荡。

此外，社会管理权力下放和分权化也是现代社会治理体制改革的必然发展趋势。中央政府对一般性社会事务进行管理，但由于管理重心太高、管理幅度太大，实际管理效果并不能得到保证，中央政府的集权也会挫伤地方政府的积极性。与中央集权相比，地方分权可以减少社会运行的信息不对称程度，有助于保护公民个人的自由和权利，有助于增强政府决策与地方实际情况的符合程度，促使地方政府能够选择更适合本地情况的社会治理方案，有利于调动地方的主动性和创造性，而不同地方竞争也有助于促进公共服务质量的改进（孙涛，2015）。

（三）推进群团组织改革，构建"小机关、大网络、强基层、全覆盖"的群团组织体系

中国目前正在经历市场经济和信息化网络社会所带来的双重社会结构转型，现代国家治理形态的各要素基本形成，与此同时，传统的单位社会正在解体，人民的个体主体性大大增强，导致传统群团组织整合群众的社会基础开始发生变化。人民群众的交往方式与生存形态已经发生

根本性变化，这必然要求群团组织应该随之进行创新与发展，建构新模式。针对群团组织目前存在的"机关化、行政化、贵族化、娱乐化"的突出问题，2015 年 7 月召开的"中央党的群团工作会议"深刻指出，"政治性是群团组织的灵魂，是第一位的。……群众性是群团组织的根本特点。群团组织开展工作和活动要以群众为中心，让群众当主角，而不能让群众当配角、当观众。"因此，群团组织必须要通过改革将"重心下移、力量下沉、资源下倾"，切实解决群团组织基层薄弱、服务能力不强的问题。根据"小机关、大网络、强基层、全覆盖"原则，进一步拓展基层群团组织体系，要做到怎么有利于服务群众，就怎么设置机构；群众在哪里，群团组织和群团工作就覆盖到哪里。

（四）创新基层社会治理，切实增强人民群众自治能力

党的十八届五中全会关于制定"十三五"规划建议明确提出："增强社区服务功能，实现政府治理和社会调节、居民自治良性互动。"要实现这个治理目标，就必须要通过创新基层社会治理来增强人民群众自治能力。按照法律规定，居委会和村委会属于群众性自治组织，但在现实生活中，居委会和村委会成为了基层政府指令的执行者，承担了过重的行政任务，难以实现反映人民群众意愿、组织人民群众参与自治的职能，这导致基层治理存在严重的体制机制障碍，难以适应现代社区自治发展的需要。为此，必须要在原有体系的基础上，不断调整力量架构，建立更具开放性和包容性的基层治理体系。

着力点主要在于以下四点：一是要建优党的基层组织。以党建为统领，把党的基层组织建全、建强、建实，选准、配优基层骨干力量，真正发挥党组织的堡垒作用和党员的先锋模范作用。二是要发展自治组织。着力让村委会、居委会回归自治，整合村、社区内部的治理资源，形成以村委会和居委会为制度平台，多种主体共同参与的自我管理、自我监督、自我教育、自我服务的自治体系。三是要培育服务组织。引入、培育市场力量和社会力量，发展专业化的社会服务组织，承接公共服务、

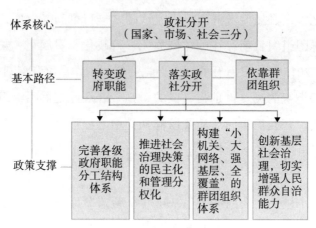

图 1-12 中国社会治理体系现代化的设计

公益服务和商业服务等多种形式的服务，搭建起多层次、多元化服务结构，提高社会自我协调、自我供给能力。四是要对基层社区进行稳定的资金和物质支持。由于基层社会治理是实现全民共建共享社会治理格局的基础，也是国家长治久安的基石，因而政府需要以法治化和制度化方式加大对基层社区发展进行长期稳定的资金和物质支持，并有计划地实施社区发展规划，从而为培育和增强人民群众自治能力奠定坚实的物质基础。

第六节　结构决定功能　社会治理机制必须现代化

政府与社会合作共治的社会治理体系能够有效地运转起来，取决于社会治理机制的设计。在"党委领导、政府负责、社会协同、公众参与、法治保障"的社会治理体制之下，若使各个治理主体能够在公共事务的社会治理中形成一种广泛的合作共治关系，需要着眼于政府自身规范、政府与社会组织的关系、政府与公众的关系等几个方面，相应调整政府的权力运行机制，建立现代社会组织的支持、合作与监管机制，强化基本公共服务供给机制，以及完善法治保障机制。

一、政府权力运行机制

通过建立权责清单制度调整和优化政府的权力运行机制。政社分开的社会体制改革以及实现社会治理的法治化，必须以深化政府改革、加快转变政府职能为根本性前提，其关键途径在于通过"权力清单"、"负面清单"和"责任清单"这三张清单的简政放权利器，来调整和优化政府的权力运行机制，这也是对中国传统政府行政理念的一种根本性变革。因为在政社不分的传统体制下，政府是一个绝对强势的治理主体，整个社会都在它的管控之下。虽然在20世纪90年代以后，"依法治国""依法行政"的理念倡导了很多年，我国社会治理模式一直难以从"政府本位"向"权利本位"和"社会本位"的方向进行变革。

如今建立"权力清单"、"负面清单"和"责任清单"这三张清单所要解决的问题，就是政府要拿出"权力清单"，明确政府该做什么，做到"法无授权不可为"；给出"负面清单"，明确企业、社会组织、公众等主体不该干什么，做到"法无禁止皆可为"；理出"责任清单"，明确政府怎么管市场、管社会，做到"法定责任必须为"。负面清单、权力清单是针对政府乱作为，责任清单则是针对政府不作为，这三张清单可以确立政府与社会的新关系、新秩序。可以说，充分发挥社会组织和公众等社会力量在现代社会治理中的功能与作用，定然要求政府从普遍的审批制、许可制的社会管理模式中解脱出来，以权力清单、负面清单和责任清单等清单管理制度改革政府管理社会事务的权力运行方式，为社会治理中的社会主体释放发育与成长的空间。若要在"十三五"期间，切实落实政社分开，那么就必须扩大社会事务"负面清单"管理机制的适用范围。在这一清单之外，凡是适合由社会组织和居民自治提供的公共服务和社会事务，均交由社会力量承担，以尽可能培育和增强社会的自主性和自治能力，让社会组织等治理主体真正履行"润滑剂""减压阀""调节器"的"中间协调层"的独特功能，协同政府实现对社会的良好治理（何雨，2014）。

二、社会组织的支持、合作与监管机制

通过"赋权"与"赋能"相并举的方式建立现代社会组织的支持、合作与监管机制。与西方成熟的市民社会相比，我国的第三部门发展仍处于起步成长阶段，社会自主性和自治能力仍有待培育发展，因而，在相当长一个时期，推进落实党的十八大所提出的"加快形成政社分开、权责明确、依法自治的现代社会组织体制"，并不是简单地让政府向社会"赋权"后就当"甩手掌柜"，而是要求政府要坚持"赋权"与"赋能"相并举的原则，系统地建立一套现代社会组织支持、合作与监管机制。具体而言，包括以下三个方面的内涵：

（一）现代社会组织支持机制

为了推动社会组织的发展，许多国家都建立了各种不同形式的社会组织支持机制，其中，来自政府的支持尤为重要。在美国、德国等西方发达国家，各级政府每年用于向社会组织购买服务的开支占到社会组织运作资金的相当大比例，有的高达60%—70%。这套支持机制不仅包括国家通过培育发展、扶植推动、优惠补贴等各种支持性政策培育社会力量、加强社会建设、推动社会组织健康发展；而且也包括其他社会力量对社会组织的支持，例如公民的志愿服务、企业和大型基金会的捐助与资助、社会力量创办的社会组织培育孵化平台等。但这些社会力量对社会组织的支持需纳入法治化的轨道之中，使之能够规范运作。根据当前中国社会发展的迫切需要，政府应着重广泛实现行业协会商会与行政机关真正脱钩，重点培育和优先发展行业协会商会类、科技类、公益慈善类、城乡社区服务类社会组织，并使之具备充分能力承接政府转移的相应职能。

（二）现代社会组织合作机制

主要包括：（1）基于政府实施购买服务等各种外包项目过程中形成的围绕公共服务供给所形成的合作机制；（2）在各级政府推进政策民主化、专业化、规范化的过程中，社会组织利用其广泛的民意基础和雄厚的专业实力，发挥政策倡导功能，积极影响政策的制定和执行，并与各级政府之间建构起制度化的各种恳谈会、座谈会、委员会等政策咨询机制；（3）公共部门与社会组织在政治过程中的协商互动、联合行动机制，如社会组织负责人加入各级政协、人大及党代会，积极建言献策、协商议政，也包括一些社会组织通过申请联合国咨商地位，在国际治理体系中与政府进行协调配合并采取合作行动等。

（三）现代社会组织监管机制

必须要看到，在中国现阶段的社会历史条件下，社会组织的自治是有条件的，无条件的社会自治是对政府的蔑视，也在一定程度上是对政府所欲建构的公共秩序的威胁。因此，政府在对社会组织的培育发展予以大力支持的同时，也需要在社会组织的登记、备案、分类监管和行为管理方面建立一套以风险控制为核心的规范监管机制（王名、张严冰、马建银，2013）。换言之，政府需要以法律规范为核心对社会组织进行监管，完善社会组织法律体系建设，重视法律实效，切实落实以社会组织的日常行为管理为基本内容、以现实的政治与社会风险为管理基本标准的规范性监管机制。

三、公共服务供给机制

通过完善社会政策体系和创新供给方式来强化基本公共服务供给机制。社会政策体现国家责任，旨在保障社会成员的基本权利，协调社会群体之间的利益关系，解决社会问题，促进社会的安全和高效运行，它是推进社会治理现代化的基础，也是增进社会发展质量的制度保障。根据政府工作内容来看，我国有关社会治理的社会政策体系主要包括三类：关于社会财富再分配和就业、社保、福利、社会救助、医疗补助等方面的民生政策；关于教育、科技、文化、体育、公共卫生、食品安全保护等社会保护、发展和社团管理政策；关于自然资源开发和保护的环境政策、资源管理政策和能源政策等（蓝志勇，2016）。社会政策体系的完善，可以从根本上强化基本公共服务供给能力，从而为培育发展社会成员的自治能力提供必要的社会资源保障。为实现该目标，需要切实增强政府完善社会政策体系的职责，着重从下述三个方面努力提高公共服务供给能力和共享水平：

第一，普及基本公共服务，向落后地区和弱势群体倾斜。加强义务教育、就业服务、社会保障、基本医疗和公共卫生、公共文化、环境保护等基本公共服务，努力实现全覆盖。加大对革命老区、民族地区、边疆地区、贫困地区的转移支付。加强对特定人群特殊困难的帮扶。

第二，充分发挥市场机制创新公共服务提供方式。凡是能由政府购买服务提供的政府不再直接承办；凡是能由政府和社会资本合作提供的，广泛吸引社会资本参与。主要方式包括：服务外包，将一部分公共事务和公共事业通过签订合同的形式与社会组织和市场企业开展合作；发放代币券，政府给人民群众发放代币券代替现金来购买特定的公共服务；特许经营，政府通过发放执照或许可证允许市场企业或社会组织提供公共服务；设置代理机构，政府为特定代理机构授权履行部分社会治理职能；实行混合政策，政府综合采用多种方式来获得更大优势和效益。

第三，加快社会事业改革。促进城乡公共资源均衡配置，健全农村基础设施投入长效机制，把社会事业发展重点放在农村和接纳农业转移人口较多的城镇，推动城镇公共服务向农村延伸。需要强调的是，基于公平发展和共享发展要求，城乡统筹发展必须要取得重大突破，特别是要在破解城乡二元结构、推进城乡要素平等交换和公共资源均衡配置上取得重大突破，给农村发展注入新的动力，让广大农民平等参与改革发展进程，共同享受改革发展成果。

四、法治保障机制

通过规模性、系统性立法完善法治保障机制。健全和完善社会治理领域的社会主义法律体系是实现社会治理现代化的根本法治保障。在国家立法方面，我国长期重经济领域立法，轻社会领域立法，与社会治理和民生问题紧密相关的社会领域立法仍显薄弱。党的十八大以后，进入新时代，社会治理的法治化问题已经被提升到了前所未有的重视高度。按照国务院办公厅2013年3月下发的《〈国务院机构改革和职能转变方案〉任务分工通知》，社会组织管理的"三大条例"即《社会团体登记管理条例》、《民办非企业单位登记管理暂行条例》和《基金会管理条例》的修订工作由民政部会同国务院法制办负责，并应在2013年底完成，但迟至今日仍未完成和出台。目前《慈善法》已由第十二届全国人大四次会议审议通过，并于2016年9月1日起施行，而社会组织管理的"三大条例"已经列入了国务院2016年全面深化改革急需立法项目，但是包括"社会组织法"在内的一系列有关保障和改善民生，加强和创新社会管理顶层设计的立法项目均需提请全国人大常委会予以制定、修订或审议通过，这需要极大的立法资源予以充分保障才能完成如此艰巨的立法任务。作为全面推进依法治国战略的重大组成部分，通过规模性、系统性立法为社会治理现代化提供充分的法律体系和法治机制保障，是当前最为迫切的需求。

在具体的社会治理立法方面，需要特别注意下列问题：第一，针对目前社会治理与民生领域的立法多为行政法规规章、立法分散、层级不高和权威性不够的情况，应在全国人大常委会的统一领导下，统筹全国社会法的立法工作，加快社会领域一些基本法律的制定，大力提高社会法的立法层级。第二，在社会法的起草和讨论过程中，要主动吸纳包括专家学者、大众、传媒等在内更多的社会主体参与，并在这种不断增加立法过程开放性、民主性和科学性的过程中，引导社会利益主体展开理性而合法的利益博弈，从而有效协调社会利益关系，塑造合理、和谐的社会利益格局。第三，在立法的重点领域选择方面，亟须推进社会组织、社会保障、医疗保障、住房、环保等民权民生领域的立法，以规范日益壮大和复杂化的社会组织管理以及保障各种社会群体，尤其是社会弱势

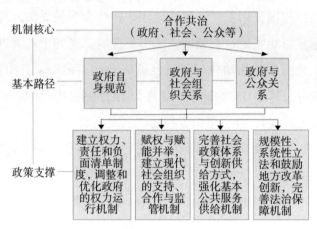

图 1-13　中国社会治理机制现代化的设计

群体的合法权益（唐皇凤，2014）。

　　需要指出的是，社会治理机制没有一成不变的"法宝"，它特别要求因时因地的实践性、过程性和创新性。因此，社会治理机制在国家制度构建层面，首先要大力鼓励地方的社会治理创新；而后不失时机地将地方和基层实践中创造的带有普遍意义的、比较成熟的好经验、好做法及时上升为国家层面的制度规范。因此，我国在系统性开展社会治理领域法律体系与政策体系的制定工作之时，应当系统地总结地方的社会治理改革实践经验，从中吸纳创新智慧。根据我国市场经济体制改革经验，这种地方试验主义方法是解决政府治理和社会治理改革创新动力问题的有效途径。

第七节　能力决定执行力　社会治理能力必须现代化

　　进入21世纪以后，中国所面临的是一个日益受到全球化深度影响的，社会多样化、利益多元化的复杂性经济社会。对于这样一个经济社会体的现代治理，其所应具有的社会治理能力主要是指执政党和政府主体在保持政治社会秩序稳定的前提下，贯彻践行现代治理理念，保障现代治理体系及其相应治理机制有效运转的基础性能力。根据政治与社会之间的关系以及社会运行状态的不同，我国推进社会治理现代化需特别重视四个方面的能力建设：党的政治领导能力、常态治理能力、应急管理能力以及公共与国防安全保障能力。

一、党的政治领导能力

坚持党的领导，是确保社会治理现代化坚持正确的政治方向和具备坚实的政治保障的关键举措。中国共产党作为中国特色社会主义事业的坚强领导核心力量，履行着领导党和执政党的双重功能，党的代表性、先进性和纯洁性是优化社会治理体系和治理机制、推进社会治理能力现代化的政治保障。在中国特色社会主义制度下，培育人民的自我治理主体性，保障百姓的民权民生权益，实现人民当家作主，这是当前推进中国社会治理现代化的根本价值指向。为实现这一根本价值取向，在宏观制度上，党依靠其坚强的政治领导能力，通过人民代表大会的根本政治制度以及法治国家建设，可以充分保障人民依法有序地参与国家和社会公共事务的管理，从而为社会治理现代化提供基础性的制度框架和稳固的治理资源；在微观机制上，党通过总揽全局、协调各方的领导方式方法，可以完善党委领导、政府主导、社会协同、公众参与、法治保障的社会治理体制，从而推进社会治理精细化，构建全民共建共享的社会治理格局。

二、常态治理能力

在多数情况下，社会成员都生活在平常状态下，而非由突发公共事件引发的应急或者紧急状态下。不同的社会状态，适应于不同的法律规制体系，也要求政府具备不同的社会治理能力。政府全面的常态治理能力，主要包括三个层面：

第一，社会民权的保护能力。主要体现在促进创业就业和增加个人收入的发展性权利保护与社会保障政府兜底的福利性权利保护两个方面。对此，在"以人民为中心"的共享发展观指导下，政府必须：（1）坚持就业优先战略，实施更加积极的就业政策，创造更多就业岗位，着力解决结构性就业矛盾，同时也要完善创业扶持政策，鼓励以创业带就业，建立面向人人的创业服务平台；（2）坚持居民收入增长和经济增长同步、劳动报酬提高和劳动生产率提高同步，持续增加城乡居民收入，调整国民收入分配格局，规范初次分配，加大再分配调节力度；（3）普及基本公共服务，实施全民参保计划，基本实现法定人员全覆盖，坚持精算平衡，完善筹资机制，分清政府、企业、个人等的责任，适当降低社会保险费率，完善社会保险体系。

第二，社会秩序的维护能力。稳定、和谐、平安的社会秩序是经济社会发展的前提条件，也是社会治理的核心治理目标之一。维护社会秩序长期稳定、和谐、平安，需要在法治框架下强基础，建制度，对此，政府必须：（1）构建以社会主义核心价值观为引领、社会公平正义为核心、道德规范和诚信体系为基础、公民权利保障为重点的社会行为规范体系，从而培养社会成员的社会责任意识，弘扬崇尚法律、依法办事的法治精神，倡导积极向上、理性平和的社会心态；（2）加强社会治理基础制度建设，建立国家人口基础信息库，统一社会信用代码制度和相关实名登记制度（房产登记实名、手机登记实名等），完善社会信用体系，健全社会心理服务体系和疏导机制、危机干预机制；（3）完善社会治安综合治理体制机制，实现社会治理的精细化和信息化。通过社会治理方法的创新，以信息化为支撑加快建设社会治安立体防控体系，建设基础综合服务管理平台，将基层社会治理的结构由条状变成网状，变自上而下的垂直管控为重视基层的协同治理，突出基层群众的需求导向，做到重心下移、力量下沉、保障下倾。

第三，社会矛盾的化解能力。在社会多样化、利益多元化的社会生态当中，因利益群体之间的矛盾而引发的社会问题、纠纷与冲突，是难以避免的。对矛盾的压制不是可取之道，关键在于制度化的矛盾化解能力。对此，政府必须：（1）在指导原则上要强化和完善解决社会矛盾纠纷的法治机制，防止用"运动式治理"体制化替代法治化；（2）基于法治化原则，建立健全矛盾纠纷的发现、调解、仲裁、复议、诉讼相互衔接、相互配合的矛盾化解机制，尽可能缓解信访渠道，将矛盾纠纷引流至调解、仲裁、复议、诉讼的法治化渠道去解决；（3）落实重大决策社会稳定风险评估制度，完善社会矛盾排查预警和调处化解综合机制，针对违法犯罪分子，建立健全社会治安防控体系，严密防范、依法惩治违法犯罪活动，维护社会秩序。

三、应急管理能力

突发公共事件的发生，会导致社会管理状态发生转移，即从平时管理状态转换为应急管理状态，此时，为应对突发公共事件对国家和人民生命财产所造成的严重社会危害和威胁，采取有效措施控制、减轻和消除社会危害，尽快恢复正常社会秩序，常态下的社会治理能力通常是远远不够的，而需要依赖于政府系统的应急管理能力，这方面的深刻教训就是2003年的"非典"事件。我国已经进入了风险社会，进入21世纪以来，因自然的、经济的、社会的原因而导致的突发公共危机事件频发，造成了严重的社会危害和巨大损失，从中也暴露出了我国政府应急管理能力的严重不足。可以说，系统的应急管理能力已经构成了现代社会治理能力的核心组成部分。与此同时，我们要认真总结此次中国防控新冠肺炎疫情的成功经验。今后为加强系统的应急管理能力建设，需要着重从以下三个方面着手：

第一，切实提高政府应急法律能力。这是法治国家建设的必然要求，因为从法律上说，进入应急管理状态意味着平时法律状态的暂时中止，政府开始限制公民法律权利和自由，政府的应急措施主要是行政管理机关根据应急需要采取的，这些措施本身和实施程序是高度裁量的或者全部裁量的。为保障政府应急措施的合法性，规范政府的应急裁量权力，基于《突发事件应对法》而进行的法律修订、完善和相关应急法律体系的系统化，是系统性强化政府应急管理能力的法治前提。

第二，大力加强社会风险预警能力。实现社会风险的科学预警，是防范社会风险发生的关键所在，也是应急管理能力的重要内涵。对此，要在总结重大政策和重点项目社会稳定风险评估的基础上，科学运用风险管理的工具和方法，构建符合国情的社会风险评估体系，提升社会风险的识别能力和预警能力，尤其要重视运用信息技术建立危机预警的信息收集系统、监测系统以及分析评估系统以实现科学预警，也要建立网络舆情和社会心态监测系统，把握舆情和社会心态演变机理，及时化解社会矛盾。

第三，全面提升公共危机应对能力。公共危机发生以后的应急管理，需要在应急法律体系下建立特定的危机决策机制，遵循权力集中、及时性和有效性原则，依托应急处置网络系统和应急资源的条件，因时、因地、因人科学采取一系列处置措施，保障安全，稳定大局，引导舆论，恢复重建等，从而建立源头治理、动态管理、应急处置相结合的无缝隙社会风险预警和应对体系。

四、公共与国防安全保障能力

随着我国经济社会向成熟的工业化和城市化发展阶段加速转型，以及中国崛起背景下全球治理格局的深刻变革，公共安全与国防安全保障已经成为社会与国家现代化发展迈向全新阶段所必须得到充分满足的重大需求。因此，党的十九届五中全会关于"十四五"规划建议中把国家安全意识提高到了前所未有的高度，就此提出了"平安中国"建设的战略规划，主要分为国内层面的公共安全建设以及国际层面的国家安全建设。在公共安全方面，必须牢固树立安全发展观念，坚持人民利益至上，加强全民安全意识教育，健全食品安全、工程安全、交通安全和社会治安等方面的公共安全保障体系。对此，需要完善和落实安全生产责任和管理制度，实行党政同责、一岗双责、失职追责，强化预防治本，改革安全评审制度，健全预警应急机制，加大监管执法力度，及时排查化解安全隐患，坚决遏制重特大安全事故频发势头；实施危险化学品和化工企业生产、仓储安全环保搬迁工程，加强安全生产基础能力和防灾减灾能力建设，切实维护人民生命财产安全。

简言之，需要将公共安全问题放到经济社会发展大局中谋划，从人民群众反映最强烈的重点领域、重大工程入手，在体制机制上形成事先预警排查、实时监管执法、事后严格问责的完整体系。在国家安全方面，必须贯彻总体国家安全观，实施国家安全战略，落实重点领域国家安全政策，完善国家安全审查制度，完善国家安全法治，建立国家安全体系。对此，需要依法严密防范和严厉打击敌对势力渗透颠覆破坏活动、暴力恐怖活动、民族分裂活动、极端宗教活动，坚决维护国家政治、经济、文化、社会、信息、国防等安全。

表1-3　中国社会治理能力现代化的设计

中国社会的治理能力		
分析路径	治理能力	具体内涵
政治与社会关系	党的政治领导能力	宏观制度制定与保障实施能力
		微观总揽全局与协调各方的领导能力
社会运行状态	常态治理能力	社会民权的保护能力
		社会秩序的维护能力
		社会矛盾的化解能力
社会运行状态	应急管理能力	政府应急法律能力
		社会风险预警能力
		公共危机应对能力
	安全保障能力	公共安全保障能力
		国防安全保障能力

　　需要清醒地看到，当今中国社会所呈现的形态，是在计划经济体制下的国家社会经过市场经济、由市场经济催生的新生社会以及全球化这三种力量不断冲击之下所形塑的，它显然不同于西方特定文化与价值支撑下的、成熟的公民社会形态，这也就意味着西方通行的社会治理制度经验，虽有重要的现实借鉴价值，但绝不能"邯郸学步""东施效颦"，不加甄别地完全套用在当代中国的社会治理现代化实践当中。中国社会治理的现代化有其特殊国情背景下的时代使命，一方面，需要通过创新社会治理为当代中国即将到来的、迈向成熟的工业化与城市化发展阶段的现代社会，提供一套与传统农业社会和计划经济时代完全不同的治理结构与制度体系；另一方面，需要通过加强社会建设为当前中国全面深化改革背景下正面临的经济发展困境，提供一个与现代市场体系相匹配的现代社会体系，即通过实现社会治理的现代化，实现社会变革、社会改革与社会进步，以建设一个现代的社会来再造一个全新的经济，从而通过社会发展的途径来驱动发展方式与经济形态的现代转型。

　　着眼于完善和发展中国特色社会主义制度，中国社会治理现代化的顶层设计是一个亟须认真对待的复杂性问题，并不能期待一蹴而就，具体机制体制设计需要在顶层设计与治理实践的互动中不断探索、改革与完善。作为一种总体性的框架思路，中国社会治理现代化设计的各个部分，需要在始终坚持党的政治领导和以人民为中心的发展思想指导之下，紧紧围绕社会治理理念现代化、社会治理体系现代化、社会治理机制现代化、社会治理能力现代化等方面，扎扎实实地进行研究与实践创新。

（执笔人：杨宜勇　邢伟　曾志敏　万海远）

第二章　关于中国社会治理现代化的评价方法和基本评价

　　习近平总书记强调，坚定文化自信，离不开对中华民族历史的认知和运用。历史是一面镜子，从历史中，我们能够更好看清世界、参透生活、认识自己；历史也是一位智者，同历史对话，我们能够更好认识过去、把握当下、面向未来。

　　事非经过不知难。根据党的十八届五中全会关于社会治理现代化的四大基本目标，我们把社会治理现代化细分为 7 个维度，包括公民参与、社会法制、社会公正、社会稳定、政务公开、行政效率和公共服务，由此对我国社会治理现代化的变化趋势进行了测算。从中发现，虽然我国社会治理现代化的水平总体偏低，但是党的十八大以来呈现显著快速增长特征。进一步的分析表明，公民参与、社会法制和行政效率指数低于同期社会治理的平均水平，而社会稳定指数和公共服务指数则明显高于同期社会治理平均水平。历史的趋势就是趋势的历史。根据党的十九大和党的十九届四中全会精神，未来实现社会治理体系和治理能力现代化，要推进政府职能转变，提高民间力量参与社会治理的力度，由此构建社会治理的多元供给体系。要加快推进法治政府建设，减少各种社会冲突，增加社会稳定性。要整合优化现有社会治理资源，提高行政效率，使社会治理能力和治理水平在城乡之间、地区之间、部门之间和治理领域之间协同推进。

　　作为国家治理的重要组成部分之一，社会治理凸显了合作共治理念，通过调节利益关系、化解社会矛盾、协调社会关系、解决社会问题、增强社会活力，由此来维护社会公正、和谐与安定。党的十八届五中全会明确提出"创新社会治理体制、提高社会治理水平、实现国家治理体系和治理能力现代化"。然而，当前我国社会治理领域还存在各种各样的问题，如政府社会治理体制已滞后于时代需求，当前社会矛盾总体不容乐观，社会活力不足，社会组织、企事业单位和公民个人积极性尚未被充分调动①，因此对社会治理进行总结和评估，从而发现社会治理现代化中存在的问题就尤为必要。

第一节　锚定基本目标　打造评估维度

一、社会治理现代化的基本目标

社会治理体制既包括社会治理过程中的治理主体、治理范围、治理方式、治理绩效，也包括社会治理体制的本质内涵、价值诉求和基本原则。十八届五中全会不仅对创新社会治理体制的主要任务作了具体部署，也提出在推进国家治理现代化进程中创新社会治理体制的核心价值诉求，具体包括以下四个方面②：

第一，民主法治。民主是社会主义国家基本政治制度的根本内容，法治是实现民主治理的根本保障。"缺乏民主的法治，容易走向集权与专制，而没有法治的民主，则容易走向混乱和无序。"在国家治理和社会治理中必须坚持人民主体地位和发展社会主义民主政治，十八大报告提出了构建党委领导、政府负责、社会协同、公民参与、法治保障的社会治理格局。

第二，公平正义。社会治理也是社会资源的调整和配置过程，必然面临各种利益集团的不同利益诉求，只有构建公平正义的社会利益分配

---

① 胡颖廉：《政府如何推进社会治理现代化》，《学习时报》2014 年 7 月 14 日。
② 姜晓萍：《国家治理现代化进程中的社会治理体制创新》，《中国行政管理》2014 年第 2 期。

机制和公共资源共享机制，才能有效协调各种社会关系，化解社会矛盾，让发展成果更多更公平地惠及全体人民，保障普通公民平等参与现代化过程，构建起点公平、机会公平、结果公平的社会治理体制。

第三，包容活力。社会治理的目的绝非通过社会管控抑制人的创新性和创造力，限制人的自由选择和发展，恰恰是要通过制度设计激发社会活力，"让一切劳动、知识、技术、管理、资本的活力竞相迸发，让一切创造社会财富的源泉充分涌流"。尤其是在当前社会阶层分化、社会关系复杂、利益诉求多元的条件下，社会治理既要确保公共利益的最大化，坚守社会主义核心价值体系，也要鼓励社会包容，尊重诉求差异、理解多样化和个性化需求。

第四，安定有序。社会治理的宗旨是确保人民安居乐业、社会安定有序。但社会的稳定并不是完全没有社会矛盾和社会冲突，而是能在共同遵循社会秩序的前提下将社会冲突控制在有限范围内，社会矛盾在既有的矛盾纠纷解决机制下可以获得较快解决。

二、社会治理现代化的评估维度

根据十九大和"十四五"规划中社会治理现代化的四大基本目标，我们把社会治理现代化进一步细分为7个维度，包括公民参与、社会法制、社会公正、社会稳定、政务公开、行政效率和公共服务[①]。总的来看，中国社会治理评价指标体系共包括1个一级指标（即中国社会治理现代化指数），7个二级指标。这7个二级指标作为评价维度构成了中国社会治理现代化评价体系基本框架的七大支柱，体现了民主、法治、公平、正义、稳定、参与、透明、自治等社会治理的重要价值和理念，有助于引领社会管理创新和社会治理改革的发展方向。

---

① 俞可平：《中国治理评估框架》，《经济社会体制比较》2008年第6期。

表 2-1　社会治理现代化的评估维度

公民参与	直接选举法规；直接选举的范围；村民或居民自治；职工代表大会的作用；重大决策的公众听证和协商；社会组织或民间组织的参与状况
社会法制	国家的立法状况；政府的依法行政程度；法律在实际生活中的作用；官员和公民的法律意识；司法审判的执行情况
社会公正	收入差距基尼系数；恩格尔系数；城乡差别；地区发展差别；教育公平程度；医疗公平程度；就业公平程度；党政干部中的女性比例；基本公共服务均等化程度
社会稳定	公民的社会安全感；社会治安状况；通货膨胀率；民族地区的冲突事件；群体性事件的数量；上访数量及比例；公共暴力
政务公开	政务公开的法规及效果；决策过程的公开化程度；一府两院活动的公开化制度；新闻媒体的自主性；公民获取政府信息的渠道；干部的财产申报真实和透明情况
行政效率	政府的行政成本；党政干部的行政能力；党政机关的协调程度；决策失误的概率；公共项目的投入产出率；电子政务普及率；政府的快速反应能力；公民对政府决策和处事效率的满意程度
公共服务	政府预算公共服务支出的比例；基本社会保障的情况；义务教育普及率；基本医疗保险覆盖率；政府对穷人和困难者的帮助；公共基础设施的提供力度；公民对政府服务的满意程度

说明：根据十八大报告和"十三五"规划中关于社会治理现代化的四大基本目标，我们把社会治理现代化进一步细分为本表的 7 个维度。俞可平（2008）也提供了一个基本框架，但其更加侧重政治治理方面的指标，增加了人权与公民权、党内民主、政府廉政等方面的指标。本报告把社会治理概念限定在政府外、企业外，因此政治治理方面的指标相对较少。

参考资料：俞可平：《中国治理评估框架》，《经济社会体制比较》2008 年第 6 期。

第二节　确定评价指标　整理历史数据

一、社会治理现代化评价指标

基于多层次评价的思路，我们设定了维度指标、二级指标、三级指标的三层次体系结构，并结合数据可得性，最终筛选使用了 30 个与社会治理现代化有密切关联的二级指标。总的来看，这 30 项二级指标是对公民参与、社会法制、社会公正、社会稳定、政务公开、行政效率和公共服务等 7 个社会治理领域的具体度量。在此基础上，结合数据的可获得性，我们又分别对 30 个二级指标进行了定义，并形成 30 个相应的三级指标。

总体上，我们采用加权逐级合成方法，即将不同的三级指标赋予相同的权重，然后再按各个二级指标内部所占权重加权，形成层面指数，再加权形成子系统指数，最后加权形成总指数。为了体现均衡、协调、可持续发展的理念，在给各评价指标进行赋权时，我们采用子系统、层面以及各评价指标赋予同等比例的权重。这样，就能从每一领域各单项指数相加得到各领域指数，再将各领域指数相加得到社会治理现代化指数（具体见表 2-2）。

表 2-2 社会治理现代化指标体系和权重分配

维度指标		二级指标		三级指标	原始数据来源
名称	权重	名称	权重	名称	
公民参与	1/7	选举法规	1/3	直接选举涉及的居民数量	《世界正义工程》公民指数[①]
	1/7	职工代表	1/3	工会参与率	《中国劳动统计年鉴》
	1/7	社会组织	1/3	万人社会组织数量比	《中国民政统计年鉴》
社会法制[②]	1/7	依法行政	1/4	政府的依法行政指数	《世界正义工程》法治指数
	1/7	法律意识	1/4	公民法律意识	《世界正义工程》法治指数
	1/7	审判执行	1/4	司法审判的执行力度	《世界正义工程》法治指数
	1/7	立法状况	1/4	国家立法数量	《世界正义工程》法治指数

[①] 世界正义工程（The World Justice Project，WJP）的《法治指数报告》成为国际法治评估的权威数据，是当前唯一专门测量法治的国际指数，WJP 指数具有测量全面、数据新鲜、编制严谨、透明度高的特点。

[②] 这里指标设置参考了 2009 年 12 月颁发的《国务院办公厅关于推行法治政府建设指标体系的指导意见》。在二级和三级指标设置中，也参考了《世界正义工程法治指数》研究。其具体内容由 9 个方面和 52 项指标组成，包括：有限政府权力、腐败遏制、秩序和安全、基本权利、开明政府、有效的常规执法、民事正义的享有、有效的刑事司法、非正式司法等内容。

[③] 全国妇联妇女研究所，《国际妇女参政主要状况》，研究报告。

续表

维度指标		二级指标		三级指标	原始数据来源
名称	权重	名称	权重	名称	
社会公正	1/7	收入分配	1/7	收入基尼系数	国家统计局《统计公报》
	1/7	消费差距	1/7	恩格尔系数	《中国统计年鉴》
	1/7	城乡差距	1/7	城乡收入比	《中国统计年鉴》
	1/7	教育公平	1/7	居民平均受教育年限标准差	《中国教育统计年鉴》
	1/7	医疗公平	1/7	高低收入组医疗报销支出比	《中国卫生经费统计年鉴》
	1/7	就业公平	1/7	地区间失业率差距	《中国劳动统计年鉴》
	1/7	女性比例	1/7	全国党政干部中的女性比例	《国际妇女参政主要状况》③
社会稳定	1/7	社会治安	1/5	社会治安指数	《社会治安评价指标体系》①
	1/7	通货膨胀	1/5	当年 CPI	《中国统计年鉴》
	1/7	民族冲突	1/5	民族地区的冲突事件数量	《民族团结和睦指数》②
	1/7	劳动冲突	1/5	人均劳动争议发生率	《中国劳动统计年鉴》
	1/7	上访数量	1/5	上访数量及比例	《中国劳动统计年鉴》
政务公开	1/7	决策过程	1/3	决策过程公开化程度	人民日报《政务指数报告》③
	1/7	媒体自主性	1/3	新闻媒体自主性	人民日报《政务指数报告》
	1/7	政务公开	1/3	多维度政务宣传平台	人民日报《政务指数报告》
行政效率	1/7	区域协调度	1/3	地区经济发展差异系数	《中国统计年鉴》
	1/7	财政资金投入产出率	1/3	宏观和微观人均转移性收入比	宏观自《中国财政》，微观自《中国统计年鉴》
	1/7	电政普及	1/3	电子政务普及率	人民日报《政务指数报告》

续表

维度指标		二级指标		三级指标	原始数据来源
名称	权重	名称	权重	名称	
公共服务	1/7	公共支出	1/5	政府预算公共服务支出占比	《中国统计年鉴》
	1/7	社会保障	1/5	人均财政社保支出	《中国统计年鉴》
	1/7	义教普及	1/5	义务教育普及率	《中国统计年鉴》
	1/7	穷人救助	1/5	年均减贫数量	《中国扶贫监测报告》
	1/7	基础设施	1/5	公路里程规模	《中国统计年鉴》

说明：（1）各级指标权重之和为1，二级指标权重为占维度指标比例，三级指标权重为占二级指标比例；（2）在指标选取方面，我们尝试了其他选择，但考虑到数据可得性和结果稳健性，我们只选取了本表的指标。①②③

二、社会治理现代化评价数据

为了使社会治理现代化指数具有跨年度可比性，并考虑到数据的可比较性，我们还设定了基期年份，即把基期年份设定为2002年，终期年份为2014年④。考虑数据使用的统一性以及数据来源的公开性和权威性，我们将国家统计局数据作为指标的主要数据来源，相关数据库主要包括《中国统计年鉴》《中国劳动统计年鉴》《中国劳动和社会保障年鉴》《中国教育统计年鉴》《中国民政统计年鉴》《中国统计月报》等。另外，对于如法治指数、公民参与和政府责任等领域的一些不容易获得的指标，我们采用文献梳理方法，并直接利用相关研究结果。如公民参与指标的数据，我们主要选自《世界正义工程》中关于中国部分的公民参与指数，

---

① 王志勇：《社会治安评价指标体系的探索》，《中国刑事警察》2006年第5期。
② 根据国家民族和宗教事务委员会发布的《关于做好民族团结和睦指数统计监测工作的通知》，该指数具体包括三个方面，即未发生重大民族纠纷事件、开展民族政策活动、民族团结进步创建活动等。
③ 《人民日报》，政务指数报告，http://news.163.com/14/1208/19/ACVEGKTJ00014JB6.html。
④ 由于很多指标最早只能追溯至2002年，同样在报告写作时，大部分指标只更新到2014年。因此，基期年份设定为2002年，而终期年份为2014年。

而全国党政干部中的女性比例则来自于全国妇联妇女研究所关于《国际妇女参政主要状况》的研究报告（具体数据来源见表 2-2）。

第三节　吸收估计经验　构造评价方法

一、评价方法

为了使社会治理现代化指数的评分跨年度可比，须首先设定基期年份（基期年份设定为 2002 年），并设定基期年份各三级指标评分的最大值和最小值分别为 1 和 0，即在基期年份各单项指标的最高值为 1，最低值为 0。然后根据基期年份的指标值确定其他年份的得分，从而形成该三级指标的单项指数。在此基础上，将属于同一个二级指标的三级指标进行加权，合成二级指标指数，并利用属于同一维度的几个二级指数进行加权，合成维度指数，最后由 7 个维度指数加权合并生成总指数[①]。

为了保证指标数值大小变化和最终的社会治理现代化综合指数高低在经济含义上保持同向相关性，本文利用线性功效函数分别对基期年份存在正负相关关系的指数值分类进行标准化以计算得分，其中正相关指标得分公式为式（1），负相关指标得分公式为式（2），如下：

$$Score_i = (X_i - X_{min})/(X_{max} - X_{min}) \quad (1) \tag{1}$$

$$Score_i = (X_{max} - X_i)/(X_{max} - X_{min}) \quad (2) \tag{2}$$

其中 $Score_i$ 代表第 i 个指标的得分，X_i 是第 i 个指标的原始数据，X_{max} 是第 i 个指标在全国原始数据的最大值，X_{min} 是第 i 个指标在全国原始数据的最小值。由上述计算过程可知，各项得分均与社会治理现代化正相关，即指标得分越高，代表社会治理现代化水平越高，反之代表社会治理现代化水平越低。总的来看，某一年的具体指数值并没有绝对的

---

①　赖德胜：《中国劳动力市场报告 2012》，北京师范大学出版社 2013 年版。

经济含义，但是该指数在年度间具有可比性，因此能反映出我国社会治理现代化水平的进程和变化情况。

（二）指标权重

社会治理现代化是一种与经济社会发展诸多因素相关的较为复杂的结果，要用数量化的方法加以度量是一项困难的工作。我们选取了30个三级指标来合成社会治理现代化指数，实际上是一个由多方面、多指标到综合性、单一指数的复杂处理过程[①]。由于本研究选取的指标较多，为了避免主观随机因素的干扰，又使得年度指数具有可比性，所以选取算术平均加权法作为"中国社会治理现代化指数"的基本合成方法。按照算术平均法将30个三级指标合成30个二级指标，进一步合成7个维度指标。综合指数由各指标的得分按照加权平均的方法求得，公式为 $Index = \sum_{i=1}^{30} (weight_i \times score_i)$。其中 $Index$ 表示社会治理现代化指数值，$weight_i$ 为第 i 个指标权重，$score_i$ 是第 i 个指标的得分。

第四节　运用评价方法　得出结果解析

一、总体水平和变化趋势

图2-1是我国社会治理现代化总指数和年度变化曲线。可以看出，这一时期我国社会治理现代化总指数从2002年最低点的0.39逐年上升到了2014年最高点的0.73，增长了约50%。总体来看，在2002年至2014年间，我国社会治理水平大体分为三个阶段，第一个是2002—2009年间缓慢增长阶段，第二个是2009—2012年间的稳步增长阶段，第三个是2012年至今的显著加速增长阶段。

从原因来看，受2009年全球性的金融危机影响，我国经济和社会

---

① 赖德胜：《中国劳动力市场报告2012》，北京师范大学出版社2013年版。

受较大影响，对外贸易和企业经营情况甚至出现负向增长情况，这使得政府财政收入有大幅度下滑，政府稳增长、调结构和保就业的压力陡增，由此导致政府治理水平和治理能力受到限制。所以，社会治理指数缓慢上涨的势头在 2009 年出现停滞甚至中断的情况。另外，在 2012 年后，本届政府加大了对社会治理和国家治理能力现代化的重视程度，由此 2012 年以后的社会治理现代化指数出现了一个加速增长的过程。

综合来看，2002—2009 年间我国经济增长速度强劲，年均增长率达到最高的 10.8%，然而社会治理现代化指数却增长最慢。同比在 2002—2014 年期间，虽然年均经济增长率为最慢的 7.6%，但社会治理现代化指数增长率为最大。由此可以发现，经济增速与社会治理水平改善并不存在明显的正相关关系，当经济增速下降时，也可以通过加强管理、规范制度、提高治理效率等方法，来提高社会治理现代化的水平。

进一步的数据分析结果还表明，在 2002—2014 年间，公民参与得分、社会法制指数均低于这一时期社会治理现代化的平均水平，同时社会公正指数、行政效率得分也低于社会治理指数的平均水平；对比来看，

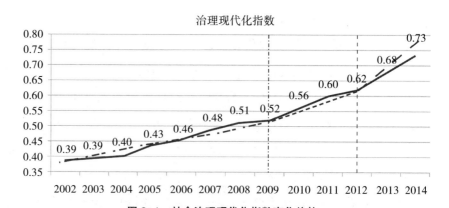

图 2-1　社会治理现代化指数变化趋势

数据来源：作者根据社会治理现代化 30 项三级指标计算整理。

说明：特定年份的指数值没有明显的经济含义，指数值可以大于 1，但不同年份间的指数
　　　值却有很好的可比性，由此可以判断我国社会治理现代化水平的变化趋势。

社会稳定指数和公共服务得分则明显高于同时期的社会治理平均水平；值得指出的是，政务公开指数在 2012 年之前低于同时期的社会治理现代化指数，而在 2012 年之后则显著高于社会治理现代化指数，这反映了政务公开指数的显著大幅度提高趋势。

二、结构指标分析

根据表 2-3，从总体趋势来看，2002—2014 年维度指标变化趋势明显，社会治理现代化指数在开始时得分较低，然后逐渐上升；这对所有 7 个分项维度指标来说都是如此。2009 年以后维度指标的上升和下降趋势则更加明显，表现为图中线条愈加陡峭，表明我国 2009 年以后的社会治理现代化的发展趋势复杂化。这一方面是党和政府的重视程度增加、社会保护的体系逐渐健全，由此带动了社会治理现代化水平的快速增加，但另一方面，由于不同群体之间收入差距的不断扩大，使得社会治理的公平性有所降低，而与此同时劳资矛盾逐渐增加，社会稳定指数和行政效率指数的增速也开始下降，由此也限制了社会治理能力的进一步提高。

表 2-3　社会治理现代化维度指标及其年度比较

年份	公民参与	社会法制	社会公正	社会稳定	政务公开	行政效率	公共服务	综合指数
2002	0.32	0.33	0.54	0.39	0.31	0.37	0.45	0.39
2003	0.32	0.34	0.52	0.44	0.31	0.36	0.46	0.39
2004	0.35	0.32	0.51	0.49	0.32	0.34	0.49	0.40
2005	0.39	0.35	0.53	0.53	0.34	0.35	0.55	0.43
2006	0.38	0.41	0.54	0.55	0.34	0.38	0.59	0.46
2007	0.40	0.45	0.52	0.61	0.39	0.41	0.61	0.48
2008	0.43	0.46	0.51	0.69	0.43	0.43	0.62	0.51
2009	0.45	0.48	0.51	0.74	0.44	0.44	0.59	0.52

续表

年份	公民参与	社会法制	社会公正	社会稳定	政务公开	行政效率	公共服务	综合指数
2010	0.46	0.49	0.53	0.78	0.51	0.49	0.64	0.56
2011	0.46	0.53	0.59	0.82	0.58	0.51	0.68	0.60
2012	0.47	0.54	0.61	0.82	0.61	0.53	0.71	0.61
2013	0.55	0.65	0.65	0.81	0.71	0.59	0.75	0.67
2014	0.66	0.77	0.67	0.81	0.78	0.65	0.77	0.73

数据来源：作者根据社会治理现代化 30 项三级指标计算。

说明：特定年份的指数值没有明显的经济含义，指数值可以大于 1，但不同年份间的指数值却有很好的可比性，由此可以判断我国社会治理现代化水平的变化趋势。

根据图 2-2，比较来看，当前我国社会稳定指数和公共服务指数较高，而公民参与指数、行政效率指数和社会公正指数都比较低。这需要在继续改善社会法制、政务公开和公共服务指数的同时，也要注意平衡社会治理现代化各个方面的因素，应该在改善社会治理环境、社会治理状况、社会冲突方面投入更多，尤其是要增加公民参与、社会公正和行政效率方面的重视程度，以更快提升社会治理现代化的整体水平。从测

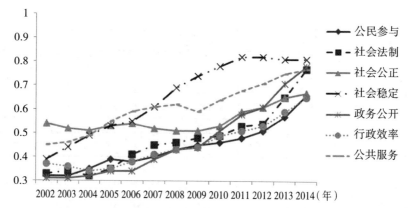

图 2-2　社会治理现代化指标维度比较（2002—2014 年）

数据来源：作者根据社会治理现代化 30 项三级指标计算。

说明：特定年份的指数值没有明显的经济含义，指数值可以大于 1，但不同年份间的指数值却有很好的可比性，由此可以判断我国社会治理现代化水平的变化趋势。

算结果来看，我国的社会治理现代化维度之间还存在高低不平衡、不协调的问题，所以要借助必要的调节手段来平衡各方面的发展，才能有效保证社会治理现代化的快速提高。总之，构成社会治理现代化指标体系的 7 个维度是相辅相成的，需要协调发展和同步提高才能使社会治理现代化得到快速提升。

三、分维度指标解析

（一）公民参与指数

该指数得分从 0.32 上升到 0.66，有较大幅度的提高，尤其是自 2012 年以来，公民参与指数呈现一个加速增长的态势。而对单项指标的得分计算则发现，这一时期工会参与率、社会组织数量占比两个指标的得分显著提高，这表明我国转型期职业参与和社会参与的重要性越来越高；同时，直接选举法规的完善性指标没有明显变化，由此表明我国公民的政治参与性并没有显著提高，这需要引起我们的重视。

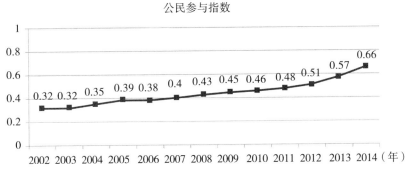

图 2-3　公民参与指数历年变化趋势（2002—2014 年）
数据来源：作者根据社会治理现代化 30 项三级指标计算。

（二）社会法制指数

该指数得分从 0.33 上升到 0.77，有很大幅度的提高，增长了 133.3%。而从阶段性划分来看，我国法制现代化在 2002—2006 年期间呈波动状，法制指数增长有一定的波动增长；在 2006—2012 年期间，法治过程则出现一个稳定增长期，每年都有稳定小幅提升；而在 2012 年以后，我国的法制现代化加速增长，社会法制指数得分明显提高，表明我国在这一时期的依法治国基本方略得到有效落实，社会法制建设取得了更大成效。

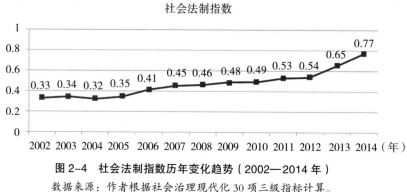

社会法制指数

图 2-4　社会法制指数历年变化趋势（2002—2014 年）

数据来源：作者根据社会治理现代化 30 项三级指标计算。

（三）社会公正指数

该指数从 2002 年的 0.54 上升到了 2014 年的 0.67，并没有明显提高。相比于其他维度指标，该指数具有水平高、增速慢的显著特点。从图 2-5 可以看出，我国社会公正指数在 2002 年以后甚至还出现一定的下降趋势，表明该时期我国社会公平情况甚至还有一定程度的恶化，这主要是收入分配差距逐渐扩大所导致的；而从 2009 年之后，社会公正指数则开始呈

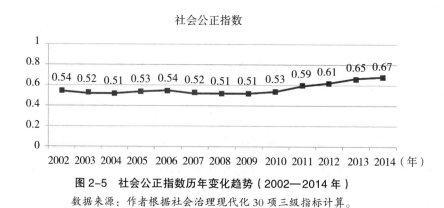

社会公正指数

图 2-5　社会公正指数历年变化趋势（2002—2014 年）

数据来源：作者根据社会治理现代化 30 项三级指标计算。

现非常温和的增长态势，主要原因是我国近年来加大社会再分配的推进力度。这使得城乡居民人均收入比、收入差距基尼系数都有小幅度的下降，而且就业者通过最低工资政策的社会保护也得到了有效改善，从而社会公正指数再次提高。

（四）社会稳定指数

如图2-6所示，该指数得分由2002年的0.39变化到了2014年的0.81。总体来看，该指数呈现一个前期快速提高、中期基本稳定、后期甚至出现小幅下降的态势。具体来看，虽然工会参与率提高了，但工会调节效率有所下降，集体劳动争议数量占比增加，说明我国转型时期劳资矛盾逐步突出，一方面反映了企业对劳动者权益保护的缺失，另一方面表明劳动者自身的维权意识逐步加强，致使劳动争议发生率逐年增加，由此成为影响社会稳定指数的主要因素。

社会稳定指数

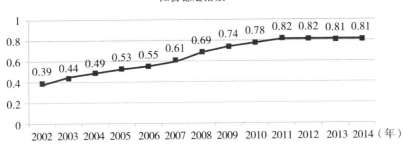

图2-6　社会稳定指数历年变化趋势（2002—2014年）

数据来源：作者根据社会治理现代化30项三级指标计算。

（五）政务公开指数

如图2-7所示，该指数得分从2002年的0.31上升到2014年的0.78，提高幅度达到152%。总体来看，该指数呈现波动幅度较小且具有持续稳定的增长趋势，这主要是政府公开力度加大、政府透明度提升、主动公开力度明显增加所导致的。尤其是，近年来随着电子政务的快速发展，政务公开的各个单项指标都有明显提高，而且政府规范性文件更加规范、政府主动公开的意愿明显增强、公众获取政务信息方便性也显著增加，由此使得政务公开指数显著提高。

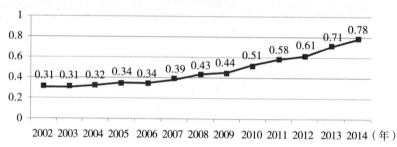

图 2-7　政务公开指数历年变化趋势（2002—2014 年）

数据来源：作者根据社会治理现代化 30 项三级指标计算。

（六）行政效率指数

如图 2-8 所示，该指数从 2002 年的 0.37 上升到了 2014 年的 0.65，总体上呈现稳定增加、增长幅度比较稳定的状态。从单项指标来看，虽然电子政务普及率快速提高，但区域协调程度和公共财政资金投入产出率只呈现小幅度的增长（如扶贫资金的瞄准效率和使用效率等），由此导致政府行政效率指数也出现缓慢的增长态势。在下一阶段，需要政府继续增强政府治理能力、调整财政资金分配结构、提高公共资金的使用效率，从而有效提升政府行政效率指数。

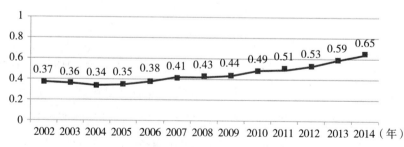

图 2-8　行政效率指数历年变化趋势（2002—2014 年）

数据来源：作者根据社会治理现代化 30 项三级指标计算。

（七）公共服务指数

如图 2-9 所示，该指数从 2002 年的 0.45 上升到了 2014 年的 0.77，总体上呈现前期波动增长、后期稳步提高的一种态势。其中义务教育普及率、穷人救助投入、基础设施投资均显示出稳步提高的态势，反映出政府对公共服务的投入有了明显改善和提高；但是受 2009 年全球金融危机和我国经济增速放缓的影响，政府财政投入能力显著下降，公共服务支出增速在局部领域甚至出现下降的现象。在两个方面的综合影响下，这使得公共服务指数在 2009 年期间甚至还出现一定程度的下降，但之后又出现明显上涨态势。

公共服务指数

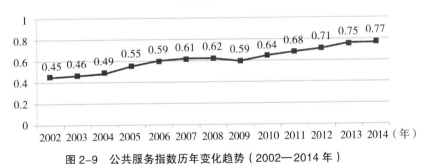

图 2-9　公共服务指数历年变化趋势（2002—2014 年）

数据来源：作者根据社会治理现代化 30 项三级指标计算。

第五节　政策建议

一、基本结论

根据党中央相关文件关于社会治理现代化的四大基本目标，我们进一步把社会治理现代化分为 7 个维度，包括公民参与、社会法制、社会公正、社会稳定、政务公开、行政效率和公共服务等，由此体现社会治理关于民主、法治、公平、正义、稳定、参与、透明、自治等社会治理的重要价值和理念，从而有助于引领社会管理创新和社会治理改革的发展方向。

（一）我国社会治理现代化水平日益提高

根据对社会治理现代化的评估，发现我国社会治理现代化指数呈现一个持续稳定的显著增长态势。在2002—2014年间，社会治理现代化指数从最低点的0.39逐年上升到了2014年的最高点0.73，增长了约50%。虽然特定年份的指数值没有明显的经济含义，但是不同年份间的指数值却明显增长，由此显示我国社会治理现代化水平日益提高。

（二）我国社会治理现代化经历了三个阶段

总体来看，在2002—2014年间，我国社会治理水平大体分为三个阶段，一是2002—2009年间的缓慢增长阶段，二是2009—2012年间的稳定增长阶段，三是2012年至今的显著加速增长阶段，这主要是由于十八大以后政府加大了对社会治理和治理能力现代化的重视程度，由此社会治理现代化指数出现了加速增长的过程。

（三）公民参与、社会法制、社会稳定和行政效率滞后于社会治理平均水平

进一步的数据分析结果还表明，在2002—2014年间，社会稳定和公共服务指数则明显高于同期社会治理现代化的平均水平，而公民参与、社会法制和行政效率得分低于社会治理现代化的平均水平，是未来要着重提高的地方。

二、政策建议

（一）多方面共同推进社会治理现代化水平

社会治理现代化包含了多个维度，这需要多方参与和共同推进，需要政府善治、合作共治、基层自治、社会法治、全民德治等的共同参与来完成。政府善治，就是要创新政府治理方式，发挥政府主导作用；合作共治，就是要激发社会组织活力，发挥社会组织的桥梁作用；基层自治，就是要重视基层社会自治，发挥群众参与的基础作用；社会法治，就是要推行法治社会建设，发挥法治的保障作用；全民德治，就是要加

强思想道德建设，发挥社会主义核心价值观的引领作用。

（二）遵循现代社会发展的特点来改进社会治理方式

改进社会治理方式，必须理顺政府诚信与社会诚信之间的关系。政府首先要带头讲诚信，政府公共价值是社会公德的基础，也是社会治理的价值基础，仅仅依靠法律不足以约束人们的行为、形成良好和谐的社会氛围。还必须要深入贯彻落实党的十八大提出的依法治国基本方略，加快建设法治政府，引导、推动和规范行政机关依法行政，加快实现法治政府建设的目标。

（三）加快政府职能转变，正确处理政府与市场、社会组织的关系

政府承担着经济调节、市场监管、社会管理和公共服务等职能，这些职能的具体实施需要政府与市场、社会组织进行分工合作。正确处理政府与市场、社会组织的关系，是社会治理现代化的必然要求。政府应通过职能转移，与市场和社会组织形成功能互补机制，更多地由社会组织或市场主体提供具体的公共服务，由政府履行宏观监管和政策引导的责任，从而形成政府与市场、社会组织之间新型契约式合作伙伴关系。

（四）放宽准入限制提高民间力量参与社会治理力度

政府要放宽准入限制，落实财税优惠政策，有条件的地方，需要在多方面对非公立机构给予支持，引导和带动更多社会资源投入社会事业发展，逐步改善其自身发展能力，增强其在市场的竞争力。要鼓励社会资本参与公立事业单位改组改制，促使其与公立机构有序竞争，共同发展。为鼓励社会资本进入，政府还应当不断加大补助力度，在市场上按照公平合理的价格购买社会力量提供的基本服务，从而为社会力量进入社会事业提供公平的发展环境，由此构建社会治理的多元供给体系。

（五）整合并优化现有社会治理资源

在我国城镇化、工业化快速发展时期，不同地区的社会治理水平存在很大的区别，东部地区的社会治理水平明显比中西部地区更高，民族

地区的社会治理能力由于民族关系复杂性而受到明显限制，城市地区由于公民素质高、民间力量强的影响而在社会治理方面具有显著优势。在考虑社会公平、社会稳定和政府自身治理等多方面因素后，不同领域的社会治理类型间亟须进行资源的整合和布局的优化。这需要进一步加快体制机制改革，推动地区间资源要素的自由流动，促进政府部门间的协同推进，从而使得社会治理能力和治理水平在城乡间、地区间、部门间和治理领域间统筹协调。

（执笔人：万海远）

第三章　中国社会治理现代化的
历史背景与理念创新

习近平总书记强调，新发展理念是一个系统的理论体系，回答了关于发展的目的、动力、方式、路径等一系列理论和实践问题，阐明了我们党关于发展的政治立场、价值导向、发展模式、发展道路等重大政治问题。我们必须提高思想认识和政治站位，完整、准确、全面理解和贯彻新发展理念，在社会治理领域也是如此。

没有国家治理理念的现代化，便没有国家治理实践的现代化。社会治理现代化，是社会治理理念不断创新、社会治理体系不断优化、社会治理机制不断完善、社会治理能力不断提升以适应经济社会发展的过程。新时期复杂的经济社会状况，为当前改善社会治理带来了新机遇和新挑战，要求实现社会治理现代化。根据党的十九大和党的十九届四中全会精神，实现社会治理理念的现代化，要树立包括高度公正、充分民主、广泛共享、普遍和谐在内的现代化社会治理理念。

社会治理现代化，是社会治理理念不断创新、社会治理体系不断优化、社会治理机制不断完善、社会治理能力不断提升以适应经济社会发展的过程。党的十八大以来，我国经济社会发展进入新时期，为社会治理带来前所未有的机遇和挑战。通过社会治理现代化更好地治理社会，为经济发展创造稳定和谐的社会环境，已经成为当务之急。社会治理现代化的核心是社会治理理念的现代化，社会治理现代化的实现程度取决于社会治理理念创新的程度。然而，我国当前的社会治理理念仍然存在一定偏差，对社会治理现代化不能有效地发挥积极作用，亟待通过深入研究，认真加以探索、总结和创新。

第一节　全面准确把握新时代　深刻领会社会治理理念创新的时代背景

十八大以来，我国经济社会发展步入新时期，工业化、信息化、城市化、市场化、国际化全面推进，经济结构、社会结构、利益结构不断调整，社会流动性、开放性、活跃性、复杂性前所未有，社会关系错综复杂，社会矛盾易发多发，成为我国社会治理理念创新的新的时代背景。

一、经济增长速度放缓

经济增长速度放缓，使得相当一部分社会治理主体较多关注自身利益，较少关注社会治理本身，既不重视自身发展，又不重视社会治理体系的完善，相应的社会治理理念也呈现出一些消极和被动的倾向。

新时期以来，我国经济由高速增长转为中高速增长，加上产业结构调整和淘汰落后产能，导致不少行业就业风险增加，在存贷款利率连续降低、消费品价格水平继续上涨的情况下，人们的实际收入是降低的。在这种情况下，包括机关事业单位在内的一些传统社会治理主体的积极性受到影响。部分党政干部更多地关注一些事关个人生计的问题，无暇关注与个人生计没有直接关系的社会治理。在这种情况下，难以建立一个纯洁而又团结的社会治理体系，相应的社会治理理念也呈现出一些消极和被动的倾向，社会治理理念创新更难以谈起。

二、社会结构深刻变化

社会结构变化是社会治理体系优化和社会治理理念创新的社会基础，

从正反两方面影响着社会治理理念创新。一方面，在社会结构变化所奠定的社会基础上，不同的社会阶层、不同的社会治理主体开始参与社会治理，并且越来越成熟。另一方面，社会转型期的利益格局不断分化，同质的单一性社会逐步向异质的多样化社会转化，国民的思想意识和价值观念趋于多样化，由此引发部分群体的社会认同危机，使我国社会治理理念创新在价值取向上无所适从。新时期以来，我国社会结构在改革开放以来变化的基础上，又发生了深刻的变化。一是中等收入阶层逐步形成。社会治理现代化，有赖于形成一个强大而稳定的中等收入阶层。近年来，我国收入分配状况日益改善，逐步形成了一个中等收入阶层，尽管不够壮大，但毕竟为我国形成完善社会治理体系奠定了一定的社会基础。他们有一定的经济基础，文化程度较高，民主意识和参与意识较强，能够成为我国社会治理新体系的参与主体。二是公民的组织化程度日益提高。随着我国对社会组织登记管理和社会组织参与社会治理相关政策法规的出台，各地更为重视培育发展社会组织，更多的公民加入社会组织，既促进了社会组织快速发展，又推动了政府向社会组织购买服务，为公民通过社会组织参与社会治理积累了经验。

与社会结构变化相伴而生的，还有利益格局的不断分化。我国目前处于社会转型期，正在从有计划的商品经济社会向市场经济主导的商品经济社会转化，从农业社会向工业社会转化，从乡村社会向城镇社会转化，从半封闭社会向开放社会转化，从同质的单一性社会向异质的多样化社会转化，从伦理型社会向法理型社会转化。由此引发部分群体的社会认同危机，导致社会治理的公共性丧失，阻碍了我国创新社会治理理念的进程。

在社会转型的背景下，经济快速发展带动了社会结构、生活方式、行为方式和价值观念等各方面的变化，社会阶层利益不断分化，社会阶层逐渐固化，高度均质的社会被打破，变为异质社会。一部分人依靠房地产、金融投资及财产性收入、行业垄断收入乃至贪污受贿所得"先富起来"，有的因为"炫富"而被"仇富"。一部分人经济地位和社会地位都比较低下，有的甚至生活在贫困线以下。在这种情况下，国民的思想意识和价值观念趋于多样化。在转型期经济快速发展的同时，产生了拜金主义和精神荒漠化现象。社会结构的重大变革、社会分化的不断加剧，使不同的利益群体之间分化严重，社会成员不信任的现象普遍存在，看客心态、炫富心态、受害者心理、社会焦虑症、网络依赖症等社会病态现象在个别领域和部分群体中存在。缺乏共同的核心价值观，使我国社会治理理念创新在价值取向上无所适从。

三、人情社会强弱参半

我国的人情社会强弱参半，使得"人情"对"法治"的消极作用没有消失，积极作用却在弱化，进而在某种程度上对社会治理理念创新形成障碍。在我国，"人情"对"法治"的消极作用依然存在。人治是传统社会治理的特征，法治是现代社会治理的基础，现代社会生活的全部领域均应以法治精神进行建构。然而，综观我国传统社会治理的历史实践，我国社会既缺乏法治的社会实践，也缺乏法治的基本理念（张屹、谭晓旭，2015）。尽管到了现代社会，有关社会治理的政策法规逐步完善，目前改善社会治理仍然面临法治愿景与人情社会的环境制约。人情社会的消极作用是，部分地方在社会治理的具体实践中，容易随意而为、武断而行，缺少机制化的社会治理过程，或者初步建立起了机制，但机制不健全或者执行不力。以城乡社区协商机制为例，在社区协商过程中，针对居民参与协商的积极性不高的问题，有些社区干部往往拿着填好的表格到居民家中签字，居民碍于熟人情面，不好意思投反对票，只得违心地投赞成票，从而使得社区协商的结果出现偏差。

我国的"人情"对"法治"具有一定的积极作用，但这点积极作用却在弱化。应该看到，人情社会的土壤里培养出的"德治"内涵在现代社会治理中，仍然能够起到对"法治"的补充作用，如公序良俗在一定程度上影响着法律判决的结果，影响着社会治理的方式。然而，现代社会尤其是在城市社会中，人情日趋冷漠，不少城市居民"'鸟犬'之声相闻，老死不相往来"[①]，人与人之间缺少真诚、信任，人情冷漠，德治难以实现，更难以成为法治的有效补充。

四、治理成本不断上升

随着近年来我国经济高速增长，原有社会阶层结构发生变化，社会治理风险加剧，社会治理成本上升，对我国加快社会治理理念创新形成倒逼机制。

我国是一个人口和民族众多的国家，既有相对发达的、人口稠密的沿海城市，也有比较落后的、人烟稀少的边远地区。社会转型期和中等收入阶段的社会矛盾增多，群体性事件和暴力恐怖事件时有发生，分布在我国广阔的地区，防不胜防。我国有7.1亿名网民，形成了强大的虚拟社会，与真实社会相比更加难以监管。这些都导致了社会治理成本的上升，为我国改善社会治理提出了较大的挑战。另一方面，某些部门和地区人为地简化治理方式，采取"堵"而不是"疏"、事后维稳而不是事前预防的方式，进一步加大了社会治理成本。治理成本居高不下，在很大程度上阻碍着社会治理现代化进程，同时倒逼我国从社会治理创新的维度寻找出路。在社会治理风险提高与社会治理成本增加的双重挑战下，我国必须加快转变社会治理理念，更有针对性地进行社会治理理念创新。

综上，当前我国经济增长速度放缓，削弱了社会治理理念创新的动力；社会结构不断变化，利益格局不断分化；人情社会的消极作用没有消失，积极作用遭到削弱；风险社会加剧，导致社会治理成本不断上升。在这样的时代背景下，通过社会治理现代化更好地治理社会，为经济发展创造稳定和谐的社会环境，已经成为当务之急。而社会治理现代化的

[①] 现代社会，不少城市居民喜欢养鸟、养犬，对宠物的关切超过对邻里的关切。

核心是社会治理理念的现代化，社会治理现代化的实现程度取决于社会治理理念创新的程度，当前我国社会治理理念创新的程度，又受到新时期时代背景的制约，其困难程度如同戴着脚镣跳舞。

第二节　理念创新必须围绕核心价值观

社会治理现代化的基本要求是着眼于维护最广大人民的根本利益，最大限度调动社会各方面积极性，最大限度增强社会发展活力，最大限度增加社会和谐因素，更好地保障和改善民生、调处社会关系、促进社会公平正义，不断提高社会治理科学化、现代化水平，确保整个社会既充满活力又和谐有序，为实现全面建成小康社会和国家现代化提供良好的社会环境。推进社会治理现代化，核心是以人为本，维护最广大人民的根本利益，增强社会发展活力，最终目的是让人民安居乐业，社会安定有序。社会治理现代化，要求社会治理的理念、方式、手段、体制机制等维度全面实现现代化，首先要求创新社会治理理念，在融合和创新我国传统文化与马克思主义及其中国化的理论成果的基础上，创造现代化社会治理理念。现代化社会治理理念应当从以下四个维度，建立具体指标，坚持"高度公正、充分民主、广泛共享、普遍和谐"的治理理念。

一、高度公正

现代化社会治理理念要"高度公正"。公正是社会和谐的基础。无论君主专制，还是民主共治，公正都是最基本的要求。因为民主未必能实现社会公平正义。纯粹的民主可能导致个人的理性和集体的非理性，既损害效率，又无益于公平。公正是社会治理机制设计的基础，如果不能实现公正，再广泛的民主，也可能出现多数人侵犯少数人利益的"多数暴政"。

这里的"公正"，不同于过去一般意义的"公正"，而是将中国传统文化精华与社会主义本质特征融会贯通的"公正"，是"公"和"正"的组合。习近平总书记在建党95周年大会上的重要讲话中，提出了"不忘初心，继续前进"。放在社会治理领域，笔者理解的"初心"就是要保持一颗公正的心，包括"公心"和"正心"两个方面。

"公"是"正"的基础。《礼记·礼运》曰："大道之行也，天下为公。选贤与能，讲信修睦。故人不独亲其亲，不独子其子。使老有所终，壮有所用，幼有所长。鳏寡孤独废疾者，皆有所养。男有分，女有归。货恶其弃于地也，不必藏于己。力恶其不出于身也，不必为己。是故谋闭而不兴，盗窃乱贼而不作。故外户而不闭。是谓大同。"只有将"公心"作为社会治理理念的"初心"，才能在社会治理中时刻保持公心，才能将私心限制在一定范围内。在社会治理体系中，党委只有始终将"公心"作为"初心"，牢记领导人民实现共产主义理想的"初心"，才能客观、公正、科学地领导政府、社会组织和社会公众，不断完善社会治理体系，才能制定出以广大人民根本利益为导向的社会治理政策法规。

"正"是"公"的出发点和落脚点。在《论语·子路篇》中，子曰："其身正，不令而行；其身不正，虽令不从。"意指："当管理者自身端正（作出表率时），不用下命令，被管理者也会跟着行动；相反，如果管理者自身不端正（而要求被管理者端正），那么，纵然三令五申，被管理者也不会服从。"在社会治理理念的创新中，不仅要求"身正"，而且要求"心正"；不仅要求"正衣冠"，而且要求"正心志"。包括党委、政府、社会组织、公众在内的多元化社会治理主体，都必须首先将"正心"作为现代化社会治理理念的"初心"。只有做到"正心"，才能像《礼记·大学》所论述的那样，"心正而后身修，身修而后家齐，家齐而后国治，国治而后天下平"。天下太平，自然社会和谐，社会治理的目标随之实现。

二、充分民主

面对日益分化的利益格局，要想保持社会和谐，就要坚决消除传统社会治理理念中管理和控制的思维，让一切公民享有平等表达自身利益诉求和政治愿望的机会。

民主，在我国现代化社会治理理念中，是具有中国特色的"人民当家作主"。它既不是前现代社会的"为民作主"，也不是西方社会的"民粹"。我国社会治理的现代化之所以不能简单地等同于西方化，本质上是因为它在核心理念上坚持以人民为中心的发展观，实现全民的共建共享。社会治理的民主性表现为公共部门与私人部门及公民等多元主体的民主参与，打破政府垄断公共权力对社会事务与资源进行单向控制与支配的管控型模式，构建涵盖公共部门、私人部门以及公民等多元主体的协同治理模式，强调多元主体平等参与社会公共事务的治理，并通过参与主体间的频繁互动、彼此合作、民主协商。只有在高度公正的基础上，通过充分民主让各个方面、各个阶层的利益相关者发出声音，才能保障全民共享发展成果，才能协调各种复杂的利益关系，实现社会和谐。应该强调，这里的"充分民主"，包括三个层面：一是在各个领域实现"充分民主"。无论大事小情，无论国计民生，都要充分征求意见，扩大公众参与。大到大额财政支出的审议，小到邻避设施的建造，"国计"如经济社会发展规划和行业发展规划的审议，"民生"如延迟退休政策和全面放开二胎政策的制定。二是保障协商民主参与主体的"充分"。要在各个层次的协商民主中涵盖各个方面、各个阶层的利益相关者，对参与意愿不足的协商民主，还要广泛宣传，积极动员，努力提高相关人员的参与意愿。三是保障协商民主过程的"充分"。要在协商程序中充分体现民主，在协商过程中充分讨论，让各个参与主体充分发表意见，形成符合大多数参与主体利益和诉求的决议，并且切实有效地执行，保障执行结果的公平。

只有坚持充分民主的社会治理理念，才能更好地优化社会治理体系，完善社会治理机制，提升社会治理能力。不论在重大决策社会参与中，还是在基层民主实践中，协商民主都是民主的主要实现形式。通过协商民主，党委、政府、社区、社会组织、公众等多元主体参与社会治理的体系得以健全，社会动员机制得到加强，社会成员之间的互信互助得到增强。通过协商民主，原有做法中的一些问题得到发现和解决，能够推动社会治理机制的建立和健全。通过协商民主，多元化社会主体的社会治理能力和应对风险社会的能力也能够得到锻炼和提升。通过基层协商民主，社区、社会组织和居民的自我治理、自我服务能力也会得到提升。

三、广泛共享

广泛共享，是指社会治理改善的成果全民共享。发展经济的目的是改善民生。经济发展的成果，首先要用于改善民生，将改善民生而不是风险控制作为社会治理体制创新的路径依赖。通过改善基本公共服务和社会治理，提高居民收入以创造更多的有效需求，提升人力资本素质以提高全要素生产率，保障人民的合法权益以促进社会稳定，反过来促进经济发展。共享的含义，就是要求将基本公共服务和社会治理成果由全体社会主义建设者共同享有、平等享有。不仅由一部分先富起来的人共同享有，而且由广大中低收入者共同享有。不仅由一部分城市居民共同享有，而且由广大农业转移人口共同享有。在此基础上，实现基本公共服务和社会治理成果获取权的全民平等。所谓的人权，不应当仅仅包括生存权和发展权，还应当包括共享权。目前，我国社会治理主要关注维稳，较少关注维护居民基本权益，遑论全体居民共享经济社会发展成果的权益。这也是目前社会矛盾普遍存在的重要原因。因此，应当将共享作为现代化社会治理理念的重要内容。

广泛共享是我国人民本体论的必然逻辑。社会的现代性和人民主体性必然要求社会治理的全民共建共享性。广泛共享是高度公正的目的，高度公正是为了保证全体居民共同参与社会治理，共同享有社会治理成果。广泛共享是充分民主的结果，通过协商民主这一过程，才有可能产生全民共享的结果。广泛共享是普遍和谐的前提。当前的社会矛盾主要是人民内部矛盾，是社会治理成果享有不均的矛盾，广泛共享有助于寻求人民利益的最大公约数，维护公共利益，实现共同利益。保证共享为社会和谐提供了可能性。

四、普遍和谐

和谐是指和睦协调。"舜者，为其能以孝和谐其亲。"这里的和谐，就是和睦协调的意思。孔子提倡"和而不同"，即是指具有差异性的不同事物的结合、统一共存。文艺复兴后许多思想家都把"和谐"视为重要的哲学范畴。马克思真正把握了"和谐"理念，提倡社会和谐。求治避乱是我国历朝历代最重要的社会治理目标，我国现阶段也不例外，这也是在为经济发展奠定社会基础。我国现阶段要构建的社会主义和谐社会，就是"全体人们各尽其能、各得其所而又和谐相处的社会"，就是"一个民主法治、公平正义、诚信友爱、充满活力、安定有序、人与自然和谐相处的社会"。

现代化社会治理理念中，不仅要提倡"和谐"，而且要坚持"普遍和谐"。普遍和谐同高度公正、充分民主、广泛共享具有密切的内在联系。只有在高度公正的基础上，从政治上保证人民当家作主，从经济上保证发展成果共享，才能在社会上保证社会和睦协调。

只有坚持和谐这一现代化社会治理理念，才能更好地优化社会治理体系，完善社会治理机制，提升社会治理能力。政府、社会组织、居民等多元主体，以和谐为基本理念，通过民主协商与互助合作，共同参与公共政策的制定、执行与监督，在这一过程中求同存异、凝聚共识，有助于实现决策的民主化、科学化，实现社会治理体系优化，使社会治理机制更加健全，社会治理能力不断提升。

第三节　实现路径离不开各方通力合作

社会治理理念的创新，要建立在透彻分析时代背景和缜密思辨各种理念的基础上。"高度公正、充分民主、广泛共享、普遍和谐"的现代化社会治理理念源于我国传统文化与马克思主义及其中国化的理论成果，又对其加以融合和创新。理念的实现同其提出一样，将是一个长期而艰巨的过程，需要融会各方合力，通过多条路径达成。

一、加强理想信念教育

实现社会治理理念现代化，不能仅仅依赖社会自发的过程，还要充分发扬社会主义精神文明建设和党的思想建设的优良传统，深入总结并充分借鉴其成功经验，在新时期继续加强理想信念教育。

如前面分析，"高度公正"的现代化社会治理理念，要求"一公二正"。一是执政者要高度公正。要结合当前开展的"两学一做"学习教育，在党内继续开展理想信念教育。通过小组学习、民主生活会等形式，加强自我批评和自我反省，真正教育广大党员从思想上入党，反思和重塑自己入党的"初心"，在"一公二正"的路上继续前进。利用支部工作 App 等移动平台，使每个党员时刻能够学习到最新知识，提高广大党员对现代化社会治理理念的认识。在此基础上，进一步使我党成为具有公心、心志端正的执政者，保持党的纯洁性和团结性。只有在社会治理体系中发挥领导作用的党委做到"一公二正"，现代化社会治理理念中的"高度公正"才有可能实现。二是争取广大人民群众对高度公正的认同。在党的建设中加强理想信念教育的基础上，要对广大青少年加强理想信念教育，并通过社会治理实践中的高度公正，争取广大人民群众的认同。唯其如此，社会治理体系中党委的领导地位才能长期巩固，当今社会才能长治久安。

二、健全落实民主制度

要想实现"充分民主"的理念，就要首先形成"充分民主"的习惯，而"充分民主"的习惯，必须以健全的协商民主体系为保障，必须以完善的协商民主制度为规范，必须以先进的协商民主工具为支持，必须以广泛的协商民主实践为前提。

首先，健全社会主义协商民主体系。自上而下明确和完善社会主义协商民主的组织机构，在社会治理的核心领域发挥领导作用，在社会治理的边缘领域发挥指导作用。像民主选举、预算编制等，都属于社会治理的核心领域。像文体设施选址、五好家庭评定等，都属于社会治理的边缘领域。同时，大力提高社会组织、公众等协商民主参与主体的参与意愿和参与能力。

其次，完善社会主义协商民主制度。在一切涉及广大公众利益的领域，实行最广泛的协商民主。关于协商民主的参与主体，在各个层次的协商民主中，强调协商民主参与主体的广泛性；在较低层次的协商民主中，强调协商民主的直接参与性。关于协商民主的程序，在充分总结各地协商民主实践经验的基础上，健全和完善现有的协商民主程序，并逐步提高立法层次，实现协商民主的制度化和规范化。

再次，开发社会主义协商民主工具。充分利用互联网、大数据、云平台等先进的技术手段，并在此基础上，研究和开发出更多、更有效的民主协商工具。借助手机微信，使广大协商民主的参与主体能够更高效地投票。开发出内容丰富、界面友好的社会治理App，在其中设置协商民主选项，使协商民主的宣传更加有效，践行更有实效。

最后，落实社会主义协商民主。充分民主不是无政府主义，要坚持民主基础上的集中，在法治的框架下落实社会主义协商民主。对开展社会主义协商民主较好的地区，积极总结经验，认真加以推广。对落实社会主义协商民主有困难的地区，认真分析原因，必要时给予一定的财政支持和技术支持。建立落实社会主义协商民主的评估机制、考核机制和监督机制，对落实不力的地区和个人，采取一定的惩戒措施。

三、优化配置社会资源

要实现社会治理成果的广泛共享，就必须在高度公正的基础上，一方面面向社会公众，优化配置有限的社会资源；另一方面依托多元主体，共同建设社会资源，努力创造出数量充足、内容丰富、形式多样的社会资源。

首先，面向社会公众，优化配置社会资源。完善基本公共服务体系，提高基本公共服务水平，实现基本公共服务均等化。在"五所"的基础上实现"五有"，即"学有优教、劳有应得、病有良医、老有颐养、住有宜居"。努力消除城乡之间、地区之间、个人之间享有基本公共服务的差距，率先实现城乡基本公共服务一体化和地区基本公共服务均等化。

其次，依托多元主体，共同建设社会资源。在社会领域，要将政府、企业、社会组织等多元主体作为社会治理与公共服务的生产主体，由他们依据社会成员的需求，共同生产、多元共担。同时，鼓励社会公众参与社会治理，鼓励社区居民参与社区治理，实现社区、社会组织、社会工作者"三社互动"，提高社区治理的成效。

四、协调社会利益关系

现代化社会治理理念的最后一个内容是普遍和谐。普遍和谐的社会关系，建立在经济权利、政治权利与社会资源都相对公平分配的基础上。因此，必须在加强理想信念教育、健全落实民主制度、优化配置社会资源的基础上，实现高度公正、充分民主和广泛共享。然而，世界上没有绝对的公正、绝对的民主和绝对的共享。因为每个人都有不同的个人利益和价值观念，每个人对公正、民主和共享的理解不尽相同，再高度的公正、再充分的民主和再广泛的共享，在贪欲和受害者心理面前，也不过是不公正、不民主和剥夺感。这就需要综合运用各种手段，协调社会利益关系，发现和化解潜在的社会矛盾。

　　首先，畅通诉求表达渠道。按照有关法律规定，考虑财政支付能力，认真倾听个别利益相关者的诉求，为相对受损者提供适当的经济补偿。考虑到现行诉求表达机制的弊端，改革目前的信访制度和政绩考核机制。认真对待每个公民的合理诉求，通过法律渠道加以识别和解决。取消信访"一票否决"的机制，进而剪除由信访而衍生出的"产业链"。随着科学技术的进步和社会治理手段的改进，可以为每个公民建立一个与身份证号码相挂钩的《民意调查问卷》，在社会治理 App 中设置民意调查选项，以反映真实民意的群众打分作为对领导干部政绩考核的重要指标。

　　其次，加强社会心理疏导。对城市流浪乞讨人员、农村特别困难人员、就业困难人员等要加强对相关人员的心理疏导，防止他们的心理障碍发展成心理疾病，进而产生报复社会的病态心理。维护社会和谐，保障公众安全。

　　　　　　　　　　　　　　　　　　　　（执笔人：孔伟艳）

第四章　社会协同治理重在如何协同　和谁协同

习近平总书记强调，协调既是发展手段又是发展目标，同时还是评价发展的标准和尺度，是发展两点论和重点论的统一，是发展平衡和不平衡的统一，是发展短板和潜力的统一。我们要学会用协调的发展理念来指导社会协同治理。社会治理从来不是政府唱独角戏。社会协同是在党政负责的前提下，完善社会治理体制的重要一环，其中社会组织是社会协同的重要部门。没有社会协同，就没有人人有责、人人尽责、人人享有的社会治理共同体。根据党的十九大和党的十九届四中全会精神，本章从理念、体系、机制和能力四个方面分析了社会组织协同治理的现状、存在的问题，提出了推进社会组织自治、与政府共治以及实现法治等治理思路，并给出了相关政策建议。

党的重要文件指出，完善社会治理体系，完善党委领导、政府主导、社会协同、公众参与、法治保障的社会治理体制，实现政府治理和社会调节、居民自治良性互动。其中社会协同是在党政负责的前提下，完善社会治理体制的重要一环。社会组织代表了社会结构中除企业和政府以外的第三部门，是社会生活中提供社会服务和参与社会治理的重要部门。近年来，围绕"健全社会组织管理制度，形成政社分开、权责明确、依法自治的现代社会组织体制"，我国推动社会组织登记制度改革，实行分类登记制度；支持行业协会商会类、科技类、公益慈善类、社区服务类社会组织发展；加快行业协会商会与行政机关脱钩，健全法人治理结构等政策，对实现社会组织创新发展具有较大的推动作用。只有不断完善社会组织协同治理的体制机制，推动社会组织承接政府转移职能，推动社会组织更多地提供社会服务，更深入地参与社会治理，才能更好地发挥社会组织的社会作用，真正履行第三部门的重要角色。

第一节　厘清范围界定　确定协同主题

一、社会组织

社会组织是广泛存在于社会中的一种组织形态，社会组织的含义也有广义和狭义之分。广义社会组织对应于企业组织、政府组织，是指不以营利为目的，主要开展公益性或互益性活动，独立于党政体系之外的正式的组织。狭义的社会组织特指我国正式法规中的，在各级民政部门登记注册的社会团体、民办非企业单位[①]和基金会三类社会组织。

2015 年出台的《慈善法》规定了慈善组织的界定，"本法所称慈善组织，是指依法成立、符合本法规定，以面向社会开展慈善活动为宗旨的非营利性组织。慈善组织可以采取基金会、社会团体、社会服务机构等组织形式。"

我国除了法定的三类社会组织以外，根据实践和研究的需要，还派生出一些多维度的概念，如民间组织（或草根组织）等；同时，社会上还广泛存在着不需登记的[②]、需登记而未登记的[③]、在工商部门登记的社会

---

① 《慈善法》中将之称为社会服务机构。
② 如企业、院校、机关等单位中存在的各类群众兴趣社团，是不需在民政部门登记的，一般在单位相关部门备案。
③ 包括达不到登记标准的草根组织及非法组织等。

组织，以及尚处在政策模糊地带的境外社会组织等①。党的中央文件指出，"支持行业协会商会类、科技类、公益慈善类、社区服务类社会组织发展"。

本书研究的社会组织主要包括两类：一是在民政部门登记注册的三类法定社会组织，包括社会团体、民办非企业单位和基金会；二是在城乡社区备案的社区社会组织，这一类大多属于小型群众社团或小型民非组织。

二、社会治理

党的十八届三中全会明确提出，创新社会治理，必须着眼于维护最广大人民根本利益，最大限度增加和谐因素，增强社会发展活力，提高社会治理水平。习近平总书记进一步指出，治理和管理一字之差，体现的是系统治理、依法治理、源头治理、综合施策。马庆钰（2015）指出，治理的着力点是激发社会的活力，出发点是促进社会参与，落脚点是改善和保障民生。构建国家和社会治理格局，需要构建多角色参与平台和平等协商的关系机制，以实现社会事务共治。之所以用社会治理代替社会管理，一方面体现了系统性、引导性，寓管理于服务的思想，而非严格管控；另一方面也与推进国家治理体系和治理能力现代化的全面深化改革总目标相呼应，同时又顺应了新时期我国经济转轨、社会转型的形势要求和人民群众的新期待。

三、社会组织协同治理

社会组织作为一类社会部门，不论是服务于社会公众的社会服务机

---

① 目前《社会团体管理登记条例》《基金会管理条例》和《民办非企业单位登记管理暂行条例》三个条例均未对境外社会组织具有明确的法律界定，我国对于境外社会组织的管理尚处于法律模糊地带。据悉，三个条例的修订方案已上报国务院法制办，新条例将把境外社会组织纳入条例管理范围。

构，服务于成员或成员单位的社会团体，还是以筹资为主要内容具有既定慈善公益目标的基金会，都各自发挥着自身作用。一般来讲，社会组织协同治理主要是在政府治理以外，实现对社会的治理，可以通过两种方式：一是社会组织通过自身运行和发展实现直接进行社会治理；二是社会组织通过承担部分政府社会治理职能从而实现社会治理。社会组织协同治理体现了"治理"的应有之义不仅仅是政府一方的责任，而是全社会各部门广泛参与、深度参与、共同参与的过程。同时，在党政领导下，社会组织参与治理的程度较以往更大，参与治理的领域和内容较以往更多，社会组织能够在社会治理中发挥更大的作用。

四、社会组织协同治理对社会治理现代化的意义

社会治理现代化意味着社会治理主体更多样，为实现共治提供了主体依据；社会治理的体系更完善，法律、制度、道德等多层次规则体系更完备；社会治理的机制更全面和灵活，治理手段更丰富和高效，治理能力不断提升。社会组织的参与，增添了主体多样性，体系多层性，机制灵活性，手段高效性，所以提升了社会治理的现代化水平。

首先，社会组织治理更符合共治和自治相结合的理念，更能体现社会公平和社会正义。政府是在民族国家中代为行使公共权力的组织，所以政府也具有特定的组织目标和组织代表性，不能完全反映社会大众的众多诉求。社会组织是源于社会大众的，众多社会组织能够充分反映社会各界的不同声音，代表性更强更完备，所以社会组织协同治理，与政府组织实现共治，更能体现社会公平和社会正义。

第二，社会组织治理低成本、高效率、专业化。社会组织是根据社会需求自主成立的，在所属的专业领域具有较好的专业基础，能够实现高效专业的治理目标。与政府单方面治理相比，社会组织治理能够降低政府治理成本，减少政府公共行政开支，实现市场机制配置资源，能够更好地实现供需匹配，在各行业领域实现专业化治理，寓管理于服务，

实现柔性化、人性化管理。

第三，社会组织治理增加了治理机制和治理手段，提升了国家治理现代化的层次。在我国推进国家治理现代化的过程中，社会治理是实现社会运行平稳、顺畅、高效有活力的重要组成部分。而社会组织的参与则拓宽了社会治理的范围，增加了治理机制和治理手段，为更高层次的国家治理奠定了基础。

第二节　摸清协同现状　寻找新突破点

一、理念

我国传统上政社不分现象严重，社会组织的主要人事决定仍然依靠主管部门的任命，与行政官员一样享有一定级别，而且大多隶属于所在行业的行政部门。许多行业协会实际上与职能部门"合署办公"，于是顺理成章成为半官方机构。这些原本应该成为民间组织或行业协会的非官办社会组织最终沦为"二政府"。同时，与官办社会组织相对应的，大量草根组织在很长一段时期内难以获得官方和社会大众的认可，其产生、发展和发挥作用都具有较大的局限性，这也凸显了社会组织不被重视的传统社会观念。

党的十八大报告中提到"加快形成政社分开、权责明确、依法自治的现代社会组织体制"。"政社分开"第一次出现在党的纲领文件中，标志着政府逐渐有意识地让渡部分社会建设领域的权利给社会组织等社会部门，这也体现了党中央和中央政府对待社会组织的理念变化。

二、体系

我国社会组织发展和社会组织治理的法制、政策和制度体系不断完备，包括最新出台的《慈善法》、三类社会组织的登记管理条例、民政部关于社会组织的管理制度等。

表 4-1　社会组织发展的制度体系建设情况

文件名称	文号	年份
社会团体登记管理条例	国务院令 250 号	1998
民办非企业单位登记管理暂行条例	国务院令 251 号	1998
基金会管理条例	国务院令 400 号	2004
外国商会管理暂行规定	国务院令 36 号	1989
	修订	2013
台湾同胞投资企业协会管理暂行办法	国台发〔2003〕1 号	2003
社会团体分支机构、代表机构登记办法	民政部令 23 号	2001
社会团体设立专项基金管理机构暂行规定	民发〔1999〕50 号	1999
基金会信息公布办法	民政部令 31 号	2006
民办非企业单位登记暂行办法	民政部令 18 号	1999
民间社会组织会计制度	财会〔2004〕7 号	2004
取缔非法民间组织暂行办法	民政部令 21 号	2000
民政部关于促进慈善类民间组织发展的通知	民函〔2005〕679 号	2005
全国性民间组织评估实施办法	民函〔2007〕232 号	2007
财政部、国家税务总局关于医疗卫生机构有关税收政策的通知	财税〔2000〕42 号	2000
财政部、国家税务总局关于对老年服务机构有关税收政策的通知	财税〔2000〕97 号	2000
财政部、国家税务总局关于教育税收政策的通知	财税〔2004〕39 号	2004
财政部、国家税务总局、民政部关于公益性捐赠税前扣除有关问题的通知	财税〔2008〕160 号	2008
民政部关于印发《社会团体公益性捐赠税前扣除资格认定工作指引》的通知	民发〔2009〕100 号	2009
财政部、国家税务总局关于社会组织企业所得税免税收入问题的通知	财税〔2009〕122 号	2009
社会组织评估管理办法	民政部令 39 号	2010
社会组织登记管理机关行政处罚程序规定	民政部令 44 号	2012
国务院办公厅关于政府向社会力量购买服务的指导意见	国办发〔2013〕96 号	2013
国务院关于修改部分行政法规的决定	中华人民共和国国务院令第 645 号	2013

续表

文件名称	文号	年份
国务院关于取消和下放一批行政审批项目的决定	国发〔2014〕5号	2014
中办国办印发《行业协会商会与行政机关脱钩总体方案》		2015
民政部关于进一步加强基金会专项基金管理工作的通知	民发〔2015〕241号	2015
民政部办公厅关于印发《2016年中央财政支持社会组织参与社会服务项目实施方案》的通知	民办函〔2015〕455号	2015
民政部关于支持引导社会力量参与救灾工作的指导意见	民办函〔2015〕372号	2015
关于进一步明确公益性社会组织申领公益事业捐赠票据有关问题的通知	财综〔2016〕7号	2016
民政部关于印发《社会组织登记管理机关行政执法约谈工作规定（试行）》的通知	民发〔2016〕39号	2016
中华人民共和国慈善法	主席令第43号	2016

资料来源：笔者整理。

相关法律和政策体系一方面推动了社会组织的健康发展，另一方面也积极鼓励社会组织参与社会治理。其中的几个标志性文件包括：2013年，党的十八届二中全会和十二届全国人大一次会议通过《国务院机构改革和职能转变方案》，对改革社会组织管理制度做出重大部署。主要提出：推进行业协会商会与行政机关脱钩，对行业协会商会类、科技类、公益慈善类、城乡社区服务类社会组织实行直接登记，完善相关法律法规，健全社会组织管理制度，推动社会组织完善内部治理结构。2015年，中办国办印发《行业协会商会与行政机关脱钩总体方案》，对行业协会商会与行政机关脱钩进行了整体部署。

2013年9月，国务院办公厅下发《关于政府向社会力量购买服务的指导意见》，对政府向社会组织，以及企业、机构等社会力量购买服务做出系统安排和全面部署，填补了中国政府购买服务政策领域的空白。依法在民政部门登记成立或经国务院批准免予登记的社会组织成为购买服务重要承接主体。这是新一届政府对进一步转变政府职能、改善公共服务做出的重大部署，对于优化社会组织发展环境、更好发挥社会组织积极作用具有重要意义。

2013 年 11 月，党的十八届三中全会通过的《中共中央关于全面深化改革若干重大问题的决定》设专章强调"激发社会组织活力"，同时还在经济、政治、文化、教育、卫生、党建等 12 个方面对发挥社会组织作用提出明确要求。2013 年国务院下发的关于发展养老服务业、健康服务业等多个意见中，都强调引导社会组织参与其中。激发社会组织活力，创新社会治理体制，已成为推进国家治理体系和治理能力现代化的重要举措。

三、机制

实践和研究显示，社会组织通过履行服务、沟通、自律等具体措施，在服务社会、维护社会公正、规范市场行为、反映社情民意、协调和解决社会矛盾、整合社会关系等方面都有不可替代的作用。社会组织或是独自承担社会的某些治理职能，或是与政府机构合作以便共同行使某些社会治理职能。社会组织可以促使政府下放权力，增强政治透明度，扩大民主参与和民主监督的范围。社会组织具有灵活性和草根性等特点，能够弥补政府失灵和市场失灵，较好应对一些社会问题和社会矛盾（熊光清，2015）。

（一）通过直接提供社会服务实现治理

从服务对象和服务属性来看，社会组织的服务主要可分为面向组织成员的内部服务和面向社会公众的社会服务。内部服务方面，社会组织不断加强成员之间的交流和信息共享，尤其是社会团体类组织，加强行业约束、监管和自律，提升组织整体形象，增强组织发展活力和社会凝聚力。外部服务方面，社会组织尤其是社会服务组织，通过提供多样性的社会服务，能够满足不同需求的社会受众的诉求。组织成员和社会受众的社会需求得到满足，是一种实现社会平稳、顺畅运行的最直接的途径，也就达到了社会治理的目的。所以，不论哪类社会组织，其产生和存在都有其自身的诉求，社会组织自身的发育、成长、发展推动了社会发展，社会组织本身就发挥着组织、协调、服务等社会治理的作用。这意味着，只要是维护政权稳定、社会安定，对社会不具有破坏性、威胁性，并且有利于社会建设的社会组织，都在不同程度地参与社会治理，社会组织参与社会治理没有额外的门槛，空间广大。同时，种类繁多、属性各异、职能不同的社会组织所代表的群体不同，本身所起的作用也各不相同。在实践中，各地的公益慈善类组织、社会服务类组织、社区社会组织等广泛地参与了社会治理和服务。根据上海大学顾骏教授的研究，社区社会组织作为社区的接线板、社区利益纠纷的隔离墙以及不同社区的中央厨房，可以实现向社区引入资源，改变社区治理资源单一来自政府的传统局面，同时实现社区治理的精细化，改变传统粗放的治理手段。以社会组织进行广场舞治理为例。广场舞扰民的问题由来已久，但缺乏有效的方法进行治理。上海某区的社会组织通过举办广场舞队伍大赛，给予各广场舞队伍之间协商讨论的机会，提供了对广场舞乱象的长效治理平台，提高了自组织的黏性。

（二）通过政府购买服务实现治理

随着政府转变职能，逐渐将一些公共服务和社会管理事务剥离出来，由专业的社会组织承接，激发社会参与意识，同时还能更好地发挥专业优势和规模优势。与政府相比，社会组织的行政色彩相对淡化，更具亲和力，服务方式更为灵活，探索和创新的自由度更高。近年来，全国各地社会管理创新的亮点之一就是，社会组织参与公共服务和社会管理的方式日趋多样化，如与政府进行合作、参与政府公共服务提供、志愿者服务等，政府也逐步认识到培育和壮大社会组织的必要性与紧迫性。

专栏 4-1 广东省中山市政府向社会组织购买服务的经验

截至 2016 年 6 月，中山社会组织总数为 2097 家，社会团体 600 家，民办非企业单位 1495 家，非公募基金会 2 家。此外，各镇区备案的城乡社区服务类社会组织 600 多家。2013 年 2 月，市政府印发《中山市政府向社会购买服务目录（第一批）》，列出政府向社会组织转移或购买服务的社会管理和公共服务事项范围，涵盖基本公共服务、社会事务服务、行业管理和协调事项、技术服务事项、政府履职所需辅助性和技术性服务等 5 项一级目录 257 项三级服务项目。2015 年 11 月，修订印发了《中山市人民政府办公室关于印发中山市政府向社会力量购买服务暂行办法的通知》，对政府向社会力量购买服务的购买主体和承接主体、购买内容和指导目录、购买方式和程序、预算与财务管理、绩效和监督管理等进行了明确的规范。近年来全市共投入政府购买社会服务资金近 2 亿元。

中山市积极引导异地商会参与社会治理。目前，全市异地商会成立了 40 个新中山人服务中心，主动为在中山务工的老乡提供志愿互助、文体活动、综合事务、社区联谊、扶危济困、技能培训、就业辅导、情绪疏导、调解矛盾、信息反馈等方面的服务。

资料来源：根据课题组调研资料整理。

（三）与政府合作治理

社会组织是不同于政府和企业的第三部门，在公共服务和社会管理领域与政府、企业优势互补，发挥着独特的沟通作用和协调作用。尤其是对政府而言，社会组织在一定程度上与其具有共同的理念和价值观，二者在为社会提供高水平、高质量的公共服务和良好的社会管理秩序等目标取向上总体是一致的，社会组织能够成为政府社会管理的有力助手和智囊团，从而有助于政府降低社会管理成本。近年来，随着政府和事业单位将越来越多的公共事务委托出来，加上社会自组织能力的不断增强，社会组织大量涌现并迅速成长起来，并显示出强烈的发展动力和参与愿望。例如，中山市政府探索与社会组织共同开展新中山人联合救助工作。市民政局印发《关于支持异地商会开展新中山人临时困难联合救助工作的通知》，并与八家异地商会签订了合作协议，联合开展对新中山人临时困难的救助。这种救助方式相较政府一方提供的社会救助而言，更贴近受助人的实际需求。

四、能力

基金会和民办非企业单位主要是提供公益性社会服务的，同时兼有通过服务促进社会治理的职能；社会团体属于互益性组织，社会团体的会员包括个人、企业、社会组织等，社会团体通过发挥职能起到服务和管理会员的作用。目前，三类社会组织中，正式登记注册的社会组织在资金、人员、场地等资源运用上优于没有正式登记注册的草根组织，同时有些社会组织在治理结构上采用了现代治理结构，在内部治理和外部资源等方面具有较好的统筹发展能力。但是，包括草根组织在内的多数社会组织尚没有采用现代治理结构，内部管理较混乱，严重阻碍了发展能力。

同时，在目前技术手段的影响下，越来越多的社会组织使用了网络、信息、大数据等手段工具，在社会服务和社会治理方面，由于服务受众更明确，服务手段更具针对性，所以治理效果能够超过政府治理。根据国家网信办的统计，目前全国共有546家网络社会组织，相当一部分网络社会组织已建立官方网站、开通了官方微博、开设了微信公众账号，不少网络社会组织还开发了App应用。全国各网络社会组织发挥自身优势，从不同的角度参与网络建设、服务网民需求。如，近百家网络社会组织将促进信息化发展、培养信息化人才等作为主要业务；各地互联网协会发挥地域性、综合性优势，为网民提供综合服务；百余家网络社会组织着眼于快速发展的互联网金融、电子商务、移动互联网等领域，倡导网络诚信、加强行业自律；文化类网络社会组织数量最多、分布最广，主要通过举办文化活动、生产文化产品、倡导网络公益等形式在网上传递正能量。

第三节　聚焦现实问题　全面有效突破

一、理念：共治理念仍未建立，政府对社会组织的发展还有顾虑或者并未重视社会组织发展

我国社会组织在设立登记、运行机制、监管管理等方面与国际通行做法有一定差距。近年来，虽然我国社会组织发展迅速，但由于发展理念不清晰，导致社会组织发展已经暴露出诸如公益性缺失、公信力不足等突出问题，同时还潜藏着一些深层次的矛盾和问题。发展理念不理清，不仅影响到社会组织的当前发展，更关系到社会组织的可持续发展。特别需要关注的是，大多数政府部门有将原本自由运作的社会组织进行"收编"的冲动，希冀通过购买服务、民办公助等形式使社会组织完全按照政府意图去参与社会治理，对"配合不积极"的社会组织给予显性或隐性的排挤，这对社会组织的发展是非常危险的。

当前一些地方和部门对社会组织在经济社会发展中的地位作用存在认识偏差，要么忽视社会组织、否定社会组织、防范限制社会组织，从而带来培育发展措施不力、社会组织作用得不到有效发挥等问题，要么美化社会组织，对社会组织尤其是非法组织的负面影响缺乏足够认识，由此带来对规范管理重视不够等问题。值得注意的是，我国社会组织在扩大对外开放、拓展国际交流中的角色与实际国际地位不匹配，被联合国经社理事会授予咨商地位的 3000 个非政府组织中，中国内地仅有 24 个，可见，我国社会组织没有在国际事务中发挥出与大国地位相称的功能作用。

二、体系：法治环境仍有问题，三大登记管理条例尚未最终修订；税收政策、免税待遇审核存在问题

迄今为止，我国针对社会组织的专项立法比较滞后，虽然《慈善法》刚刚出台，但与之相匹配的相关法律体系还未建立，社会组织三个重要的法规（《民办非企业单位登记管理暂行条例》、《社会团体登记管理条例》和《基金管理条例》）迟迟未修订到位，现行法律框架非常不完整，而且大大落后于现实发展的需求。进一步来看，现有法规以程序性规范为主，实体性规范不足，行政法规主要是从行政管理的角度对社会组织的登记管理的行政程序来进行规定，而对实体上的权利、义务、法律地位、财产关系等都没有明确，对境外社会组织在华开展活动如何管理没有法律或政策依据。而且，法律在调整政府和社会组织关系时不对等，目前主要是从行政机关如何进行管理的角度去规范，但缺乏政府如何保护社会组织独立地位和合法权益的规范。从政府的角度，没有一个专门负责对社会组织部门进行立法的政府机构。由于社会团体、民办非企业单位和基金会这三类官方认可的社会组织都受民政部管辖，民政部具有最多经验和专业能力的机构，成为制定社会组织法律和法规的最重要部门。

专栏 4-2　　从免税资格认定看社会组织发展的政策体系

我国社会组织虽然也可称为非营利组织，但却需要税务部门进行"非营利性"的审核才能获得免税资格。也就是说，社会组织需要进行免税资格认证。从对社会组织免税资格与捐赠方免税资格申请的条款规定中可以看出，免税资格的认定需要分别进行申请，一次申请无法同时获得两种税收资格，并且两种资格审查工作都较为严格，这样使得工作效率很难得到最大的发挥。

社会组织免税资格认定第一条规定社会组织必须具有法人资格，但由于我国社会组织起步较晚，最初是以"准政府"的角色定位存在，导致我国社会组织"行政化取向"严重。许多公益组织不能享有法人的独立性，申请税收的优惠的难度就更大。社会组织免税资格认定还要求取得的收入除合理支出外全部用于公益性或非营利性事业，却未明确具体的公益支出比例，使得该项规定具有模糊性。另外，通过免税资格的认定来干预社会组织的薪酬安排，是政府行政干预的表现，对于那些只需少数专业性人员管理的社会组织来说，对薪酬的行政设定不符合组织自身发展规律，容易打击人们参与公益事业的积极性。

　　改革后社会组织认定资格删除了"活动范围主要在中国境内"的条件，扩大了可获取免税资格的社会组织范围，但是由于我国社会组织大都只在国内进行活动，因此这一改变对国内社会组织的影响并不大。对于符合申请免税条件的社会组织来说，提交申请材料是必要步骤，但根据当前规定，需要提交的报送资料达 11 项之多，所需资料繁多、程序复杂、时限较短，很大程度上增加了人员工作任务负担也降低工作效率。对于已获免税资格的社会组织来说，由于审定工作是由国家财税部门进行，有时并不能及时将获得资格的名单下达给地方财税机关，使得地方税务机关对获得免税资格的组织催缴税收，这严重影响了免税组织的积极性。

　　资料来源：笔者相关研究。

三、机制：直接治理的领域有限，能力不足；与政府合作中主体地位不对等，总之"深度"没有实现

　　实践中，政府一元化管理的惯性力量依然制约着人们的思想和行为，一方面政府部门对社会组织参与社会治理心存疑虑，不敢放手让渡社会治理和社会服务空间，导致社会组织难有作为；另一方面由于政府对社会事务的长期介入，导致大多数社会公众对政府之外的社会组织参与社会治理和社会事务，缺乏基本的认同和信心。

　　同时，社会组织的发展难以获得应有的公共资源支持，政府购买服务的机制没有完全建立起来。由于法律和制度体系的缺位，政府购买服务的财政资金没有全部纳入预算，大部分地方没有专项的科目，资金来源不稳定，严重制约了政府购买社会组织公益服务工作。政府购买服务在购买标准上不够清晰，存在权责划分模糊等亟须改善的问题。同时，政府购买服务的年度财政经费预算还存在很大程度的不确定性，在经费的预算、拨付、额度、使用等环节上，还没有建立起一整套标准。在数量上，公共服务购买的资金规模小；购买领域有限，教育、卫生等主导性公共服务领域购买有限；购买对象范围狭窄，以事业性或政府自己组

建组织居多。我国在政府购买服务操作流程上，也存在一定程度的随意性。例如，对项目的设定及招标评估等，缺乏科学合理界定；对承接项目的社会组织选择上，也存在一定程度的倾向性。在程序上，购买公共服务的资金预算不公开；购买缺少规范流程或程序；资金信息不公开，公开竞争未成为一般原则；监督管理机制不明确。在购买主体的关系上，存在购买双方非独立、平等关系，政府单向主导，低成本购买，职权介入等问题。

四、能力：现代治理能力不足，不同类型社会组织存在不同程度的问题

健全的社会组织内部管理机制、约束和监管机制，是社会组织自身发展的基本要求，但目前在这方面还存在很多欠缺。一方面，不少社会组织缺乏自律行为；非行政组织行政化、非营利组织营利化等现象突出。有些社会组织行政化倾向严重，如一些社团千方百计拉来一定级别的官员任职，想用科层制挤压社团的自治。有些社会组织长期处于瘫痪状态，严重地扭曲了社会组织的形象。另一方面，相当多的社会组织内部治理机制不健全，缺乏民主管理机制和有效的工作规范和制度；财务管理基本上无法可依。不少社会组织内部的组织结构、管理体制、决策程序、财务制度都不够健全，财务混乱现象严重，较少开展社会公共服务活动，甚至利用社会组织身份谋取非法利益的现象也不鲜见，这种"志愿失灵"倾向损害了社会公众对社会组织的信任，在监管上，除了年检等管理措施，尚缺乏有效的监管手段，也未形成科学有效的监管机制，这些都大大制约了社会组织系统有序地参与社会治理。

大量社会组织的能力不足难以满足社会需要、承接政府购买项目。因为起步晚，社会组织的管理和运作能力大都偏弱。而政府在购买服务中，由于甄别社会组织存在一定难度，往往倾向于向那些规模较大的、发展较好的、已经为政府提供过公共服务的社会组织购买。某些地方官

员对社会组织工作人员缺乏信任，不相信他们拥有从事社会服务必需的专业技能，相对更加信任经过培训的公务员群体，因此，地方官员更倾向在购买社会组织服务时，以授权的形式定向指定具体的协会组织来承接项目，或者是某些政府部门下属的单位，认为它们比较"知根知底"，能力上比较放心。因此，大部分社会组织得不到政府职能部门的购买服务。

第四节　厘清协同思路　创新系统对策

一、思路

党的中央文件指出，健全社会组织管理制度，形成政社分开、权责明确、依法自治的现代社会组织体制。这是引领社会组织发展的目标理念。同时，加强社会组织协同治理的思路应明确为：提高社会组织的自治能力，创新社会组织与政府共治的模式，加强社会组织治理的法治保障，实现自治、共治和法治多元合一。

首先，全面提高社会组织的自治能力。通过培育社会组织的相关政策，加强社会组织的自律能力、治理能力、服务能力。重点加大对公益慈善类、行业协会商会类、城乡社区服务类社会组织以及为社会治理作出突出贡献的社会组织的扶持力度。

其次，创新社会组织与政府共治的模式。充分发挥社会组织在发展基层民主、化解社会矛盾、完善公共服务等方面的积极作用，积极推动社会组织协调政府与公众之间、公众内部利益群体之间的各种关系，以避免摩擦、减少矛盾、消除对抗，最终达到双赢及整个社会的安定和谐。提供政社合作治理的动力源泉，增强社会组织参与合作治理的积极性、主动性和创造性。通过社会组织参与模式的创新推动社会组织治理创新，使社会组织的桥梁、纽带作用进一步增强，使社会组织的社会责任和社会价值得以显现。

再次，加强社会组织治理的法治保障。采取"统一立法 + 专门立法"相结合的方式，通过统一立法，明确社会组织的社会治理职能，对社会组织的运行机制、衔接机制、监管机制等予以统一规定。同时，针对不同性质和类型的社会组织进行专门立法。此外，政府应出台配套措施和办法，加强对相关法律制度的宣传和教育，使社会组织尽快达到参与社会治理所需要的社会认同度。

二、对策

为了推动社会组织深度参与社会治理，就要实现"理念—体系—机制—能力"四位一体的政策保障。

（一）形成政府与社会组织合作共治的社会理念

推动政府部门解放思想，建立起与社会组织实现协同治理的必要性和重要性的认识。实现政府简政放权，减少对微观经济社会运行的干预，明确政府必须要管的职责，将可以不管的职责向社会有序转移。推进以事业单位改革为重点的行政管理体制改革，调整政事关系，将政府职能、社会职能实现有序回归。配合政府行政体制改革，推动社会协同共治的理念深入民心。在法律地位清晰、政策推动有力、诚信自律普及的基础上，通过社会事务信息公开、加大宣传、奖优惩劣等手段，逐步树立社会组织在社会公众面前的正面形象，使广大人民群众建立起社会组织立足社会、服务社会、造福社会的思想认识，建立起对社会组织的信任和信心。

切实做到政社分开。首先是职责分开，将政府管不了、管不好、管不到、不该管的事情坚决地剥离出来，做到政府不惜权，不挑选，不截留，使社会组织和市场企业有机会承担应有职能。其次是对行业协会和商会类组织进行"政会脱钩"改革，彻底消除公共权力对它的不当影响。做实对行业协会和商会的改革；抓牢对公共部门间接经办社会组织的改革，力推对权力部门直接经办社会组织的改革；试行对免登记特殊组织的改革；遏制社区社会组织的行政化趋势。再次是身份剥离，将各种类型官办社会组织纳入改革规划，分类推进所有官办社会组织去行政化，普遍实现各类社会组织的政社分开。最后，充分发挥社会组织在社会各领域精细化治理的功能。在社会治安管理等公共安全领域加强与社会组织的合作共治，将社会组织的治理渗入到社会方方面面。

（二）优化社会组织参与社会治理的法律和制度环境

加快修订出台《社会团体登记管理条例》《基金会管理条例》《民办非企业单位登记管理暂行条例》，充实实体性、操作性规定，制定社会组织分类登记的标准和具体办法，完善社会组织培育扶持和监督管理体系，将离岸社团、网络社团等纳入法规调整范围；推进慈善事业和行业协会商会立法工作。同时，加强相关理论研究，争取在适当时机推动社会组织专门立法。

实施更有利于社会组织发展的税收制度。实施免税组织独立认证制度，免税资格由税务机关最终判定，合理调整社会组织免税资格的期限，消除不利于社会组织免税资格和公益性捐赠税前扣除资格申报和认定的程序障碍；对社会组织享受优惠按照分类分级办法区别管理，扩大符合条件接受捐赠的社会组织的范围；简化税收减免操作程序，建立针对社会组织的票证管理体系；通过社会组织信息平台实现对免税组织的设立、变更、注销的信息共享；将社会组织纳入"营改增"的范围，按照简易征收办法，实行3%的低税率，对公益性社会组织实行免征增值税；将对社会组织的税收优惠，从现行所得税进一步扩大到增值税、房产税、城镇土地使用税、进出口关税；将企业捐赠纳税抵扣限额由12%提高至15%，将个人捐赠的纳税额扣除比例由30%提高至50%，允许纳税人向社会组织提供的实物捐赠在税前抵扣，建立税收抵扣结转机制；扩大享受捐赠优惠的社会组织范围，改"特许制"为"审核制"，打破慈善垄断，增强捐赠主体的可选择性；社会组织相关公益使命的商业收入享受免税待遇，对用于非营利活动的收入可给予税收优惠；为确保社会组织不偏离公益性宗旨，规定社会组织的年营利性收入不得超过总收入的50%。在税收支持的同时，统筹建立财政补贴、政府购买、会员缴费、服务收费、慈善捐赠及风险投资相结合的社会组织经费保障模式；完善社会组织行政事业性收费减免政策。

加强对社会组织的事中事后监管。民政部门依法履行登记、年度检查、日常监管、执法查处等职能，指导社会组织信息公开和社会评估；行业主管部门负责制定社会组织在本行业的活动规范，通过转移职能、购买服务、资金扶持、发布信息等方式引导社会组织健康发展；其他相关部门在职责范围内对社会组织实施监管。探索建立针对离岸社团、网络社团和草根组织的监管办法。完善相关法律法规，大力推进社会组织信息公开和信用体系建设，加强对社会组织的社会监督。

（三）完善社会组织参与社会治理的实现机制

限制行政机关和财政供给事业单位参与发起成立社会组织。推进行业协会商会在机构、职能、资产、财务、人员等方面与行政机关脱钩，厘清行政机关和行业协会商会的职能边界，禁止现职国家公务员在行业协会商会中兼职，行业协会商会必须设立独立账户。引入竞争机制，推进"一业多会"试点。积极推进红十字会等官办公益慈善组织去行政化，将其行政等级化的组织模式转变为扁平化的组织模式，将工作人员的行政级别改变为非行政机构的职级制。

逐步建立社会组织承接政府转移或委托职能的制度体系。将确需政府承担的管理职能明确下来，同时鼓励各政府部门将可向社会转移和购买服务的职能逐步剥离开，明确转移的职能条款通过法定形式确立下来。凡是社会组织能够有效承担的公共服务，尤其是新增的公共服务，基本上采用政府购买服务的方式由社会组织提供，努力构建民间参与的高效率的公共服务供给体制。

加快建立政府向社会组织购买服务的实施方案。购买服务具有明确的实施条件、实施流程和监督评估标准，实施过程遵循程序清晰、规则明确、公平公正的基本原则，逐步杜绝由特事特办引发的关联交易。制定政府购买服务的配套政策，在选拔—实施—评估各个环节实现有据可查，使社会组织参与社会管理制度化、常态化、专业化。根据社会组织服务项目的实际需求制定政府购买服务项目周期，推动购买服务的长期化。

（四）加强社会组织自身能力建设

完善社会组织治理结构。将社会组织结构完备性作为承接政府职能的重要考核标准。要完善权责明确、协调运转、有效制衡的法人治理结构，明确会员大会、理事会、监事会和管理机构的职责，适度控制理事会规模和副理事长职数。推动社会组织建立健全组织章程和组织架构，明确组织目标和发展理念，坚持社会组织的非营利原则。强化章程的核心地位，健全议事、选举、机构、财务、人事等各项制度。建立社会组织信息披露制度，规范各类服务收费，开展行业自律和他律，提高社会公信力。

加强人才队伍建设。在全社会广泛宣传社会工作者的职业概念，大力推动专业社工在社会组织从业者中的比重。建立专业社会工作人员的职业晋升机制、薪酬激励制度，畅通流动选拔渠道。创新人才培养、选拔、任用、评价、流动和激励机制，在社会组织逐步推开社会工作者资格认定及职业水平评价，拓宽职业社工的发展晋升空间，为社会组织留住人才。推动建立社会组织管理和服务人员培训制度，实行持证上岗，实现社会组织与职业学校、高等院校的联合培养。建立健全专职工作人员聘任制度，依法订立劳动合同，按规定缴纳各项社会保险。采取多种措施，有效动员和利用志愿人才，建立专业化队伍与志愿者队伍相结合的服务机制。

（执笔人：李璐）

第五章 社会治理现代化视野下 公众认知和公众参与

习近平总书记在省部级主要领导干部学习贯彻十八届三中全会精神全面深化改革专题研讨班开班式上指出，必须适应国家现代化总进程，提高党科学执政、民主执政、依法执政水平，提高国家机构履职能力，提高人民群众依法管理国家事务、经济社会文化事务、自身事务的能力。人民，只有人民，才是创造历史的根本动力。公众参与在社会治理中具有基础性地位，公众参与的广泛性和制度化程度同社会治理的有效性呈现显著正相关性，它凸显了政府在社会治理领域的政策理性和公众更好维护合法利益的双向统一。只有公众普遍参与，社会治理才会充满活力。根据党的十九大和党的十九届四中全会精神，本文基于对我国当前公众参与社会治理状况和障碍的评估，认为参与类型的科学分类、参与形式的恰当选择、参与能力的培育提升以及公众参与的法治保障是影响公众参与有效性和有序性至为重要的四个因素，并对此分别进行了分析与讨论。

公众认知决定公众参与，公众参与不仅是一种吸纳各种利益与价值诉求的政策工具，而且是人民主权的重要实现形式和民主政治得以实现的重要机制。从社会治理的角度看，公众参与是公众通过一定的渠道对公共事务表达意见，并且对公共事务的决策和治理产生影响的行为。①西方社会的现代化发展经验表明，公众参与在社会治理中具有基础性地位，公众参与的广泛性和制度化程度同社会治理的有效性呈现显著正相关性。为适应我国日益复杂的经济社会公共事务的挑战，满足相应公共政策目标的体系化和复杂化的要求，近年来党和国家不断创新和深化对社会治理的认识，特别在治理主体上，明确指出要深刻改革政府大包大揽的传统管理体制，加快形成和完善"党委领导、政府主导、社会协同、公众参与、法治保障"的社会治理体制，推进社会治理精细化，构建全民共建共享的社会治理格局。需要指出的是，发挥公众参与基础性作用并不意味着公共管理者要将所有权力让渡给公众（约翰·托马斯，2010），公众参与凸显了政府在社会治理领域的政策理性和公众更好维护合法利益的双向统一。因此，公众参与社会治理，不是无组织、杂乱无章的，而是有序地参与。政府与公众应当是建设性的合作伙伴，共同承担社会治理的责任。这不仅可以降低政府治理社会的成本，提高治理效率，更重要的是可以建立公民与政府间的相互信任（胡仙芝、曹胜，2014）。如何在社会治理中实现有序、有效的公众参与？本文认为，参与类型的科学分类、参与形式的恰当选择、参与能力的培育提升以及公众参与的法治保障是影响公众参与有效性至为重要的四个因素。对此，本文首先对我国当前公众参与社会治理的状况和障碍进行评估，而后分别对上述几个方面进行分析和探讨：

第一节　总结公众参与的现状　分析不足及其原因

改革开放以后，随着市场经济体制改革的不断深入，社会利益群体分化的深度与广度不断加深，与此同时，中国社会的公民素质在不断提

---

① 从广义上说，公众参与就是民众试图影响公共政策和公民生活的一切活动，包括投票、竞选、公决、结社、请愿、集会、抗议、游行、示威、反抗、宣传、动员、串联、检举、对话、辩论、协商、游说、听证、上访等等。

高，而网络信息技术的快速发展也在手段上极大拓展了公众参与公共事务的空间。尤其在社会治理层面，公众参与的热情不断高涨，参与行为日益活跃并且呈扩大化发展趋势。然而，我国当前公众参与社会治理的有序性、有效性和制度化的总体水平仍然存在较大提升空间，较为普遍地存在参与意愿低、实际参与程度弱等问题，在实践中表现出以下具有矛盾性的特征：（1）一时热情和惯性冷漠并存，冷漠现象仍很普遍；（2）理性法治与感性冲动并存，非制度化参与呈增长趋势；（3）权利意识强与社会责任意识弱并存，功利化倾向明显（朱西括，2014）。导致这种现状的深层次原因主要在于以下三个方面：

一、公民政治文化的落后制约公众参与能力的提高

政府公共决策的民主化和科学化，要求公众在决策过程中能够积极参与，而公众的参与不仅需要完备的参与机制和规范设计，还需要参与型的政治文化培养公众的自主意识和参与意识，为公众参与政府公共决策和社会治理事务创造良好的心理环境和公共氛围。目前，虽然我国经济社会的现代化进程得到了快速发展，但公民政治文化并没有获得相应的进步，公众的政治感情淡薄，较为缺乏对政治体系及其权威的归属感、眷恋感，相当多人的公众参与动机具有利益取向，主要目的是为了影响政府活动，以获取更多的自身利益。狭隘的政治参与文化制约了公众参与公共事务的"主人翁"意识和责任感的成长，从而也制约了公众参与公共事务的判断能力。

二、公众参与渠道不完善制约公众参与的实现

公众参与可以分为国家层面和社会层面的公众参与。国家层面的参与是基于知情权而对相关的法律、制度和政策进行建议、质询与问责，对国家权力的运作进行监督和制约。国家层面的参与渠道主要有人民代表大会制度、信访制度以及社会组织。社会层面的参与是与社会公共事

务管理相关的参与，其参与渠道主要有座谈会、民意调查、听证会、社区自治等。随着信息技术的发展，互联网和手机成为人民沟通交流的重要工具，同时也逐渐成为公众参与国家事务和公共事务的重要渠道。我国公众参与渠道看似较多，但事实上却并不完善。首先，国家层面的参与渠道比较单一，人民代表大会的选举中直接选举的范围过于狭窄，层次较低；信访制度在公众参与过程中效率较低；社会组织发育不够成熟，独立获取社会资源和信任资本的能力较为有限。其次，社会层面的参与大多流于形式，在实际的参与过程中，座谈会、民意调查、听证会、社区自治等参与渠道都缺乏完善的法律规范保障。再者，互联网参与渠道存在着"数字鸿沟"，同时，由于数字空间的虚拟性和身份隐匿性，公众在参与过程中容易缺乏理性而造成"网络暴力"。这些问题都制约着公众参与的有效性（王莹、王义保，2015）。

三、政府回应机制的缺乏导致公众参与动力不足

现行政府回应机制存在"制度缺失"和"制度虚置"的缺陷，存在的问题主要是对于政府对公众意见是否采纳，不采纳的是否说明理由，如何说明理由等均缺乏必要的约束性规定。前述问题导致在我国公共政策决策领域，谁可以参与、谁决定参与、在哪个环节可以参与、怎么参与、参与了给你提供些什么信息、参与之后要不要给个说法受制于决策者个人的素质和心理状态，几乎没有任何实质意义上的制度约束（宋煜萍，2014）。制度是公众参与权利得以实现的保证，也是公众参与行为和活动的重要依据。政府回应机制的缺乏使公众参与权在实践中难以得到充分保障。

第二节　明确公众参与的类型　以功能为划分标准

在治理的视域下，公众在公共事务决策中不再仅是一个被动的、从

属的参与者，而是具有相对独立性地位的治理主体，与政府协同一道针对社会治理事务进行决策。换言之，政府关于社会治理事务将不再拥有绝对的决定权，任何一项涉及公众切身利益的社会治理决策的作出，都要经过政府与社会公众的共同探讨，这种政府与社会协同共治模式，将有助于强化决策作出的民主性、科学性，形成公众对政府实质上的监督制约，保障公众权利的实现。

一、类型分类的功能标准

有效的、有序的公众参与首先依赖于公众参与类型的科学划分，而后才能设计不同类型下的公众参与的形式或路径，以及相应的参与能力培育。公众参与的类型与公众参与的形式是两种不同的概念，不能混为一谈。前者是指以不同的功能作为区分的界标，将公众参与划分为不同的种类；后者主要是指公众参与理论具体应用到社会治理过程中时所表现出的不同的方式、手段，例如我国法律法规中所规定的听证会、座谈会、论证会、书面听取意见等都属于公众参与形式的范畴。公众参与的类型划分是一种理论上的划分，是从公众参与内容的角度所展开的，意在表现其内在机理，通过分析归纳的方法对公众参与的本质进行抽象的表达；而公众参与的形式划分则是实际运行过程中的一种客观描述，从公众参与的外部形式角度所展开，客观表达了公众参与的方式方法、途径手段。虽然两者不尽相同，但是却有着密切的联系。社会治理中的公众参与类型有许多种，与之相对应的就有许多相匹配的公众参与形式。任何一种参与形式的选择，都是由公众参与的类型所决定的，因此，公众参与的类型与参与形式具有不可分割的关系。不仅如此，与不同类型相对应的参与形式之间在样本选择范围、参与方式、具体程序、参与的深度与效力等方面也存在着区别（杨新元、邓睿，2016）。

公众参与贯穿了社会治理的整个过程，无所不在，其中又以社会治理决策过程中的公众参与最具代表性。因为政府所进行的社会治理决策，与公众的切身利益息息相关，并且通常这些决策内容都涉及公众的一些基本利益，这就要求社会治理决策的做出必须保证其民主性与科学性，若要达到这一目的，决策的结果就必须要体现出公众的意志，所以说，拓展公众参与是健全完善行政决策体系的重中之重。因此，根据公众参与对社会治理决策结果所起到的不同作用，可以清晰地辨识出公众参与的不同类型。换言之，公众参与的功能可以成为类型的划分标准。具体而言，公众参与的功能包括：为行政决策提供决策相关信息（简称"信息供给功能"）、促进公众对决策结果的接受（简称"增进决策结果可接受性功能"）及表达来自公众的价值偏好并与行政主体共同协商确定决策目标方案（简称"价值聚合功能"）。公众参与的类型由此可以分为：信息供给型公众参与、增进决策结果可接受型公众参与及价值聚合型公众参与（付宇程，2011）。

二、信息供给型公众参与

在信息供给型公众参与中，公众参与的主要功能是为社会治理的行政决策提供信息。政府借助公众提供的信息做出决策，但手里仍然掌握着全部的决策权，公众并没有分享决策权。在没有决策权的情况下，公众之所以仍有动力参与是因为，可以使政府比在不了解民情和社会环境的情况下更有可能做出一个有利于公众的决策。

信息供给型公众参与应该遵循的基本原则有两条：第一，参与成本最小原则。由于信息供给型的公众参与并没有赋予公众参与决定决策目标的权力，因此，在参与程序的设计上一定要保证将公众的参与成本降至最低，以保证公众经过成本收益的计算之后仍然会选择参与。第二，参与人数最大化原则。由于信息供给型公众参与的核心在于信息，参与人数越多，提供的信息越多，将更有助于政府作出科学决策。

三、增进决策结果可接受型公众参与

在增进决策结果可接受型的公众参与中，政府保留了足够的决策权以保证其能控制最终的决策结果，但同时，为了获得公众的认可和支持，又允许公众在决策过程中表达意见和价值偏好，并对这些偏好做出回应。公众和政府在行政决策目标的确立问题上可能存在分歧。面对分歧，如果政府压制或不理睬公众的意见，很可能会导致公众内心的抵触情绪和行动上的激烈抵制。增进决策结果可接受型公众参与的优势就在于，即使政府和公众双方对决策结果的目标要求有分歧，也能让彼此明白分歧发生的原因以及各自的理由，使公众的不满情绪尽可能得到化解。

该类型公众参与的基本原则是：第一，政府充分论证自己的主张。将政府做决策的各种考虑暴露在公众的视野之下，将有助于公众对决策结果的理解和认同。如果政府确实考虑到了公众没有考虑到的问题并论证了公共利益之所在，公众也有可能被说服。因此，要赋予政府尽可能多的时间和机会阐明其做出决策的依据，以说服公众赞同政府的决策目标。第二，公众意见的回应原则。让公众畅所欲言，并对其意见一一做出回应，证明其与公共利益不符之处以及其他不予采纳的理由，也将提高公众接受决策结果的可能性。

四、价值聚合型公众参与

在价值聚合型公众参与中，公众参与到决策过程中所发挥的主要功能是表达个人的价值偏好。决策目标的确立是通过公众彼此之间，以及公众与政府之间的价值偏好聚合完成的，并非由政府单方确定的。因此，行政决策体制不再是"知识—垄断"结构，决策权也不是由政府单独享有的，而是由政府与公众共享。

价值聚合型公众参与遵循的基本原则：第一，充分讨论原则。不同主体之间的价值偏好如果想要产生聚合，就需要一个相互讨论的过程，

只有经过充分的讨论，才可能产生共享的价值。这里的充分讨论既包括公众之间的相互讨论，也包括政府与公众之间的讨论。只有通过彼此的表达和辩论才有可能说服对方同意自己的观点。所以，这种类型的公众参与形式应当保证公众和政府都有充分的讨论机会，这是价值聚合的首要条件。第二，讨论对决策结果的约束原则。公众和政府在讨论后所聚合的价值观，应当对于决策目标的确定具有法定约束力。如果最后的决策目标不根据聚合价值作出，价值聚合型公众参与就会失去意义（付宇程，2011）。

第三节　探讨公众参与的形式　以类型为对应框架

参与类型的内涵特点从本质上界定了公众参与社会治理事务决策的具体内容。公众参与的类型不同，对参与形式的要求也就不同，参与形式中的具体程序设计也相应不同。如果参与形式与参与类型之间的对应关系发生错位，不仅无法发挥参与形式应有的作用，也会导致不同的类型之间在内涵上的区分变得模糊。因此，根据上文关于公众参与类型的分类框架，我们就可以构建社会治理中公众参与形式的体系。

一、信息型公众参与的参与形式

信息供给型公众参与的功能是从公众处获取决策所需的信息。根据参与成本最小化和参与人数最大化原则等基本原则，信息供给型公众参与所对应的典型公众参与形式是：公民调查和咨询。公民调查和咨询既包括书面的问卷调查，也包括利用现代通信手段进行的调查，如网络论坛、微博微信、QQ 群组、手机短信、电视辩论等。此种公众参与形式的目的主要是从公民那里获得与决策有关的信息，包括界定制定该法规所要解决的实际社会问题、问题的具体解决建议、决策备选方案的有效性等。

二、增进决策结果可接受型公众参与的参与形式

增进决策结果可接受型公众参与的功能是从公众处获得对决策的认可，但同时不与公众分享决策权。这种类型的公众参与所对应的公众参与形式有：座谈会和书面征求意见。座谈会是有中国特色的公众参与形式。座谈是行政机关与公众面对面谈心的过程，一般而言，座谈会中座谈的内容对决策目标的确立没有约束力，通常是为了让公众抒发观点和情绪，抚平公众的不满情绪，并将政府的决策理由和对公共利益的考量解释清楚，令公众认同和理解政府所作的决策。因此，从座谈会的用意来看，座谈会是增进结果可接受公众参与类型下最合适的参与形式。此外，也可积极学习、借鉴西方有效的公众参与社会治理的形式，如市民评审团、市民调查群、焦点小组、公民论坛、公共调查、公共辩论等，探索适合我国实际并具有地方特色的公众参与形式等。

三、价值聚合型公众参与的参与形式

价值聚合型公众参与的功能是通过公众价值偏好的表达、聆听、讨论而形成价值的聚合，根据聚合的结果来确定决策的目标。这种类型的公众参与所对应的公众参与形式是听证会。听证制度主要是出于对公民权利的保护，其本质功能是令公民在政府作出与其有关的决定之前能有机会影响该决定的内容。《行政许可法》所规定的就是这个意义上的听证会。[1]《行政许可法》规定参与人可以在听证会中进行辩论和举证质证等，即是赋予了参与人进行价值聚合的程序机制。规定由中立的第三方作为听证会的主持人，即是将决策机关与听证主持人的中立地位上拿出来，

---

① 《行政许可法》第 48 条规定："听证按照下列程序进行：（一）行政机关应当于举行听证的 7 日前将举行听证的时间、地点通知申请人、利害关系人，必要时予以公告；……（三）行政机关应当指定审查该行政许可申请的工作人员以外的人员为听证主持人……（四）举行听证时，审查该行政许可申请的工作人员应当提供审查意见的证据、理由，申请人、利害关系人可以提出证据，并进行申辩和质证；（五）听证应当制作笔录，听证笔录应当交听证参加人确认无误后签字或者盖章。行政机关应当根据听证笔录，作出行政许可决定。"

让其成为一方主体，参与价值聚合的过程。许可决定应当根据听证笔录来作出，即是明确了作为价值聚合过程的听证会，对决策结果的法律约束力。《行政许可法》所规定的听证会是价值聚合型公众参与所对应的参与形式的一种成功的制度体现（付宇程，2011）。

事实上，在公众参与社会治理的实践中，往往受到多方面的制约。政府有必要通过具体的措施拓展公众参与。最为重要的有三点：一是不断建设和开放公共空间。公众积极参与公共事务的意愿和能力很大程度上取决于公共空间的建设。二是要通过有目的的努力来确保公众和政府官员之间的共同协商过程可以对政策制定过程有指导作用，否则政府公共机构的有效性和回应性将不可能达到（尹文嘉、王惠琴，2014）。

第四节　强化公众参与的能力　完善法治相应保障

一、公众参与的能力培育

除了完善的参与制度体系之外，公众参与公共事务的能力因素也是影响公众参与有效性的重要方面。这方面作为软件要素，有时比制度本身更为重要。为此，要开展广泛的教育宣传工作，全面提升公民的政治素质、法律意识和遵纪守法的意识，培育公众参与的基本态度和方式方法，引导公众参与社会治理的价值取向和追求，培训他们进行社会治理的基本技能，不断提高公众参与社会治理的能力水平。

其一，培育公众现代公共意识和价值观念，倡导参与公共事务治理。 要从有利于公众参与的实效入手，对社会治理中涉及的信息、程序、方式等予以公布，并通过适当方式对公民及其组织的参与活动予以指导。如在座谈会、听证会之前，可视需要对参加者进行一定的帮助和培训，帮助他们了解相关法律知识和背景，强化公众对参与立法重要性的认识，提升公众参与社会治理的技巧与能力；通过选择一些具有影响力的社会治理成功案例与公众共同探讨、交流，政府应设立专门的社会治理公众意见受理机构或服务平台，并定期向社会公布（胡仙芝、曹胜，2014）。

其二，加强公众参与的组织化建设，提升社会组织专业化水平。组织化的公众参与能够在个体的公民与整体的国家之间形成沟通的桥梁和纽带，提升政府与公民在社会治理过程中的合作水平和绩效资本。为此，可通过设立政府采购公益服务专项基金向社会组织购买专业服务等方式，资助社会福利、公益慈善类社会组织发展。设立社会组织孵化器，为急需的各类社会组织的发展提供办公场地、工作设备、财政或信贷资金、税收优惠等，鼓励社会组织发展。尤其需要重点扶持志愿者组织和社区社会组织的发展，并推动社会组织与政府合作常态化、规范化和制度化。

其三，提高公众自我管理的能力，倡导社会治理自治。深化社区管理体制改革，通过社区自治提高公众进一步参与社会自治的氛围与能力，支持社区成立业主委员会，建立社区居民联合会；加强志愿者队伍建设，特别是社区志愿者队伍建设；不断推动环保、规划方面公众参与路径和形式（陈蔚涛，2015）。

二、公众参与的法治保障

需要指出的是，社会治理的现代化必然要求公众参与社会治理的法治化，这才能在根本上实现公众参与是有序的参与而不是无组织、杂乱无章的参与。为此，需要着力加强公众参与的法治保障：

一是制度保障。在宪法和法律的指导下，进一步明确社会公众在社会治理中的法律地位和主体地位，赋予并确保公众参与社会治理的基本权利，使社会公众更好地行使社会治理的权利，更好地发挥公众参与社会治理的积极功能和作用（胡仙芝，2015）。

二是机制保障。构建公众参与社会治理的相关法律机制，明确公众参与的渠道、方式、程序、权利、义务，以及各方主体的法律责任，明确公众参与的信息公开机制和反馈机制，确保公众参与有法可循，并逐步实现制度化、规范化、常态化。同时还可引入正反示范机制，对于切实保障公众参与权的部门、单位和个人依法予以表彰并作为示范进行推广，对于设置公众参与障碍，损害公众合法参与权的情形，予以相应的法律处罚并在全社会公开（陈蔚涛，2015）。

三是法律救济保障。完善公众参与社会治理的法律救济制度，充分借鉴有关经验，如创设一些苦情表达制度和场所，或者优化行政申诉、行政复议、行政诉讼等程序，执行行政补偿及国家赔偿制度，保障更多的人能够在权利受到侵犯后得到合法合理的救济。

（执笔人：曾志敏）

第六章　可借鉴的国外社会治理经验

习近平总书记强调，学习借鉴西方经验，但绝不能盲目照搬照套。它山之石，可以攻玉。社会治理制度设计中包含着隐性的文化因素和显性的社会阶层力量因素，文化因素影响思维逻辑及制度设计，由于东西方文化基因不同，反映在社会治理之"道"上亦有原则差异，而具体到社会治理的关键抓手、社会治理机制设计和工具选择方面依然有值得我们学习和借鉴的地方。借鉴的国外社会治理经验必须坚持中学为体，西学为用；绝对不能鹦鹉学舌，全盘照抄。

第一节　明确借鉴方法　不忘中国特色

东西方社会治理既有不同的路径和制度，亦有共性目标，如保证公共安全，维持社会秩序，增进经济发展和社会福祉，平衡群体关系与调节利益冲突；既有不同的管理方法，也面临很多相同的问题，例如如何让数以亿计的"经济人"在追求个人利益最大化的过程中不产生负的外部性等，哪些政策理念、工具、机制是我们在社会治理中可以吸收借鉴的，哪些是我们应该扬弃的，应该建立一个分析框架。

一、文化基因是制度选择中的隐性重要因素

对社会治理的研究主要涉及治理理念、治理结构、治理过程、治理机制等方面。在社会治理现代化的视角上展开国家比较研究，既没有

形成在实践层面可以复制的有效模式，也没有出现学科研究中公认的范式。

从认知形成视角，制度借鉴是以两种方式同时呈现的，一种是历史发生的真实的事件，这些事件中包含着社会行为主体的价值判断、行动选择和行动结果，同时带有极大的偶然性。另一种是历史呈现的框架，这种框架经历了当时、当代专业共同体的筛选、判断和梳理，以一种连续的、必然的、方向性的逻辑呈现出来，它既带有方法，也包含问题和解答。我们通常所观察和研究的正是第二种历史呈现，正如托马斯·库恩所言，所有事实都被"概念的箱子"模式化，呈现出常态和所谓的必然性。

具体到社会治理领域，国际经验中，不同国别国家的治理制度安排中内嵌了文化基因、阶层力量和思考逻辑的隐性前提。马克思认为："人们所争取的一切，都同他们的利益有关。"由于人们在社会中占有生产资料的差异，而形成的社会分工和经济地位差异，具有阶层（阶级）性。当代西方国家阶层冲突虽然不是以暴力的形式展现，但依然是社会矛盾和社会冲突的焦点问题。同理在我们今天的社会治理现代化建设过程中，公民利益诉求依然是最重要的一个领域。因此对于任何社会来讲，阶层力量是社会治理中的显性因素。

而与阶层力量不同的是文化基因，这种文化基因是隐性的，但在群体行动中他无时无刻不在发挥着潜规则作用。从社会治理层面看，中国和西方国家虽然经济一体化在加强，但意识形态冲突却有加剧的倾向，而意识形态冲突的基础在于文化基因的差异，文化基因决定了思考逻辑，思考逻辑形成了制度选择。

二、东西方的"人民"和"群体力量"有本质差异

东西方对民意和民众的作用、力量出发点和立场有很多差异。东方的文化基因中民意、民心、民众一直是一种客观的力量，是圣人、天子

要服务、治理的对象，从《道德经》《论语》等中国诸子百家的论述看要爱民、育民、教民、牧民；从实践层面，唐太宗李世民就讲过，君民是鱼水关系，水能载舟，亦能覆舟。中国共产党更是把最广大人民群众的根本利益作为立党之本、执政之基。

西方文化传统中，对于群体的力量一直是恐惧、担心和拒斥的。从《乌合之众》到《市场群氓和暴乱：对群体狂热的现代观点》如出一辙，罗伯特·门斯切创建了高盛集团机构投资部，是高盛集团的高级董事，这本书2006年翻译成中文，因为书中引用了格里斯潘的案例，应该是最新的一本对群体行为的观察之作。从历史观察看，在繁荣、泡沫和衰败中群体思维和行动都在发挥作用，其特质是贪婪、恐惧、跟风以及冲动行为。接着作者分析了群体狂热行为的机理，始于谣言和暗示，发展成恐惧和惊慌，进而演化成暴力的过程。作者认为，群体行为的高潮是暴力和私刑。群体和个体是异质的：个体看重现在也追求未来，而群体只有现在；群体的心理本质：群体是个体的表现舞台，有机可乘，唾手可得；群体暴乱必然有一个愤怒的聚焦，愤怒就像阳光，越是集中就越有毁灭力。群体暴乱的基础往往是合理的申诉或者至少是感觉的不满。最后作者指出，个人与群体异质，人们有跟随领导的本能。领导者和煽动家都在争夺大众，如何区分领导者和煽动家？领导者提升受众的行为水准，煽动家让群体沉沦、愤怒、感到威胁并诉求行动，历史上希特勒曾经说过维系群众最主要是靠情感而非理智，甘地领导了印度的非暴力不抵抗运动，在这一过程中无数的人平静的牺牲，作者认为让人民放弃自卫的本能是非暴力的暴力。总之，这是深根于西方精英眼中的民众图景，实际上也是东西方意识形态差异的深层文化基因。

三、迥异的制度选择

基于西方社会对群体力量的认知，鼓励和倡导的制度设计是个人自由主义（个人理性），与自由主义相表里的是个人责任意识（公民意识）

和社会自组织（社会组织），而自由资本主义转不动的时候，政府起到补短板和补位作用，包括底线营造、冲突化解、预期管理等方面。

与西方文化不同，中国文化语境下，个人是一种自然的力量，常态化表现为柔顺、听话。治理的责任主体是政府，虽然经过30多年的市场化改革，大家的经济利益诉求明确了，但经济发展和社会治理没有打通，社会责任意识、社会治理主体意识还很不到位。中央政府下放权力后，在维稳的基调下，社会治理的问题多元主体协同共治更多的体现是基层政府兜底机制。

四、西方社会治理制度中的可借鉴要素

由于不同制度设计中内嵌的文化基因不同，社会阶层力量不同，治理目标差异决定了我们不能照搬西方的治理经验。但在我们新出现问题的领域，寻找需求解决方案的领域和希望优化的领域，西方国家的制度设计内容能给我们启发，同时在社会治理工具选择和治理机制设计方面亦有值得我们借鉴的地方。

第二节　西方社会治理工具　三大关键抓手值得借鉴

社会治理要善于抓住关键，即社会发展过程中的主要矛盾和矛盾的主要方面。在社会发展过程中有三大主要矛盾：（1）阶层矛盾带来的身份和利益冲突，主要表现为劳资纠纷的解纷制度设计；（2）收入和能力差异形成的社会落差，主要靠高质量的公共服务补足；（3）公权和民权冲突的化解，通过社会治理机制再造，提高公民和各类社会主体参与社会治理的积极性、主动性，形成网络化协同、共同治理社会的局面。

一、化解阶层、身份冲突灵活解纷机制——重点是劳资纠纷

在阶级斗争的逻辑框架中，资本家和工人阶级是一对不死不休的矛

盾体，而现实中资本家的影响进一步提升，超越了经济利益层面，而工人也很难作为一个阶层力量出现。劳资纠纷很少以暴力冲突的方式呈现，甚至以司法的形式出现的劳资纠纷也没有。这是因为西方国家化解阶层、身份冲突采取了多元灵活的解纷机制。首先是权利保障，政府成立了一个独立的内阁级的劳工部，承认劳工有组织工会的权利，并通过国会立法确保工会免予反垄断的起诉。其次，准许罢工，承认罢工仍然是解决劳资纠纷的手段。第三，积极发展替代性纠纷解决机制。所谓替代性纠纷解决机制是对司法诉讼之外的所有纠纷解决方式的统称。目前，非诉讼纠纷解决机制已在澳大利亚、英国、德国、日本等国家得到广泛推广。为缓解劳资矛盾，劳资双方之间和官方、资方、劳方三方之间定期和不定期进行对话、协商和妥协，已经成为化解矛盾与缓和冲突的主要手段。

二、化解收入、能力差异的高质量公共服务

注重改善民生。目前，尽管不同发达国家在保障水平上存在差异，但都将改善民生、增进国民社会福利作为政府的重要职责，并不断增加保障内容、扩大保障范围，逐渐从过去的补缺型社会福利模式向普惠型社会福利模式转变。注重提供专业的社工服务。西方发达国家普遍建立了比较完善的社会工作制度，将社会工作作为一项正式职业，通过专业的社会工作者为服务对象提供专业化、人性化、高品质的社会服务。

以政府为主导的普遍福利。法国民众从出生到死亡受到400多种福利的保护，法国医疗保险全民享有，根据个人收入情况，民众每年仅交几百欧元的医保费，大致是一个星期的最低工资，失业者则免交此费。家庭如果只有一人工作，可将配偶及子女纳入自己的保险中，交费不变。病人每看一次医生只交1欧元的挂号费，其余所有费用在自己的保险账户上由社保机构划拨。法国国民教育从小学到大学一路免费，如果家庭收入低于一定标准，孩子每个学期开学时可领取249.07欧元的补助。从初中到大学，学生可获得每个学期54.9欧元到3456欧元的助学金。残疾

人根据残疾情况，每月可获得 109.40 欧元到 1025.72 欧元的补助。法国一些城市对收入低于一定标准的人提供免费公交服务，有的城市则对所有人提供免费公交服务，或提供免费自行车。种 1 公顷农田补贴 400 欧元，社会福利开支占 GDP 的 34.9%。美国穷人医疗政府买单，社会福利开支占 GDP 的 21%。美国的小学到高中教育免费，大学教育经费主要由政府负担，学生只负担一小部分。社区大学的学费低于每年 1500 美元，约是美国从业人员平均年收入的 1/30。为确保条件具备并且愿意读书的孩子能读大学，政府对贫困家庭提供各种形式的资助。

美国有专门为穷人提供医疗服务的医疗救助（Medicaid）系统，为买不起医疗保险的低收入家庭提供优质的医疗保障，所有费用由政府支付。医疗救助预算占州 GDP 的 22%，其中联邦政府补贴 57%。

英国：难民也享受高福利，社会福利开支占 GDP 的 25.9%。英国大学阶段以前的教育均免费，大学阶段也有 90% 的大学生可获得政府津贴。所以，对低收入家庭来说，从幼儿园到大学教育都是免费的。英国的社会福利覆盖所有在英国居住的人。一位英国的难民，在英国享受相当舒适的福利住房，居住面积约 80 平方米（与另一人合住），洗衣机、电冰箱、煤气灶、电视机等家电应有尽有。英国政府每周给他发生活费，第一周是 90 多英镑（1 英镑约合 10.5 元人民币），从第二周起，每周 35 英镑。他照样享受与英国国民同等标准的免费医疗，他不会英语，看病时由政府出钱为他聘请翻译。

德国：救济金只是"零花钱"，社会福利开支占 GDP 的 27.6%。德国人一生下来就享受抚育金，第一个和第二个孩子为每月 184 欧元，第三个孩子为每月 190 欧元，从第四个孩子开始，每月 215 欧元，这笔钱一直领到 25 周岁或有了固定收入为止。对困难家庭来说，社会福利几乎包办了一切，领取的救济金只是"零花钱"，购买价值超出 30.68 欧元的日用品由社会福利局支付账单。

加拿大：穷人教育全免费，社会福利开支占 GDP 的 23.1%。在加拿

大，如果没有收入来源，单身可每月领取 500—700 加元（1 加元约合 6.6
元人民币）的生活保障金，三口之家每月可领取 1100—1300 加元的生活
保障金，如果一直没工作，这笔钱可以一直领下去，直到死亡。任何 65
岁以上的民众不管过去工作与否或工作时间长短，均可申请联邦养老金。
对低收入家庭，政府提供廉租金住房，保证人人有房住。租金不是按照
房子大小收取，而是按照工资收入收取，基本上用 25%—30% 的工资就
能住上宽大舒适的房子。如果父母收入低于一定标准，不满 18 岁的孩子
每月可领取 100 加元到 200 多加元的牛奶金。加拿大从小学到高中的教
育（12—13 年），学费是分文不收的，大学教育有的社区学院也是免费
的，学前教育虽然不是免费，但对低收入家庭的孩子，根据家庭收入情
况，由政府部分或全部支付教育费。

三、化解公权和民权冲突的社会治理机制再造

多元参与和合作共治。20 世纪 80 年代以来，"多元参与与合作共治"
的理念逐渐形成并被广为接受。这一理念主要包括以下要点：第一，突
破政府与市场的二元对立或单一主导，重视政府与市场之外的第三部门
即社会领域的作用；第二，强调"参与式治理"，即国家力量与社会力量、
公共部门与私人部门以及公民个人等多元主体共同参与社会治理；第三，
强调"多中心治理"和"协作式治理"，政府、市场、社会三大主体不再
是支配与被支配的关系，而是基于共同利益和目标的"伙伴式关系"，在
地位平等的基础上通过协商、合作来解决问题。

在实践中，"多元参与与合作共治"的理念主要体现在以下方面：第
一，政府向市场和社会放权，构建"小政府—大社会"的治理体制。例
如，从 20 世纪 70 年代末 80 年代初开始，欧美掀起了一场社会福利改革
运动，一个普遍做法是将大量社会服务项目推向市场，或者在社会服务
中引入市场运作理念。第二，政府与非营利组织协作。政府通过直接补
助、减免税费、购买服务等多种方式对这些组织进行扶持，而这些组织

则提供了大量政府做不到、做不好或不便做的社会服务。第三，注重发挥社区作用。如美国、加拿大等国形成了政府组织指导与监控、社区组织和民间团体主办、企业在社区内通过市场机构提供优质服务的社区治理体系。

第三节　国外治理机制闭环设计　可供学习参考

以诚信建设为例来分析西方社会治理机制的设计，从人本的视角分析，具体包括四个环节的一个循环，教育导入理念、社会示范、违规惩罚，形成社会"戒律"。这四个方面环环相扣，而在此基础上，不断更新和继续，最后形成一种社会常态。

一、诚信教育全面导入学校教育、家庭教育和社会文化中

诚信教育贯穿全部学校教育。学校不仅是传授知识的地方，也是道德教育的重要场所。美国从幼儿园起就重视对孩子的诚信教育。波士顿大学教育学院设计的基础教材突出诚信教育。面对中小学生，以有趣的故事来传递诚信理念，向学生讲解"最大限度的诚实是最好的处世之道"的谚语，让学生制作诚信标语在教室里张贴。在日本，"诚实"是很多学校的校训。诚信教育贯穿学生学校生活的始终直到大学毕业。加拿大的幼儿园，老师以讲故事、做游戏、参加集体活动等多种方式培养孩子的诚信习惯。在教育孩子的过程中，表扬遵守规则者，批评或惩罚撒谎者。在中学和大学，诚信教育受到高度重视，学生考试作弊或抄袭论文，就将面临取消考试成绩、不能毕业的危险，还要记入学生档案，导致今后在社会上难以找到好工作。所以在加拿大学生从小就被教育：诚信比成绩更重要。

诚信教育广泛渗透到家庭教育基础理念和社会文化中，如大多数瑞士人都表示，子女将来成就什么大业并不重要，最重要的是他们能够做

到遵纪守法，正直善良。尽管瑞士有完善的国家信用体系和严格的法律保障，但这一体系的根本基础是全体公民的公德意识，是全体公民的自觉自律。家长也很配合学校的教育，不许孩子说假话。到了社会上，说假话仍被认为是最大的问题。在日常生活和工作中，如果被认为说了假话，就会失去人们的信任，被人瞧不起。在日本，造假是一件比坐牢还严重的事情，造假被发现基本上意味着个人发展到此为止了。工作之后，"诚信"是普遍的经营理念。日本公司有企业伦理教育。很多企业的经营理念都是"诚实"，"诚实"是许多企业和企业家的座右铭。德国则更加重视家庭中的诚信教育，父母是孩子道德教育的启蒙者，家庭是道德教育的重要场所。德国教育法中明确规定：家长有义务担当起教育孩子的职责。父母会以身作则教导孩子。比如带孩子过马路，没车也不闯红灯；带孩子坐无人检票的公交车，教孩子学会上车前主动买票；给孩子建立银行账户，从小不赖账；与别人约会前，在笔记本上记录下时间，做到准时赴约。

二、树立社会示范群体和模范

公务员和高校学术诚信是社会诚信的特殊人群和特殊领域，对全社会诚信有重大影响和引领作用，因此许多国家有严格的规定。

公务员诚信方面，1978年美国国会通过《美国政府行为伦理改革法案》，韩国1981年颁布《韩国公职人员道德法》，日本1999年通过《日本国家公务员伦理法》。这些严密的法律、法规体系成为公务员遵守诚信的有效制约机制。廉洁度较高的国家还对政府公务员进行诚信记录和考察。新加坡实行公务员公积金制度，公务员到正常离职或退休时未发生失信于宣誓承诺的行为，可获得一笔可观的公积金；如果公务员任职期间诚信上出现问题，其公积金必须上缴国库。加拿大、澳大利亚、韩国等国也都颁布了道德法典。

高校学术诚信方面，加拿大有些学院在行政政策中专门规定了学术诚信。学术诚信覆盖多方面，学院不接受任何不诚信的学术行为，如欺骗、剽窃、伪造作假、假冒。为避免此类行为，学校有专门的检测软件工具对学生作业论文进行检测。同时制定了明确的违反诚信后的处罚措施和程序。对于处罚不服可以申请复议。美国大学制订有学生学术诚信条例，对考试作弊、论文抄袭等学术不诚实行为，从定义、表现形式到申辩程序与处罚规则都做了详尽规定。联邦政府在"廉洁与效益总统委员会"下设"科研不端行为工作组"。加拿大、英国、澳大利亚、韩国与日本虽未设官方机构，但通常由资助科研的研究理事会或基金会制定规定，调查和处理学术不端行为，对违规者决不姑息。

西方发达国家普遍的治理理念认为，社会的道德水平乃至社会风气主要不是由社会榜样所代表和引领的，在现实中社会道德与风尚更多的是由社会负面行为、反面典型所决定的。从治理的角度看，对于普通民众首先是不让他们做坏人，然后才是促进他们做好人。所以，公众管理和教育的重点是设置底线，打击越线，以规范社会行为，引领社会风气。

三、失信严惩：有法可依、过程管理、全面覆盖

完善立法　很多国家以立法形式要求公民必须在各项社会活动中遵守诚信原则。加拿大法律规定，在选举、商业活动、雇佣关系、学术研究中，都要遵循诚信。瑞士1912年《瑞士民法典》规定："任何人行使权利履行义务，均应依善意为之。"所谓善意，就是要以诚实、信用为基础。美国用《公平信用报告法》（FCRA）、《平等信用机会法》、《公平信用结账法》、《诚实租借法》、《公平债务催收作业法》等16项法律构成了国家信用体系的法律环境。德国《商法典》（HGB）规定，成立公司必须在地方法院通过公证进行商业登记注册。商业登记包括公司形式、地址、注册资本、工商注册号、法人代表、主要股东等内容。商业登记簿可公开查阅。

过程管理　包括信用记录和评分（级）、信用社会应用等。许多西方国家信用信息采集覆盖全民和全部经济社会活动。瑞士经济社会中个人的负面信息，如消费者拖欠、赖账、避债破产及犯罪记录，都会被采集录入信用系统。德国建有全民信用数据库，储存了所有在德国居民的各类信用信息，信用体系采用0—100的评分制度打分，分数越高信誉度越高。美国以信用大数据和市场化的信用组织机构为支撑，推进独立第三方信用应用，现在美国的三大信用局和1000多家地方信用局收集了1.6亿成年人的信用资料，每年出售6亿多份信用报告。加拿大除了建有完备的金融采信、授信制度外，还有白卡制度。"白卡"是由加拿大政府人力资源部核发的社会保险卡，对个人信誉进行社会化管理。"白卡"对于个人在社会活动中的不诚实行为进行记录，包括欺诈、偷盗、赖账、打架、种族歧视等都会记录下来。德国《民事诉讼条例》对债务人名单的建立、公布和销毁作了明确规定。无偿还能力者可到地方法院做代替宣誓的保证，地方法院将此记录在债务人名单内，并在全德范围内予以公布。

失信面临双重处罚　一是社会资本的丧失，加拿大上学、就业、买房、买车、出国都要出示"白卡"，一旦有不良记录，申请者多半会失去各种机会。德国有关个人信用的负面记录保留三年，消费者三年内无权享受银行贷款、分期付款和邮购商品等信用消费。若一个人乘公交车逃票，在应聘时，会因为诚信问题很难被录用。在瑞士未按规定进行垃圾分类，乱停车阻碍他人出行，达到一定程度，将被邻居视为"没有信守保持良好居住秩序的约定"，可能被房东扫地出门，再想租到房也非常困难。二是不诚信和欺诈行为，会受到法律制裁和高额罚款。德国《反不道德支付法》规定，客户在收到账单30天后或在账单规定的付款截止日后30天仍未付款，债权人可加收超过银行贷款利率5%的滞纳金。如客户在收到连续三次催账警告后仍置之不理，债权人可向地方法院申请强制执行。在德国对未诚实履行纳税义务的公民，地方政府有权向社会公布他们的姓名。

四、形成社会行为的"戒律"和底线

社会最基础的细胞是个人，人的行为产生结果，同时也引发社会性效仿及社会性评价，如何让自由人、经济人在行动前先于心中装上一把自觉的"尺子"？只有惩戒性的"大棒"是不够的，关键是要树立每个社会主体诚实守信的信心，要有法律的底线，同时通过社会赋能让每个人都有不断积累个人社会资本的动力，形成一个"不能"和"不愿"共同作用的社会治理机制。

通过教育形成社会人文素质通识，如无人检票的公交车、地铁站，汽车主动避让行人，任何时候不闯红灯，爱护环境卫生，公共场合举止文明等。通过公务员、大学学术研究者等对诚信有较高要求的特定人群和领域形成社会示范效应。

由此形成一个"扶正"机制，但同时加强制度设计、过程管理。重点是通过立法，将对于社会失信行为的处罚纳入法律框架内。其中过程管理非常重要，特别是经济和社会信用一体化的管理模式使任何失信行为的漏网概率大大缩小，久而久之，形成一种社会行为的自觉"戒律"，表现为社会整体较高的文明素质。

第四节　国外社会治理工具　可参考为我所用

一、预期管理和社会再造工程方法

社会治理是多元主体共同参与的一个过程，为实行特定目的可以采用各种技术、措施、机制、方法、策略与手段等。综合来看，社会治理的工具可以分为功能论、资源论和策略论三种视角。从政策演进的角度看，早期的政策更倾向于技术性的、理性的工具选择，而低估政策具体使用情景的必要性。20 世纪 70 年代，一些学者开始重视政策执行过程，

认为政策工具包含那些用于影响行为和社会秩序，以及寻找直接或间接影响公共物品和服务提供的公共行动的程序及多元化的表现形式，因此政策组合更加重要。最近的一些研究开始把行动主体纳入分析框架，因此认知成分和效用评价本身也构成社会政策的组成部分。

（一）引导舆情

公众对社会经济状况的看法，对前景的预判对社会经济景气产生重要影响，因此西方国家非常重视民意测验和顾问咨询，系统性的发布社会情景预期报告，对突发性事件作出舆情引导。"9·11"事件是发生在美国本土的最为严重的恐怖攻击行动，在突发危机面前，美国社会各界在舆情引导方面有三项工作非常高效，对社会建设发挥积极作用。（1）国家形象深入人心，大量电视节目和新闻报道，颂扬政府官员、公务员、警察、军人的克己奉公和爱国情操。（2）形成社会共识，"9·11"事件后，美国人几乎在顷刻间对一切可以保卫美国的技术手段得到极大认可。民意调查显示，2001年8月，支持政府尽快部署国家导弹防御系统（NMD）的人数约为54%，而到9月25日，这一数字升至80%以上。此外，美国朝野团结一致、共同将反恐作为国家安全首要目标。（3）价值观塑造持续化，"9·11"后位于世贸中心遗址上，"9·11"国家纪念馆落成，每年都举办纪念活动，一场灾难转化为国家凝聚力建设的高效工具。

（二）营造共识

一个社会的普遍共识和凝聚力是这个社会结构存在的基础和基本条件。共识的形成可分为强制型和自觉型。主动自发型共识是指在配合整体的社会行动过程中每一个个体有完全的自由度，可以产生最大限度的自主性、主动性和创造性，共识更稳定和持久。一般来说，权利和经济利益需要通过市场交换来实现，权力必须在特定权力范畴，和对象彰显作用和产生号召力。但是，如果社会团体内部关系因为天灾人祸，权力转移，经济地位变化，那么这种利益关系产生的凝聚力和共识的范畴就会随之分解，利益链断裂或者重新整合，其影响和号召力也随之消失，但是，当存在信仰和人格道德信任的友谊共识凝聚力情况下，甚至可以超越任何种族、性别、年龄层次和历史阶段，形成人类命运共同体。如面对环境问题，《联合国气候变化框架公约》得到全球近 200 个国家的认同，如面对质量和消费者保护问题的零容忍态度，产品召回和赔偿等。

（三）树立榜样

社会资本是指个体或团体之间的关联——社会网络、互惠性规范和由此产生的信任，是人们在社会结构中所处的位置给他们带来的资源。社会资本是人与人之间的联系，存在于人际关系的结构之中。社会资本与物质资本、人力资本一样，这种个人与组织的他人之间的联系可以给个人带来未来的收益。社会资本往往是针对某种组织而言的。个人在该组织中社会资本的多少反映了他与组织中其他人之间的人际联系。从长期来看，额外的利益的外在指标可以表现为声誉、口碑等。西方社会中的大企业非常重视社会资本的运用，如 Google 提出的全球互联的理念，比尔·盖茨基金会坚持公益慈善全球化运作，成为世界各国人民的行动榜样。

二、价值观产品化

价值观是看不见、摸不着的，对于自由主义的西方国家来讲，社会动员的难度更大，因此通过价值观显性的表达，是西方国家一直重视的领域。如美国好莱坞大片中成功传递出大家广泛认同的一些普世价值观，如《拯救大兵瑞恩》《第一滴血》《美国队长》中传递的为国家而战的价值观，以及从早期的秀兰邓波儿作品，到 90 年代的《阿甘正传》及最近10 多年持续的青春芭比系列都有共同的追求进步、美好生活的文化基因；这些优秀的文化作品是提升价值观体验度的最好载体，值得借鉴学习。

亚洲金融危机过后的 1998 年，韩国将文化产业确定为 21 世纪发展国家经济的战略性支柱产业，其主要目的之一是通过调整经济结构使经济走出泥潭。经过短短数年，韩国就实现了令人瞩目的跨越式发展，成为文化产业大国。韩国文化体育观光部的数据显示，2010年韩国文化产业规模达到72.58万亿韩元，约占当年GDP总量的6.2%。这个规模与1999年的7.058万亿韩元相比，增长了10倍之多。其中，表现最为突出的当属网络游戏业，从2000年起，韩国网络游戏业年均增长率一直保持在36.9%左右，2010年，韩国企业在亚太地区网络游戏市场所占份额超过54%。韩国的文化产品对经济的拉动作用尤为明显，包括影视、音乐、游戏、动漫、演出、广告、出版、卡通形象、创意设计、传统食品、传统工艺品、传统服饰等领域，还包括多媒体软件、网络和手机信息服务等高附加值和高增长潜力的领域。

全民体育不仅是现代西方社会的大产业，也是重要的文化现象，在体育运动中倡导健康生活方式，形成团队意识，在体育赛事中传播努力、拼搏、永不放弃的精神是西方社会一个社会价值观传播的高效平台。

三、公共服务网络化

政府流程再造，改进公共服务效率。美国是全球电子政府的创新者与领跑者。早在1996年，美国政府发动"重塑政府计划"，提出联邦机构最迟在2003年全部实现上网，使美国公民能够充分获得联邦政府掌握的各种信息。2000年，美国政府开通第一政府网，这个超大型电子政府网站旨在加速政府对公民需要的反馈，减少中间工作环节，让美国公众能更快捷、更方便地了解政府，并能在同一政府网站完成竞标合同和向政府申请贷款的业务。目前美国政府部门信息技术主要应用于政务公开，提供网上服务、实现资源共享，内部办公电子化和提供安全保障。

一站式服务整合社会资源，改进服务体验。新加坡是全球电子政府最发达的国家之一，早在20世纪90年代就推出了《智慧岛计划》，创建全球首个国家宽带网络——新加坡综合网，覆盖全国98.4%的地区。新加坡的电子政府建设完全没有私人参与，其中仅纳税一项每年节约340万美元服务费用。

　　加拿大电子政府建设在全球网络服务和电子政务成熟度排名第一，是世界上电子政府最发达的国家，其电子政府建设充分体现以客户服务为中心的理念。所有网上服务均基于对用户的广泛市场调研设立，以确保最大限度地满足客户需求。加拿大国家电子政府门户网为用户提供单一入口，以获取政府公共服务和信息。登录该网站，可以访问 450 多个联邦站点。网站对所服务用户进行客户分类，包括针对国内服务的加拿大公民、加拿大企业及针对国际公民、企业和组织服务的非加拿大公民三项。

（执笔人：曾红颖）

第七章　强政府、强社会：一种现代社会治理的模式

习近平总书记强调，科学的宏观调控，有效的政府治理，是发挥社会主义市场经济体制优势的内在要求。更好发挥政府作用，就要切实转变政府职能，深化行政体制改革，创新行政管理方式，健全宏观调控体系，加强市场活动监管，加强和优化公共服务，促进社会公平正义和社会稳定，促进共同富裕。

政府和社会是一个硬币的两个侧面。本章基于政府与社会关系的理论分析方法，着眼于现代社会转型期的特定发展阶段，重点考察了新加坡和美国在其快速现代化进程中，如何分别通过着重建设"强社会"和建设"强政府"的系统性社会治理创新，成功实现现代社会转型的历史与制度经验，希冀有助于中国厘清自身在推进社会治理现代化过程中所面临的目标困惑以及更为清晰地设计政策路径。根据坚持和完善新时代中国特色社会主义的总要求，中国社会治理从中可以借鉴的重要启示主要在于三点：一是坚定"强政府、强社会"是社会治理现代化的目标模式；二是必须以制度化的政治参与方式协调和平衡国家与社会关系；三是坚持法治是社会治理现代化的根本性治理工具。

如何实现从传统社会向一个民主法治、公平正义、安定和谐的现代社会转型，不仅是发展中国家当前普遍的发展愿景，也是发达国家曾经经历过的发展难题。对于正在全面推进国家治理体系和治理能力现代化

的当代中国而言，尽管需要强调基于自身国情条件而走社会治理现代化的"中国道路"，但毫无疑问，域外国家推进现代社会转型的成功治理经验具有重要的启示与借鉴意义，这是因为现代社会所蕴含的价值理念和结构性条件，在一定程度上具有普遍性。着眼于现代社会转型期的特定发展阶段，本章基于历史与制度分析方法，重点考察新加坡和美国在其快速现代化进程中，如何通过系统性的社会治理创新成功实现现代社会转型的经验，希冀有助于中国厘清自身在推进社会治理现代化过程中所面临的目标困惑以及更为清晰地设计政策路径。

第一节　理论分析框架与案例选择依据

国家与社会、政府与人民之间的关系直接影响着社会治理的状况乃至社会发展的形态。从实践来看，社会转型从根本上源自经济现代化的内在驱动，即现代工业化和城市化进程推动社会阶层或社会力量组合发生变化，从而推动着社会结构的转型，进而促使传统社会的国家与社会关系发生重大调整。因此，现代市场经济条件下的社会治理现代化，其中的一个重要含义就是通过制度与政策变革使得社会转型过程中不稳定的国家与社会关系，得以形塑为一种全新形态的政府与社会关系。换言之，社会治理现代化的路径选择从根本上取决于政府与社会关系的目标模式。

在理论上，关于国家与社会、政府与人民之间的关系一直存在很多争论。根据主体的自主性以及资源动员和组织能力的强弱程度不同，政府与社会之间的关系总体上可以归纳为以下四种模式（参见颜如春，2006）：（1）强政府、强社会。政府在经济社会发展中的自主性很强，它将自己的意志、目标转化为现实政策的能力强大；同时，社会力量及其自主性也很强，具有许多强有力的、高度组织化而且具有利益主体性的社会群体。换言之，社会能够以强有力的地位和能力与政府在制度框架内进行对话、博弈与合作。（2）弱政府、强社会。政府处于很软弱的状态，但却面对着更为强大的社会。在这类关系模式中，国家缺乏有效的政府机构，政府权力不仅有限，而且支离破碎，其政治制度化程度低而社会参与程度高，各种社会力量直接在政治领域里进行活动。(3)弱政府、弱社会。既缺乏强有力的中央政府，又缺乏强有力的社会整合机制，市民社会的发育程度较低，强有力的社会力量难以形成。在这种类型的国家中，缺乏发达的官僚系统，甚至缺乏现代民族国家所必需的社会基础，其经济落后，社会分化程度低，而且政治社会经常发生内乱，政权更迭频繁。(4)强政府、弱社会。在这种类型的国家中，生产力水平较低，社会分工不发达，国家内部各社会组织的功能分化有限，二者之间彼此孤立，缺乏联系。政府通过高度的中央集权来维护国家统一政令的畅通，并运用行政强制力对社会成员和各种社会组织进行全面而严格的控制。

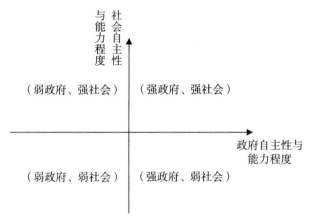

图7-1　政府与社会关系的四种模式

上述四种模式中，很显然，最差的情况是弱政府和弱社会，而强政府、强社会则是最理想的目标模式。在世界各国的历史实践当中，除了少数国家经过现代化发展的成功转型能够实现强政府、强社会的理想治理模式之外，大多数国家主要体现为其余三种情形，其中多数后发达和发展中国家是弱政府与弱社会情形，即表现为"失败国家"。若以强政府、强社会为现代社会治理的最优模式，对于任何一个国家而言，从其他三种之一的情形实现强政府、强社会的最优模式，那么这种转型过程就可以被视为实现社会治理现代化的过程。由于无论在理论还是实践上中国都体现出典型的强政府特征，具有强大的社会动员能力来达成其政策议程，因而从域外经验借鉴的角度来看，从"强政府、弱社会"到"强政府、强社会"，以及从"弱政府、强社会"到"强政府、强社会"这两种社会治理模式转型经验对中国尤有研究与借鉴价值。纵观世界各国的现代化发展历程，东亚国家新加坡是前者情形的一个例证，而美国则是后者情形的一个例证。这两个国家的社会治理现代化成功经验之所以值得当代中国特别关注和研究，其原因主要体现在两个方面：第一，新加坡不仅在文化传统和社会价值观上与中国具有相似之处，而且在保持"一党长期执政"的条件下，依靠强政府的积极作用实现了后发展国家的现代化赶超，这点对中国的现代化发展道路选择极具感召性。但是，新加坡的国土与人口规模太小，由于经济社会治理的复杂性会随着空间与人口规模的增长而呈现指数级变化，因而对中国而言，新加坡经验的局限性也是显然的。第二，虽然在政治制度和基本国情上，中国和美国具有显著差异，但是美国是超强国家的大国治理，对于肩负现代化赶超和实现中

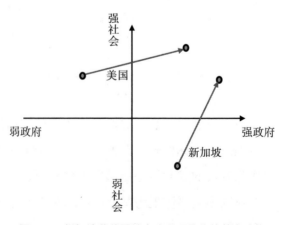

图 7-2　新加坡和美国社会治理现代化的基本路径

华民族伟大复兴使命的中国而言，美国始终都是中国锚定的、也是最为重要的参照物，美国在社会转型期所经历的现代化发展经验，对中国具有重要的借鉴价值。换言之，美国的社会治理制度和现状在一定程度上有助于人们想象或评估中国可能的未来。

第二节　建设"强社会"：新加坡的社会治理现代化经验

一、新加坡的社会转型期及其面临的问题

新加坡在 1965 年被迫脱离马来西亚，成为一个主权独立的国家，开启了由李光耀领导下的人民行动党强力驱动的现代化发展历程。作为一个在建国之初只有 600 多平方公里的蕞尔小国，新加坡几乎没有任何自然资源，国力极为薄弱，随时有倾覆之可能。除了在政治上面临着政权存续危险之外，新加坡在立国之初也面临着严重的社会问题：因经济衰退导致社会失业率居高不下；住房紧缺，大多数国民居住在卫生条件恶劣、人口过于密集的住屋环境，而且普遍缺乏购房能力；缺乏基本的社会保障体系，绝大部分国民没有养老保障；种族之间的政治斗争剧烈，纷争与冲突不断。从社会结构的角度看，新加坡在 20 世纪 60—70 年代所面临的严重社会问题，除了其与马来西亚之间的政治冲突因素之外，也与其开始进入快速现代化进程有密切关系。

二战以后，新加坡重新成为英国直属殖民地，并逐渐获得了较大的自治权。1959 年新加坡实现自治，人民行动党执政，成立了自治邦首任政府，李光耀出任新政府首任总理。李光耀领导下的新政府充分发挥新加坡优越的经济区位，大力推动新加坡的工业化进程，选择了以吸引跨国公司投资为主的、出口外向型经济的发展道路。为新加坡的现代工业发展创下不可磨灭功绩的裕廊工业区，就创建在 1961 年。该工业区在政府主导开发和管理下，以石化、修造船、工程机械、一般制造业、物流等为主导产业，以 1961 年开始开辟土地 14.5 平方公里作为综合启动区，

而后逐步扩大开发面积，到 20 世纪 70 年代中期，裕廊工业区的发展面积已达 50 平方公里。从人均名义 GDP 的国际比较来看，新加坡在 1960 年的人均名义 GDP 为 428 美元，1971 年为 1075 美元，分别相当于中国人均名义 GDP 1992 年（419 美元）和 2001 年（1042）的水平。1980 年，新加坡人均名义 GDP 已达 10714 美元，而中国 2015 年的人均名义 GDP 还不足 8000 美元。从 1960 年到 1980 年，新加坡人均名义 GDP 增长了 20 多倍。到 1990 年，新加坡人均名义 GDP 达 23139 美元，人均国民收入超过 15000 美元，跃升为高收入发达经济体。由此可见，自立国起之后的 20 年，是新加坡极为重要的社会转型期，它所面临的一系列社会治理问题均难以脱离这个重大社会背景进行讨论。

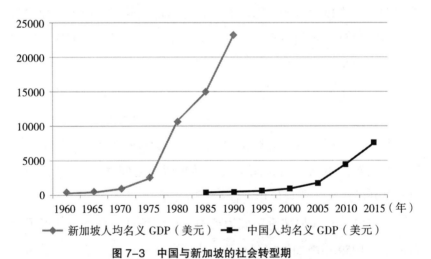

图 7-3 中国与新加坡的社会转型期

数据来源：新加坡和中国的数据分别根据以下网址提供的线索进行整理：http://blog.sina. com.cn/s/blog_507de1780102vrhx.html；http://blog.sina.com.cn/s/blog_416ba4c90102uvzn. html，访问时间 2016 年 8 月 16 日。

二、新加坡社会治理现代化的主要路径

人民行动党 1959 年执政后，在新加坡形成了一党统治的政治局面，并形成了强有力的政府体制。为了保持人民行动党长期执政的地位，新

加坡政府对各种社会力量和利益集团进行有限的控制并把其领导层纳入国家体制，以缓和体制外阻力；对大众进行广泛的、有限的政治动员，使其在一定程度上参与体系，从而使政府的权威具有广泛的合法性基础，促进了政治权力的扩展和政局的稳定（李路曲，1993）。换言之，新加坡在其转型期的社会治理的主要思路在于维持既有威权政治体制的前提下，建设一个与强政府之间存在有机联系的"强社会"。历史地看，新加坡根据自身国情条件，建设"强社会"的主要路径体现在以下五个方面：

（一）建设一视同仁的多元种族包容社会

华人、印度人、马来人三大种族和谐问题是新加坡建国时面临的最严峻挑战，因而构建一个多种族包容社会成为新加坡建国的第一个重大社会工程。具体而言，新加坡政府采取了以下措施（吴元华，2015）：

首先，以建立机会均等的多元种族国家为执政目标，立法确保少数种族权益。从新加坡华族、马来族、印度族三大种族结构看，华族占绝大多数，超过70%。为了包容性社会的建立，政府"软硬兼施"营造多种族和谐社会，华人也为此让出了很多权益。新加坡政府强制要求将英文作为国民通用语和教学语言；颁布如《内部安全法令》《煽动法令》《诽谤法令》等以对付严重的案件；制定《宗教和谐法令》以确保各宗教互相尊重，不得扬己抑彼；成立"少数种族总统理事会"以确保任何法令措施不会对少数种族不利；提出《新加坡21世纪》愿景以宣导全民团结、共建和谐家园；促成"宗教和谐组织"，由九大宗教团体领导组成，促成彼此间互相了解，共同维护新加坡的宗教和谐；灌输共同价值观，每日上课前新加坡中小学师生要朗诵《国家信约》[①]，每年的7月21日被定为种族和谐日，目的是提醒国民谨记1964年7月21日发生种族暴动的教训，不让悲剧重演。

---

① 新加坡的《国家信约》是："我们是新加坡公民，誓愿不分种族、语言、宗教，团结一致，建立公正平等的民主社会，并为实现国家之幸福、繁荣与进步共同努力。"

　　其次，设立集选区确保少数种族政治权益。鉴于华人占新加坡人口的 70% 以上，若是一人一票，国会议员将全是华人，这不利于建立一视同仁的多种族和谐社会。因此，执政党主动设立集选区制度，在每 4 人、5 人或 6 人一团队的候选人中，必须有马来人或印度人或欧亚裔候选人，让各种族都有代表在国会里发言。例如每年历届国会议员选举，不论是执政党还是反对党的集选区的 6 个人，都必须由华人、印度人和马来人组成，这样才符合国策，才能竞选。历届的总统也有华人、印度人、马来人等。

　　再者，政府组屋居民分配按照种族比例公平进行。政府建了大量普通人负担得起的房子，称为"组屋"。组屋单位的建设面积有大有小，建得非常漂亮，小区全面绿化，环境宜人，设施齐全。政府还会为不同类型的组屋购房者发放不同的购房津贴付首期贷款。但是，组屋的分配有一个很严格的政策，即每栋大楼居民按照种族的比例分配，这也是为了保证各种族和谐相处。

　　最后，严格政教分离和媒体原则。新加坡人都有宗教信仰自由，各种宗教建筑物比邻而立。但是政府规定宗教界不得涉及政治，更不能干预政府政策，各宗教信徒不得诋毁其他宗教。此外，媒体需要严肃、谨慎对待敏感课题。新加坡媒体人需要谨记一个非常重要的原则：有关种族、宗教、语言、国家安全等敏感课题，可以对政策提出理性讨论、批评，但不能鼓动、制造分裂①。

（二）鼓励人民自力更生与构建完善的社会保障体系

　　新加坡有一个非常坚定的社会哲学，那就是人民要自力更生。人都有求进取的本能，政府的责任是给予充分发挥的公平、公开的机会，让

---

　　① 例如，新加坡社会中马来人相对比较落后，媒体人可以探讨这个问题，是不是因为家长不够重视孩子的教育？还是因为家庭环境，不容许孩子发展？这样的探讨没有问题。但是如果在媒体上说马来族本来就是懒惰的民族，怎么会进步呢？说出这样话的人明天就要坐牢。在新加坡，这是侵犯他人的人权，法律上不允许。

他们凭自己的才干过着自尊的生活。在"效率优先，机会平等"的价值理念下，新加坡构建了具有激励性的社会保障体系，在以关注公平为主的传统社会保障模式中增加了更多的效率机制（郭伟伟，2009），主要由社会保障和社会福利两大部分构成。在社会福利政策上，政府以工作福利而非福利救济为导向。例如，"就业入息补助计划"，鼓励就业，提倡自力更生，并且收入越低，年龄越大，补助就越高。对低收入家庭不以救济金的形式补助，而是在水电费、就业等方面予以补助和帮扶。在社会保障政策上，政府实施"以预防为主"的社会保障政策，由四大支柱构成：一是中央公积金制度，协助国人为退休储蓄；二是"居者有其屋"计划，确保新加坡人都有自己的住房；三是"三保"政策（保健储蓄、健保双全及保健基金），提供高素质医疗服务；四是就业奖励花红，鼓励低收入者找份工作，赚取的薪水不足以过合理的生活，政府将给予现金补助——你帮助自己，政府再帮助你。总的来说，以社会福利政策托底，社会保障政策支撑，新加坡构建起完善的、全方位的、可持续的社会保障体系，民众的生活环境也因此有了极大的保障和改善，同时，客观上起到了鼓励和激发民众自力更生勤奋工作的作用，这是新加坡实现社会和谐的内在稳定器（曾巧，2016）。

（三）扶持与监管相并举的社会组织管理政策

新加坡的社会组织按其自主性、资金来源等可划分为官方性质和民间性质两种。官方社会组织基本可视为国家机构或执政党的机构在市民社会的延伸。最具代表性的便是人民协会，它是内阁社青部下的法定机构，也是社区基层组织的主管机构，主要负责组织、领导和协调全国的社区事务（程萍，2013）。其下设的基层组织覆盖新加坡的各个角落，通过经常性的举办对话会，解释政府政策，听取民众意见，了解社会舆情，协调各类社会关系。在政府与公众之间建立起沟通的桥梁。另外，也有为执政党和政府搭建人才库的作用。近年来，一些官方社会组织逐渐有回归"业务本位"的趋势，如新加坡全国职工总会，渐次将功能定位于工人群体的利益表达上，实现其存在的价值和合法性（邓辉，2013）。新加坡民间社会组织主要从事环保、妇女保护等公益活动，不参与政治。在发展民间社会方面新加坡具有两面性。一方面，新加坡对于民间社会组织实施强制注册，严密监管。注册未经登记的任何社团都被认定为非法社团。民间社会组织具有严格的活动规范。另一方面，新加坡强调对民间社会组织参与社会治理予以扶持。政府对社会组织给予经费等多项支持，还会安排部分促进社会组织发展的项目，以此来增强民间社会组织参与社会治理的能力。将基于志愿精神的社会服务长期化、制度化和组织化，便于社会高效利用公民志愿贡献出的资源，增加社会资本，真正实现公民的自我服务（曾巧，2016）。

（四）执政党密切联系群众的制度化举措与夯实基层社会治理

新加坡人民行动党成立于1954年，自1959年的大选中胜出以来，在历次大选中全胜，至今执政新加坡近60年。目前，共有80多个支部5万多党员。对党员的发展不重数量重质量，坚持精英执政思想，培养和广揽人才，主动吸纳和鼓励党外优秀人才从政。其执政的基本信念是心系群众、关怀草根（张素玲，2014）。基于为民服务的理念，人民行动党主要依靠两大制度举措密切联系群众：人民协会和人民行动党的基层党组织。人民协会在沟通政府与民众、巩固政府执政基础上起着关键作用。人民协会下属三种类型的组织：第一是居民委员会或邻里委员会，主要负责了解民众生活的日常情况，协助国会议员和公民咨询委员会推行和促进整个选区的福利设施；第二是社会发展理事会或民众联络所，它的主要职责是给公众提供方便、低廉的各种公共服务或社会福利，其所提供的服务大到孩子教育、老年服务，小到娱乐健身、各种才艺辅导班，可谓无所不包、应有尽有；第三是公民咨询委员会，它是自上而下传达政府，以及自下而上反映民意的组织渠道，是新加坡基层社会治理体系中的核心组织。人民行动党的基层组织也是联系人民和选民的制度化组织体系，人民行动党的国会议员一般都会身兼他所在选区的党支部主席，他们每周都会提前告知时间、地点，在社区内定期接待民众，这已经成为人民行动党一项固定不变的制度化规定。同时，人民行动党还规定现任本党的国会议员必须在就任的两年内遍访自己选区的所有住户，搜集他们的意见，解决他们的困难，这就为许多不便出门的老、弱、病、残人士提供了表达意见的机会。此外，人民行动党社区基金组织，也是人民行动党密切联系群众的重要途径，作为非营利的社会福利机构，在改善基础教育、保障妇女权益和补贴中低收入者住房等方面也发挥着重要作用。基于这一系列制度化经常化的做法，畅达民意并缓和了社会矛盾和冲突，也为执政党执政奠定了群众基础。

（五）注重社会教化与强化法治在社会治理中的基石作用

新加坡历任领导人都十分重视以德治国，通过社会教化提高民众的道德素养，规范民众的行为，其中通过学校进行伦理道德教育是新加坡社会教化的重要途径。新加坡中小学普遍开设德育课程，课程名称是《生活与成长》，每本教材分为六个主题：自我、学校、家庭、邻居、国家、世界。同时，每个主题下又设有六个单元：认识与尊敬、了解与接受、关怀与爱护、互助与合作、关系的建立、道德概念。不同年级的教材根据不同年龄阶段的特点，设置不同的内容，道德教育的实施采用灵活多样、青少年喜闻乐见的方式来进行，诸如情景模拟、角色扮演、讲故事、做游戏等。与此同时，新加坡特别重视家庭道德建设，认为家庭是进行东方价值观如吃苦耐劳、勤俭节约、敬老爱幼等美德的重要场所，要倚重家庭的凝聚力、影响力来熏习人心，营造和谐的社会氛围，并从政府出售廉价组屋的政策上，对子女与父母同住或住得近给予鼓励（张素玲，2014）。

除了重视社会教化的力量之外，新加坡维护法治及严厉执法的体制是新加坡社会治理成功的重要基石。新加坡引进了西方的法律制度和法治精神，确立了依法治国的理念，倡导法律应是秩序的根本，并立足于国情进行修订、调整和改造，任何人都不可超越法律，使新加坡成为一个高度法治化的国家。具体表现在以下三个方面（廖健，2015）：一是科学立法，法网绵密、法度森严。新加坡法律"规定十分明确，在是与非、罪与非罪的问题上界限清楚；在某一违法犯罪该适用何种法律、给予什么处罚的问题上一目了然"（吕元礼，2010）。执行起来十分方便，几乎没有回旋余地。凡属重大决策都做到了于法有据、立法先行。为有效约束政府公共权力，新加坡政府做出的重大决策都不会直接下文推行，而是呈报国会，通过严格三审、秘密投票后视通过结果而定。决策一旦成为法律，便享有极高权威，发挥重要作用。二是依法严管、执法严格、处罚严厉。新加坡推行严刑峻法，除了死刑外，还保留了具有肉刑性质更能发挥威慑作用的鞭刑，这些严厉刑罚的存在，在一定程度起到了威慑作用，阻止了犯罪和各种不文明现象的发生。新加坡也几乎不搞普法学习，但国人的法制观念极强，归因于法律在严格执行后的登报公开制度。比如，政府部长醉酒驾车与公众一样接受了处罚，交通警察局长违规停车后照样扣分罚款。处理过后，还会将案例详情登报公布。今天的新加坡，虽以严格执法闻名于世，但绝不像人们想象中的那样，大街小巷遍布警察、城管等执法人员，相反，在新加坡无论官员还是民众都已经普遍养成了遵章守法的良好习惯。三是司法独立、法律至上。新加坡宪法明确规定：法院在行使法律时完全独立，不受政府和立法机关牵制。法官的任职期严格受到法律的保护，非经法定程序不得任意撤换或者废除，法官的薪水及其依法履行职责的行为免除责任等都由国会规定，确保法官只对法律负责，不受行政机关和党派的干预。严格恪守"法律面前人人平等"的法治原则是新加坡公正司法的显著特征。特别是新加坡对贪腐高官的严厉打击，更是打破了儒家文化中"法不阿贵"的痼疾，权贵犯法与庶民同罪，赢得了公众对司法的信任。可以说，在新加坡人的理念中，法律至上就是政治至上的根本体现，法律已经制定和生效，任何人都必须尊重和服从，切实维护法律之权威性。社会民众对法律的这种信仰与遵循的态度，使定纷止争的法律功能在现实中得到了充分彰显①。

新加坡依靠政府的主导作用，通过上述主要举措建设了一个能与自身政治与政府体制相自洽的现代社会，成功实现了社会转型，在短短二三十年间，从一个自然资源奇缺、社会动荡、经济发展落后的国家，迅速成为一个高度和谐文明的发达经济体，获得了经济、政治、文化和社会的成功发展，也是"东亚奇迹"的主要代表地区之一。就社会治理方面而言，其许多做法和经验，值得世界上其他转型国家认真研究和思考。

第三节　建设"强政府"：美国的社会治理现代化经验

一、美国的社会转型期及其面临的问题

美国虽然是当今世界上最强大的国家，但它的强大也是在经历了一个漫长而艰难的社会转型期以后才得以实现的。1894 年，美国工业产值超过英国跃居世界首位，工业产量相当于欧洲各国工业生产总量的一半。工业化、城市化和大批移民极大地改变了美国人的生活方式，经济的迅猛增长，大城市的快速繁荣，带来了许多新的经济、社会与政治问题。1900 年，1% 的富人拥有美国财富的 87%，而占美国人口 1/8 的 1000 万人却生活在极度贫困中（Flanagan，2007）。垄断带来了空前的两极分化，一边是个别财阀掌握着国家的经济命脉，一边是无数穷人在贫困中挣扎。垄断组织对森林和矿产的掠夺性开采，使美国森林面积由南北战争前的 8 亿英亩锐减到 1901 年的不足 2 亿英亩，生态环境遭到严重破坏。没有约束的市场逻辑对企业行为和市场缺乏监管，导致环境污染、工人权利得

---

①　以新加坡的土地征收为例，"国家利益优于个人利益，经济发展优先于人权保障"的价值定位贯穿于《土地征收法》之中。在征收过程中，政府总能够处于合法赢利的地位，被征收者却始终处于被动和弱势的处境。但在现实运行中，从来没有导致出现大规模的静坐、堵路、游行、示威乃至采取跳楼、自焚等极端手段的"公民不服从"事件，采取影响社会稳定的群体性行动来"倒逼"政府就范的事件就更难以发生。

不到保障、食品药品安全问题频发，甚至出现了"财富挑战国家"（马骏、刘亚平，2008）。由于垄断公司经常买通政府官员进行腐败交易，官商勾结和权力寻租现象迅速蔓延。美国从乡镇到联邦都出现了政党机器，党魁控制着各级立法、行政和选举，把政府变成名副其实的百万富翁俱乐部。其他社会问题，如失业、种族歧视等也非常普遍。工业化给社会带来丰厚的物质财富，却没有消除社会贫困，反而给处于转型期的美国带来一系列严重的社会问题，出现"物质丰富与社会进步间的'二律背反'，引起民众的不满和社会骚动"（李剑鸣，1992）。

美国赖以立国的传统政治理论以杰斐逊思想为主导的，都是建立在对"政府"的不信任上，立足于尽量缩小联邦政府的规模，限制政府的权力，特别是在政府的开支上，国会代表纳税人监督甚严。因而，美国在建国后的100多年时间里，都是处于一种"小政府、大社会"的自由主义运行模式，坚实的自由市场与社会自治是美国社会运行的基石。显然，面对社会转型期出现的严重的经济、社会与政治问题，美国的传统治理机制趋于失效。一方面，由于长期以来自由放任主义坚持的自由竞争和有限政府削弱了政府的责任意识，导致政府只是消极地履行职责，放弃了本应承担的大部分公共责任；另一方面，19世纪末20世纪初，在立法、司法和行政领域政府腐败屡见不鲜。严重的经济社会治理危机，促使美国开始了一场政府治理范式的变革。这段在美国历史上具有关键意义的转型期，通常被美国史学家称为"进步时代"（The Progression Era），但美国社会转型时期的最终完成是经历过罗斯福"新政"以后才得以顺利实现。"进步时代"与"新政"时期，美国的变革思路是一脉相承的，那就是建设一个强大的政府。

二、美国社会治理现代化的主要路径

经历社会转型的美国，其有限政府的治理模式受到了各方的质疑和批判，主张建立一个有权管制工商业、农业和工会组织的强有力政府，加强国家对经济和社会生活干预的"新国家主义"，不仅是一种新的理论思潮，而且转化为西奥多·罗斯福总统和伍德罗·威尔逊总统具体的政治改革与政策实践（李剑鸣，1992），并在"大萧条"时期，由富兰克林·罗斯福总统推向高潮。美国政府自此开始以转变"治权有限"的政治传统为改革起点，扩大政府的行政权力，重塑政府的治理能力。

（一）纠正社会失灵，全面扩张和实施社会规制权

20世纪初期开始，美国政府开始突破"守夜人"角色定位，直接运用强制性行政权力对生产安全、消费安全、环境污染等问题进行社会规制，将新经济势力集团置于有效的公共控制之下，使社会在新的制度和规则力量的调解下从无序转入有序。社会规制是"进步时代"以后美国政府治理的重要工具之一，在维护社会公平、保护公众利益方面发挥了重要作用。美国政府扩张和实施社会规制权，主要表现在以下三个方面（王涵，2012）：

第一，完善社会规制法律体系。在工业安全领域，早期的雇主责任法规定，只有举出雇主有过错时方能获得赔偿，否则就必须承担全部责任。在"进步时代"，为改善工业事故频发的状况，政府扩展了侵权责任，规定雇主应当成为负担事故成本的主体，并尽到对工业安全进行系统规划的责任。同时，立法机关通过社会立法将工业事故与死亡的社会责任贯穿到新的工人赔偿形式中。1917年，美国联邦最高法院做出了三项关于工人赔偿法的判决，确认了工人赔偿法在联邦体制下的合宪性（约翰·维特，2008）。在食品药品安全领域，1906年，美国国会通过《肉类检查法》和《纯净食品与药物法》，并成立了联邦食品和药品管理局来负责执行，要求食品与药品生产商必须为食品打上商标，商标内容必须如实写明所含成分，并禁止使用某些有毒成分。由此，政府大大加强了对食品药品领域的监管。针对自然资源的滥用与浪费问题，美国国会通过《森林保留法》《森林管理法案》和《森林迁移法案》，明确了联邦政府对土地的管理权，使国家的森林资源得到了更有效的法律保护。

　　第二，改革社会规制行政机构。为了更好地贯彻新法律制度，美国政府对社会规制机构及其职能进行了调整。如为贯彻《肉制品检查法》，国会每年拨专款组织联邦肉品调查员在销售前检查肉制品是否含有危险的颜料、化学物质和防腐剂。同时，农业部对肉品加工厂的卫生程度划分等级，并规定未经检查的肉制品或其他食品不得运出州外。为贯彻《纯净食品与药物法》，美国在1906年建立了联邦食品和药品管理局，不仅负责检验食物、药品和化妆品的安全性和纯净度，同时肩负着打击这一领域商业腐败的责任。美国政府还依据1902年《开垦法》成立了开垦局，负责西部灌溉工程的建设和管理，此举标志着联邦政府直接参与西部干旱地区水利建设的开始。除此之外，美国还建立了国家自然资源保护委员会、公众健康医疗机构、国家公园管理部门等大量从事环境资源管理的联邦政府机构，推动了环境治理工作的深入开展。

　　第三，推进社会规制职能的专业化。在《彭德尔顿法案》的基础上，美国政府以专家替代以往通过政治途径配备的管理人员，利用专业权威有效制约在各个领域中个体特殊利益对公众利益的侵蚀行为，引导社会规制走向专业化和规范化。如为保障药品安全，联邦食品和药品管理局建立了药品评价中心，并通过建立专家咨询委员会和外部专家委员会在药品上市销售前的审批制度，提高药品监管的科学性。在环境保护方面，美国政府于1905年将森林保留地的管辖权移交至农业部林业处，交由技术专家进行管理，以提升自然环境治理水平。

　　（二）保护社会权利，大规模制定与实施社会政策

　　在自由放任主义的主导思想下，公民的社会权利并不被认可，国家也对公民的社会福利权利保障不承诺提供责任与义务。为应对自由资本主义发展到一定阶段后频发的社会危机，缓解劳资双方的阶级矛盾，美国政府开始承认并保护公民的社会权利，主要方式是通过大规模的社会政策的制定和实施，系统解决社会问题。

　　社会政策的一个早期推手是信奉"新国家主义"的美国第26任总统

西奥多·罗斯福。他提出调整财产与公共福利的关系，认为"我们正面临着财产对人类福利的新看法……有人错误地认为，一切人权同利润相比都是次要的。现在，这样的人必须给那些维护人类福利的人民让步了。每个人拥有的财产都要服从社会的整体权利，按公共福利的要求来规定使用到什么程度"。这是美国社会政策的开始。他发动"进步运动"，主张用联邦政府的权力对现行秩序加以改革。他用反垄断作为改革的主要内容，矛头指向摩根的铁路控股公司——北方证券公司，对它提出起诉，强迫一个煤矿接受政府对罢工的调解，这是联邦政府第一次支持的有组织的罢工。他还建立了资源保护政策，保护了森林、矿物、石油等资源，建立公平交易法案，推动劳工与资本家和解（蓝志勇，2015）。

　　更大规模推动社会政策的是美国第 32 任总统，也是西奥多·罗斯福的侄子富兰克林·罗斯福，罗斯福是美国历史上唯一蝉联三届（第四届任期未满）的总统，同华盛顿、林肯齐名。他首次履任总统的 1933 年初，正值经济大萧条的风暴席卷美国，失业、破产、倒闭、暴跌，到处可见美国的痛苦、恐惧和绝望。罗斯福继承了西奥多·罗斯福"新国家主义"思想，对内积极推动以救济、改革和复兴为主要内容的"新政"。罗斯福的"新政"抛弃了传统的自由放任主义，加强政府对经济领域的干预，实行赤字财政，大力发展公共事业来刺激经济。1933 年 3 月 9 日至 6 月 16 日，美国国会应罗斯福总统之请召开特别会议。罗斯福先后提出各种咨文，督促和指导国会的立法工作。国会则以惊人的速度先后通过了《紧急银行法》《联邦紧急救济法》《农业调整法》《国家工业复兴法》《田纳西河流域管理法》等。这些新政一方面解决了经济问题，一方面也解决了社会问题。比如 1935 年通过的《社会安全保障税法案》，保障了全民的退休福利，是划时代的社会保障政策。1935—1939 年的新政整体着重"救济"和"改革"，运用行政干预，实行缓慢的通货膨胀，广泛开展公共工程建设和紧急救济，实施社会保险，扩大就业机会，提高社会购买力；进行税制改革，根据纳税能力纳税，分级征收所得税，等等。这些政策，都是以保障公民社会权利和社会和谐为政策目标的政府行为（蓝志勇，2015）。可以说，罗斯福"新政"实现了美国政府职能的一次大转变，使联邦政府的社会治理职权空前集中。

（三）规范社会组织，修复社会自治能力

美国自建国起就拥有坚实的公民社会基础，这在托克维尔的《论美国的民主》中有全面的诠释。因而，在"进步时代"所呈现的政府治理变革，首先就来自于劳工组织、媒体、民间志愿服务组织等各种社会力量自下而上地推动。但是面对社会转型所呈现的一系列社会乱象、矛盾与问题，社会自组织治理的有效运行仍有赖于稳定的政治结构和公正的制度环境为基础。美国政府通过全方位的社会规制法律体系和社会保护政策体系，不仅没有侵蚀美国公民社会的自由根基，反而为社会自治格局创造了更加良好的制度基础和规范性框架。比如，以提高公民道德素质、服务社会为目标的公民自治组织大量涌现，这些组织积极参与社会福利、环境保护、行业规范、人道救援等公共事务管理。与此同时，美国政府不断立法，对不同的社会组织进行管理，比较典型的就是非营利组织的管理和税收法案，规定为从事非营利活动的社会组织减免税收。但如果这些组织有不同行为的营利活动，这些营利也要按规定缴纳税收。可以说，美国对非营利机构制定的管理法案和政策十分详细，从而为大量的社会组织提供了充分的，也是规范的存在空间，使之能够活跃于社会的各个阶层，协助政府工作或弥补政府功能的不足。

从历史角度来看，经过"进步时代"和"罗斯福新政"以后，美国建立起一个强大政府，尤其是通过扩大联邦政府的权力增强政府治理能力，使政府重拾驾驭经济和社会活动的能力，重塑了政府、市场和社会三者权力间的平衡，从而使得美国顺利跨越社会转型期，迈向更加繁荣、稳定的现代社会。

第四节 剖析域外经验 引发对中国的启示

一、"强政府、强社会"是社会治理现代化的目标模式

在当前中国大力推进社会治理现代化的历史阶段下，创新社会治理，推进社会建设，做大做强社会是普遍共识，而且从各国实践来看，唯有社会强大，社会自我调节和自我治理完善，公民参与积极，才有一个和谐稳定的发展，也对政府是一个有效的规范和制约，这一点无论在理论上还是在实践上都没有疑义。然而，在社会治理中，如何看待政府的作用，如何看待政府与社会的关系，这个问题长时期处于激烈争论之中。许多学者基于西方古典自由主义或新自由主义的理论基础以及西欧国家的现代社会实践，主张中国在创新社会治理中极大地改革政府体制及其职能，建立一个小政府，认为政府管得越少越好，管得越少就越能让社会的自治能力和机制发展起来，小政府和大社会才是中国现代社会建设的发展方向。尽管在理论上"小政府"与"弱政府"在内涵上不尽相同，但在实践上，"小政府"则在相当大程度上表现为"弱政府"。对于中国这样一个拥有强政府传统的大国而言，无论从与自身文化传统相似的、成功实现后发国家赶超的新加坡经验看，还是从与自身大国治理需求相近的美国社会转型经验看，"强政府、强社会"应是当代中国推进社会治理现代化的目标模式。换言之，从国家与社会关系的角度看，所谓的社会治理现代化，并不是要削弱中国政府本有的强大自主性、资源动员与社会控制能力，而是通过发挥政府强有力的作用更加倾向地做强做大社会，使社会成为一个理性自律、自主自立、自助自治的社会。需要指出的是，美国在社会转型期规制市场和社会的"强政府"建设经验尤其值得中国认真研究。如果结合当代西欧国家社会治理面临的严重问题来看，美国经验足以表明，"小政府大社会"对于全球化条件下经济社会事务日益复杂的大国治理，就是一个理论上的"神话"。

二、以制度化的政治参与方式协调和平衡国家与社会关系

无论是如新加坡这般从"强政府、弱社会"到"强政府、强社会"，还是如美国这般从"弱政府、强社会"到"强政府、强社会"，二者都是基于自身发展阶段的特殊国情条件，通过一种制度化的政治参与方式来协调和平衡国家与社会关系。显然，"强政府、强社会"社会治理目标模式的实现，是高度强调特殊情境下的动态性和过程性。如何使国家与社会之间的紧张性始终控制在现行体制允许的范围内，而不是让社会矛盾与冲突脱离在国家规范框架以外，构成了社会治理现代化过程中应始终把握的一条主线。从政治参与的角度，新加坡的经验主要是通过执政党的基层党组织及其控制下的协会组织经常性、制度化地密切联系群众，从而将社会诉求、矛盾与问题吸纳进入体制内转化为施政政策予以消化。美国的经验则主要通过两党制的民主竞选机制将社会变革诉求影响政治领导人的价值理念，并转化为法律和政策。因此，不论是一党长期执政，还是民主竞选体制，都可以根据自身政治文化与国情条件构建一种制度化的政治参与途径，在一种可控的规范性框架内，协调与平衡国家与社会之间的关系，并以此促成政府与社会合作治理的伙伴关系。因此，对于中国而言，维护社会稳定与化解社会矛盾在根本上并不在于依靠国家强力的压制，而是需要充分发挥现行人民代表制度、基层党组织以及枢纽性社会组织的制度性途径予以实现。

三、法治是社会治理现代化的根本性治理工具

由于政府与社会关系始终处于一种动态的过程当中，那么，只有将政府和社会各自的权责与行为规范纳入到严格的法治框架下，才能形成平衡的、可预期的、稳定的关系模式，这是新加坡和美国在各自社会转型能够实现成功治理最为可贵的经验。换言之，不论是政府权力运行，还是公民与社团等社会力量的行为规范，如果没有受到法律的约束和控制，都不可能形成稳定的社会秩序，所有制度与政策的执行都将变得不

可预期，而社会各主体的权利保障也无从谈起。因此，从根本上看，中国的社会治理现代化必须大力培育中国特色社会治理法治问题，坚定法治信仰，共同营造严格执法、公正司法、诚信守法的社会文化，为形成科学有效的社会治理体制，确保社会既充满活力又和谐有序提供坚强有力的价值基础与法治保障。

（执笔人：曾志敏）

第八章　精耕细作：社会治理现代化的中山案例

习近平总书记曾经就坚持和发展"枫桥经验"作出重要指示强调，各级党委和政府要充分认识"枫桥经验"的重大意义，发扬优良作风，适应时代要求，创新群众工作方法，善于运用法治思维和法治方式解决涉及群众切身利益的矛盾和问题，把"枫桥经验"坚持好、发展好，把党的群众路线坚持好、贯彻好。

踏破铁鞋无觅处，得来全不费工夫。利益主体多元化、利益矛盾复杂化、权利意识民主化、社会生活网络化是中山市社会治理现代化面临的四大挑战。对此，中山市践行"三个结合"的社会治理理念，完善社会治理三大体系，建立健全社会治理四大机制，提升三大主体的社会治理能力，探索出以全民共建共享为基本特征的社会治理新模式。社会治理现代化既要借鉴国际上的有益经验，也要学习国内一些地区的先进做法。中山市的实践经验表明，推进社会治理现代化，必须立足本地实际，挖掘和整合社会治理资源，坚持全民共建共享，形成推进社会治理现代化的合力，正确处理政府、市场和社会的关系，充分发挥三者的社会治理职能，坚持理念现代化、体系现代化、机制现代化和能力现代化的"四化合一"。

第一节　中山市的烦恼：如何面对社会治理现代化的挑战

一、利益主体多元化的挑战

改革开放 40 多年来，中山市经济实现持续快速发展，工业化、城市化、市场化、信息化、国际化不断迈上新台阶。与此同时，中山市的社会结构也发生了巨大变化，各种利益群体不断分化组合，利益主体呈现出日益多元化的趋势。一方面，新型城镇化快速推进，城镇化率不断提高，由城市多样化就业导致的利益主体多样化逐渐取代原先的"农民—市民"利益主体二元化。截至 2018 年底，中山市的城镇化率达到88.35%，比全国平均水平高出 30 多个百分点。随着城镇化率的不断提高，原先的城乡二元结构逐渐瓦解，农民与市民之间的二元化利益主体逐渐被城市多元化的利益主体所取代。另一方面，外资经济和民营经济迅猛发展，吸引越来越多的外来务工人员及其家属涌入中山，从而使本地人与外地人之间的利益主体二元化逐渐形成。截至 2018 年底，中山市常住人口为 330 万人，其中户籍人口为 146.43 万人，非户籍人口占常住人口的比例超过 50%。

随着利益主体日益多元化，不同利益主体的利益诉求也日益多元化，对社会治理现代化带来严峻挑战。首先，随着利益主体和利益诉求日益多元化，各利益主体之间的共同利益往往容易被忽视，各种损人利己、损公肥私甚至于危害公共利益的行为呈现出愈演愈烈的趋势。其次，利益主体和利益诉求多元化导致社会异质性不断增强，凝聚社会共识和社会合力的难度进一步加大，从而使社会治理现代化的社会基础受到削弱。最后，与利益主体和利益诉求多元化相伴而生的，是利益矛盾的高发化。在利益主体和利益诉求多元化的情况下，不同利益主体更易于因利益诉求的不同或者利益诉求得不到满足而引发利益矛盾，从而使社会治理现代化面临更为复杂的社会环境。

二、利益冲突复杂化的挑战

所谓利益冲突，指的是不同利益主体基于利益差别和矛盾而产生的利益纠纷和利益争夺。从实质上看，利益冲突不仅表现为对利益对象（物质利益或精神激励）的争夺，也表现为对利益生产方式和分配方式的争夺，且最终表现为对社会地位的争夺。从形式上看，利益冲突有两种基本形式：一是对抗性利益冲突，即由于冲突双方的根本利益不相容或者对立所导致的利益冲突；二是非对抗性利益冲突，即在根本利益一致的前提下，由于利益的实现条件和实现时间的制约，各个利益主体的利益不能同时实现或者根本无法实现所造成。①

三、权利意识民主化的挑战

所谓权利意识，指的是人们对于一切权利的认知、理解和态度，是人们对于实现其权利方式的选择，以及当其权利受到损害时，以何种方式予以补救的一种心理反映，其构成了公民意识和宪法精神的核心。在当前的社会环境下，随着社会主义市场经济体制不断完善，公众的权利意识不断觉醒，而且这种权利意识具有明显的民主化特征，这一现象在经济社会已经取得快速发展的中山市表现得尤为显著。首先，公众参与社会事务治理的权利意识进一步增强。一般而言，参与意识的增强与市场经济的发展之间呈现出一定的同步性，而权利意识的民主化正好顺应了市场经济的发展要求。其次，公众通过自我组织以实现社会自治的权利意识不断增强。目前，各种居民自治组织在中山市不断涌现。这些自治组织在公共服务和社会治理方面发挥着越来越重要的作用，成为推进社会治理现代化的一支重要力量。最后，公众对公共部门和公共权力进行民主监督的权利意识不断增强。当前，"把权力关进制度的笼子"和"让

---

① 刘权政、王永利：《当代中国社会利益冲突分析》，《西北农林科技大学学报（社会科学版）》2009 年第 1 期。

权力在阳光下运行"不仅是党和国家保障公共部门和公共权力得以良性运行的保障，更是对公众民主监督权利意识不断增强的一种回应。

现阶段，公众权利意识的民主化既是社会治理现代化的助推器，同时也是社会治理现代化面临的重要挑战。一方面，公众权利意识的民主化是对社会不断"扁平化"的回应。在社会日益扁平化的背景下，以往自上而下的单向权力运行轨道面临越来越严峻的挑战，以公共部门唯马首是瞻的社会管理模式越来越难以维系。另一方面，由市场、政府和社会这三大部门构成的现代国家架构已经基本形成，权力共享、责任共担成为必然趋势和客观要求。随着市场经济的快速发展和公民自治组织的大量涌现，仅靠政府"有形之手"的力量越来越难以适应经济社会发展的要求，需要辅之以市场的"无形之手"和社会的"隐形之手"，充分发挥政府、市场和社会在社会治理中的作用。

四、社会生活网络化的挑战

当前，随着互联网不断普及，尤其是移动互联网的迅猛发展，社会生活网络化不仅是我国社会发展的客观趋势，而且越来越变成活生生的现实，对经济社会发展产生日益广泛而深刻的影响。首先，社会生活网络化使"缺场交往"成为重要的日常社会交往形式。在缺场交往下，社会行为完全在虚拟网络空间中展开，从而对传统的、以在场交往为对象的社会治理模式提出挑战。其次，社会生活网络化使社会认同发生深刻变迁。在网络化条件下，社会成员的人生观、价值观和世界观都发生严重分化，其对自我、社会和国家等的社会认同发生深刻变迁，从而使传统的、以管控为主要特征的社会管理模式面临严峻挑战。最后，社会生活网络化使社会权力结构发生深刻变迁。在网络化条件下，各种意见领袖、大V、"网红"等成为重要的社会力量，其通过自身的影响力引导社会舆论、凝聚大批"粉丝"，从而成为社会权力结构的重要一极。在这种情况下，如何对这些网络力量进行有效治理成为社会治理现代化面临的严峻挑战。

第二节　中山市的努力：推进社会治理现代化的实践

一、践行"三个结合"的社会治理理念

（一）社会管理与社会自治的纵向结合

实现社会治理现代化，并不意味着要对以往管控型社会管理模式进行彻底否定，而是在转变思维定势的基础上，对传统的社会管理理念进行根本性的改革，在转变政府社会管理职能的同时，充分发挥各种社会力量在社会治理方面的作用，寻找政府主导的社会管理与基层社会自治的最佳结合点。正是基于这一认识，中山市近年来积极探索适合本地实际的社会治理新理念，坚持社会管理与社会自治的纵向结合就是其中的一条重要经验。中山市的社会自治更加注重自下而上，以权力为主导，往往通过社会自治组织来实现。目前，中山市的社会自治组织包括村民委员会、街道居委会、各种政治性社团、各种协会以及中介性组织等。实现社会管理和社会自治的纵向结合，有效整合政府、市场和社会三方的社会治理资源，形成协同共治的社会治理格局。

（二）法治与德治的横向结合

从社会治理的视角来看，社会秩序是"德"的外化与"法"的内化的共同结果。在推进社会治理现代化的过程中，中山市始终坚持法治与德治的横向结合。一方面，切实推进法治中山建设。充分发挥法律法规在推进社会治理现代化方面的作用，坚持权利与义务的统一，切实保障各利益主体的合法权益，致力于构建促进和谐善治的社会秩序。坚持以法为纲、以和为贵、良法善治，使社会在法治的框架内规范有序，使群众在法治框架内活跃起来，深入开展"全民治安""法治镇区""民主法治示范村""法治行业"等十大法治惠民工程。率先创建全省乃至全国无医闹城市，成立市镇两级医疗纠纷人民调解委员会，切实把法治原则贯

彻到解决医疗矛盾纠纷的全过程，有力维护群众的根本利益与医院正常医疗秩序。率先在全省成立行政复议委员会，创设"统一受理、集中审查、分别决定"的运行机制，切实推动社会矛盾纠纷依法化解。不断加强法治文化建设，提高全民法律素养，使办事依法、遇事找法、解决问题用法、化解矛盾靠法的观念深入人心。另一方面，深入开展全民修身行动。从2011年起，中山市在全国率先开展为期5年的全民修身行动，并将其作为加强社会治理的重要切入点和着力点，强化优秀传统文化和时代精神"以文化人"的教化功能，引导市民修养身心、涵养德行，加强社会主义核心价值观建设。

（三）政府、市场与社会的有机结合

在现代社会治理中，市场、政府和社会是三种用以实现资源配置和财富分配的手段。在资源配置方面，市场的"无形之手"所配置的对象是经济资源，主要遵循效率优先的原则；政府的"有形之手"的主要功能是保障秩序和配置公共产品，主要遵循公平公正的原则；社会的"隐形之手"的主要作用在于维系人们的基础性公共生活，主要遵循公平原则。在现代社会治理中，无论是市场的"无形之手"，还是政府的"有形之手"和社会的"隐形之手"，都必须遵循法治原则。在财富分配方面，"无形之手"、"有形之手"和"隐形之手"分别对应初次分配、二次分配和三次分配，并在各自的领域中发挥主导作用。

在推进社会治理现代化的具体实践中，中山市政府、市场与社会三者实现有机结合，充分发挥各自的作用。首先，明确政府在推进社会治理现代化中的主导作用，通过政策供给、资金保障和活力激发等手段，切实推进社会治理现代化进程。2011年8月，中山市委以全会的形式对加强社会建设进行了全面部署，出台了《关于加强社会建设、创新社会管理的实施意见》及系统配套文件，并制定《社会建设规划纲要（2012—2020）》，成立了专职负责推进社会治理现代化的市社会工作委员会。其次，充分发挥市场机制的作用。为确保推进社会治理现代化过程中的全民"真"参与和"常"参与，中山市在强化对存在社会安全隐患的企事业单位进行行政处罚的同时，设立市级社会管理与创新专项资金，对举报人员给予奖励。最后，通过不断畅通渠道促进各类社会组织积极参与。近年来，中山市出台了社会组织"1+9"政策体系，设立总额 900 万元的社会组织培育发展专项资金。深化行政审批制度改革，简化审批环节，减少审批项目，出台政府职能转移目录和具备资质条件承接政府职能转移的社会组织目录，加大政府委托授权或购买服务力度。此外，充分发挥工青妇、工商联等人民团体对社会组织的引领作用，形成"枢纽组织"带动"中小组织"的发展格局。

二、完善社会治理三大体系

（一）创新预防保健与问题化解相结合的社会管理体系

现阶段，社会管理仍然是我国社会治理的重要组成部分，因此不断完善社会管理体系是推进我国社会治理体系现代化的重要内容。一般而言，社会管理由社会预防保健和社会问题化解两个部分组成，因此社会管理体系应包含社会预防保健和社会问题化解两部分的内容。

近年来，中山市坚持社会预防保健和社会问题化解的有机结合，不断创新社会管理体系。一方面，不断完善社会个体保健和公共危机预防相结合的社会保健预防机制。不断提高人民群众的幸福感和满意度，是中山市社会治理现代化所要实现的主要目标。为此，中山市在致力于满足人民群众住房、养老、医疗、教育等方面基本需求的同时，努力创造更多创业就业机会和完善收入分配格局，积极践行"助人自助"的社会工作宗旨。在公共危机预防方面，中山市坚持硬件建设和软件建设相结合。硬件建设方面，近年来中山市不断加强现代化防灾减灾、能源保障、环保生态等方面的基础设施建设，构建市、区（镇）和社区三级公共危机预防体系；软件建设方面，不断出台和完善相关法律法规，加强体制和机制建设，建立和健全预防和应对公共危机的应急处置体制机制。另一方面，建立和健全有效的社会矛盾问题化解机制。在社会个体层面上，近年来中山市不断致力于建立和健全矛盾纠纷的发现、调解、仲裁、复议、诉讼相互衔接、互相配合的社会矛盾问题化解机制；在社会整体层面上，不断完善涵盖危机预警、危机决策、应急处置、舆论引导、恢复重建和评估提升六个方面内容的公共危机应对化解机制。

（二）完善以基层自治为基础的社会自治体系

根据国内外的经验，充分的社会自治既是社会治理的重要特征，同时也是社会治理所要实现的重要目标，而完善的基层自治又是社会自治的基础。近年来，中山市不断加强以基层自治为基础的社会自治体系建设，建立和健全基层自治机制、社会动员机制和社会互信机制，从而提高公民责任感，调动各类社会主体参与社会治理的积极性，激发社会组织参与社会治理的活力。

首先，加强城乡社区建设、社会工作队伍建设和社会组织建设，不断完善基层自治机制。在城乡社区建设方面，中山市致力于构建"民主决策、民主管理、民主监督"有机结合的新型城乡自治模式，推进基层自治制度化、规范化、程序化。在社会工作队伍建设方面，中山市积极探索建立社会工作人才培养、评价、激励机制，形成专业社会工作制度，充分发挥社会工作专业人才在推进社会治理现代化中的作用。在社会组织建设方面，中山市致力于充分发挥各类社会组织在公共管理和社会服务中的积极作用，使其成为推进社会治理现代化的重要力量。

其次，不断完善包含社会力量整合和社会主体激励两个方面内容的社会动员机制。全民共建共享是中山市推进社会治理现代化的力量之源，而高效运转的社会动员机制则是其重要保障。面对利益主体多元化、利益矛盾复杂化、权利意识民主化和社会生活网络化的严峻挑战，中山市最大限度地整合民间资源和动员社会力量，形成强大合力，共同致力于推进社会治理现代化。同时，最大限度地激发各类社会主体的活力，增强公民主体意识，调动公民积极性，提高公民责任感，通过集中民智、激活民力、凝聚民心，使全社会迸发的活力成为推进社会治理现代化的强大力量。

最后，构建社会个体综合信息平台，完善政群双向信息互动机制，降低社会治理成本，增强社会互信。一方面，以推进"全民治安"为主要载体，积极构建社会个体综合信息平台，尽量消除社会成员个人信息不确定性，降低社会治理的信息成本。另一方面，通过建立规范化的信息公开制度，不断拓宽民意表达渠道，健全公众参与制度，加强新闻舆论监督，推行网络议政、网络问政和网络参政，不断完善重大事项调查研究制度、专家咨询制度和公示制度，在政府与群众之间构建高效运转的信息互动机制。

（三）夯实以加强党的领导为核心的社会基础体系

无论是创新社会管理，还是完善社会自治，都要有扎实的根基，而这一根基就是夯实以加强党的领导为核心的社会基础。对于社会治理而言，社会基础工作包括三个方面的内容，即科学规划、法治保障和道德教化。首先，充分发挥党统领全局的主导作用，科学制定和出台包括土地、人口、产业、基本公共服务等在内的发展规划，为社会有序运行创造科学合理的空间布局、人口布局和产业布局，为从源头上化解社会问题奠定客观基础。其次，加强社会治理法治建设。法治是社会治理的基础和灵魂，无论社会管理还是社会自治，都必须依法进行。在这一方面，中山市积极实施依法行政等 10 项法治惠民工程，深入开展"全民治安""法治镇区""民主法治示范村""法治行业"等法治创建活动，率先成立市镇两级医疗纠纷人民调解委员会和行政复议委员会，既维护人民群众的根本利益，又保障社会正常秩序。最后，发挥道德教化的积极功能。针对社会治理而言，法治和德治相辅相成，二者共同构成社会治理的基础。2011 年以来，中山市将全民修身行动作为加强社会治理的重要切入点和着力点，强化优点传统文化和时代精神"以文化人"的教化功能，引导城乡居民修养身心、涵养德行，加强社会主义核心价值观建设，并取得积极成效。

三、建立健全社会治理四大机制

（一）建立健全民生保障机制

在现阶段，切实有效地保障和改善民生既是构建社会主义和谐社会的根本要求，同时也是实现社会善治的基础。因此，推进社会治理现代化，必须着力建立和健全民生保障机制。从内容上看，中山市推进社会治理现代化的民生保障机制主要有以下两个部分组成：一是大力搞好"基本民生"。从 2003 年到 2013 年的 10 年间，中山市财政用于基本公共服务的支出比重从 45.7% 上升到 68%，公共财政预算支出增加额九成以上用于民生保障。2015 年，中山市民生财政支出达到 156.7 亿元，同比增长 16.3%。从 2012 年至今，中山市累计投入 37 亿元，每年集中力量办好市民最关心的 10 件民生实事，不断提高市民生活品质。推进教育资源的均衡配置，推进医疗卫生机构全覆盖，率先实现基本养老保险、住院和门诊基本医疗保险全覆盖。二是切实兜住"底线民生"。近年来，中山市加快建立"一保五助"体系，努力解决特殊困难群体的工作生活困难。"一保"就是城乡一体的最低生活保障制度，从 2012 年起这个标准调高到每人每月 430 元；"五助"包括助医、助学、助房、助老、助残。经过几年的努力，中山市解决了 30 多个村的"相对贫困问题"，目前城乡居民收比例为 1.6∶1，是广东省城乡差距最小的地级市，"橄榄形社会"建设迈出实质性步伐。

（二）建立健全诉求表达机制

实践证明，有效的诉求表达机制可以让公众自由表达意见、建议，释放怨气、怒气，"清洁社会空气"，消除由于不满情绪日益积累而产生更大的社会危害。近年来，中山市采取切实有效的措施，不断畅通诉求表达渠道，进一步建立和健全诉求表达机制。

首先，通过各类媒介广泛开展"我心目中的十件民生实事"评选活动，让民众充分参与到民生工程的始终，实现民生决策从"政府配餐"向"群众点菜"转变，民生支出从"舍得花"向"花得好"转变，真正把民生工程变成民心工程。推进"城市论坛""网络问政"等群众参与平台扩大化、长效化、制度化，畅通不同群体的利益表达渠道。截至2016年6月，中山网络问政平台已注册网友数8141人，共办结话题10545个，办结率97.6%。

其次，大力推进党代表工作室建设，为党代表直接联系党员群众、听取建议和诉求提供平台。2010年以来，中山市建立党代表工作室300多间，接受党员群众2万多人次，收集意见建议1.5万多件，办结率达98%。

最后，建立和健全村（居）委会特别委员制度，畅通外地人诉求表达渠道。从2012年起，中山市探索建立一项独特的基层民主制度——村（居）委会特别委员制，即在外地人口占总人口40%以上的城乡社区，村（居）委会必须聘请"特别委员"，由来中山打工3年以上、有一定能力的外地籍党员履行"驻、访、议、督"的职责。"驻"是在各村居委会为特别委员提供的工作室，接待来访群众和接受电话咨询，"访"是主动定期走访住在村里的外地务工人员，收集他们的意见，"议"是参与村（居）委会议事，"督"是督查有关外地务工人员服务管理事项。目前，中山共有村（居）委会特别委员252名，近年来参加村（居）委会281次，参与涉及异地务工人员权益事项讨论320次。

（三）建立健全矛盾化解机制

法治是社会治理的基础和灵魂，推进社会治理现代化必须强化社会矛盾纠纷法治化的化解机制，防止用"运动式治理"替代法治化治理。建立和健全矛盾化解机制，关键在于对社会矛盾纠纷要建立一套发现、调解、仲裁、复议、诉讼相互衔接、相互配合的化解机制，将矛盾纠纷引至法治化渠道，推动"人情社会"向法治社会转变。近年来，中山市强化"依法止争"意识，积极构建社会矛盾依法化解体系，改变"信访不信法、信官不信法"的状况，扭转"大闹大解决、小闹小解决、不闹不解决"的局面，逐步推进"人治社会"向法治社会的转变。

一是坚持事要解决、责任压实的原则，认真落实领导"包调处、包疏导、包稳控、包劝返、包息诉罢访"的"五包"责任，确保信访案"老户清零、新户随清、市镇两清"。近三年来，中山市妥善化解中央和省交办的信访积案 174 件。

二是坚持"调解优先原则"，建立健全人民调解、社团调解、仲裁调解、行政调解、司法调解"横向调解网络"和市、区、镇、社区、村与楼门院（小组）"纵向调解网络"相互衔接的"大调解"格局。目前，中山市 24 个镇区和所有村（社区）均设立综治信访维稳组织。2015 年，中山市各级人民调解组织共调解矛盾纠纷 1.3 万多件，调解成功率达 98%。

三是建立健全有中山特色的构建和谐劳动关系八项机制（物质保障机制、组织领导机制、劳动执法机制、薪资分配机制、民主管理机制、职工发展机制、人文关怀机制、矛盾化解机制），基本实现劳动纠纷调解不出村、仲裁不出镇、信访不出市。

（四）建立健全社会协同机制

与以往的社会管理相比，社会治理的主要特征之一就是其"社会化"，也就是充分发挥基层组织、社会组织、公民等社会主体在社会治理中的协同作用。近年来，中山市积极致力于完善社会基层自治、推动社会组织建设和强化社会力量动员，建立健全具有中山特色的社会协同机制。

一是大力推动农村基层自治，探索出了"四组织 + 三环节"的中山模式。所谓"四组织"，就是完善农村党组织建设，明确村民（代表）会议在村民自治体系的权力中枢地位，明确村民委员会的执行、落实地位，以及强化村务监督委员会的监督地位；所谓"三环节"，就是强化选举环节、管理环节和监督环节。通过探索"四组织 + 三环节"模式，中山市基层自治水平日益提高，真正实现由"村官自治、村委自治"向"村民自治"转变，社会活力大为增强，成为"全国农村社区建设实验全覆盖示范单位"的唯一地级市。

二是推动社会组织建设。中山市以培育和发展社会组织为抓手，放手发动社会各方面参与到社会治理中来，形成多元共治的格局，共建共享幸福和美中山。一方面，加快建立社会组织枢纽型管理模式，充分发挥工青妇、工商联、社科联等的引领作用，团结、联系、孵化更多社会组织。另一方面，努力创新社会管理和公共服务供给方式，通过授权、委托、购买服务等方式，将原本由政府直接提供的服务项目交由社会组织或法定机构运作。

三是强化社会力量动员。为整合各种社会力量积极参与推进社会治理现代化，中山市以"慈善万人行"为制度化平台，逐步形成运作机制规范严谨、活动形式不断创新、民间习俗有机融合、参与范围日益扩大、善款使用公开透明的社会力量动员机制，既凝聚了社会力量，又增强了城市的软实力，为推进社会治理现代化奠定了坚实的群众基础。

四、提升三大主体社会治理能力

（一）提升政府主导社会治理的能力

不断完善党委领导、政府主导、社会协同、公众参与、法治保障的社会治理体制，关键在于提升社会治理各主体的能力。在我国现阶段，提升政府主导社会治理的能力对于推进社会治理现代化至关重要。基于这一认识，近年来中山市不断强化党委和政府在社会治理中的主导作用，采取各种切实有效的政策和措施不断提升政府主导社会治理的能力。

首先，制定和出台社会治理相关规划及其配套文件，强化政府对社会治理的主导作用，明确各政府部门的社会治理职责。2011 年 8 月，中山市委以全会的形式对加强社会建设作出了全面部署，出台了《关于加强社会建设、创新社会管理的实施意见》及其系列配套文件，并在全省率先制定《社会建设规划纲要（2012—2020）》。2015 年，中山市委、市政府发布了《中共中山市委中山市人民政府关于进一步推动全民参与社会治理工作的意见》，明确提出"发挥政府主导作用，积极推动法治政府和服务型政府建设，提升公共产品和公共服务能力"。

其次，成立中山市社会工作委员会，统筹协调社会治理相关事务。2012年2月，中山市成立了市社会工作委员会，由5个市领导担任正副主任，45个部委办局作为委员单位，在全市24个镇区相继挂牌成立了社工委，建立了统筹全市社会建设管理的200多人的专兼职队伍。

最后，不断提升政府部门统筹协调社会治理事务的能力。近年来，中山市不断创新体制机制、实施路径和方法手段，不断强化各部门的协作。加强市、镇两级社工委的牵头职责，全面推进全民参与社会治理工作，完善全民参与社会治理制度，推动单一部门行为向多部门协作转型。通过搭建平台和共享资源，以工、青、妇等枢纽型组织牵头联系其他社会组织，带动市民通过平台参与社会治理。

（二）提升社会组织承接社会治理职能的能力

在现代社会中，社会组织是社会治理的重要力量。在推进社会治理现代化的过程中，必须着力提升社会组织承接政府转移的社会治理职能的能力。近年来，中山市采取了许多切实有效的政策和措施，不断提升各类社会组织承接社会治理职能的功能。一是以"简政"为重点，以"服务"为宗旨，在压减审批事项、转变政府职能方面先行先试、率先突破，将审批事项由原来的1404项减少到目前的285项，借助全市1700多家社会组织的资源优势，向等级评估达到3A以上的80多家社会团体委托授权或购买服务，最大限度发挥其积极作用。二是建立全民参与社会治理的项目化推进机制，搭建社会组织参与社会治理的平台，以项目形式带动社会组织社会治理能力的提升。三是积极探索政府统筹、市场推动、社会参与的多元化社会治理和公共服务模式，通过"博爱家园""全民公益1+1+1"等形式，由政府提供种子资金，搭建公益创投平台，市民与企业参与、资助和监督公益项目，由社会组织进行策划、竞投和实施。

（三）提升公民参与社会治理的能力

近年来，中山市坚持以全民参与为突破口，先后开展全民修身、全民创文、全民治安、全民创业、全民禁毒、全民公益等 10 多项全民参与社会治理行动，初步形成了全民齐参与、愿参与、能参与、真参与和常参与的治理模式。具体而言，中山市主要从以下几个方面提升公民参与社会治理的能力：一是从问题入手，促进全民"齐"参与。坚持从问题入手，以问题为导向，以解决问题为目的，调动群众了解问题，参与解决问题的热情。二是激发活力，促全民"愿"参与。从群众的切身利益入手，聚集公共服务、公共文化和公共安全，打好"民生牌"、"文明牌"和"安全牌"，进一步凝聚共识，促进共建共享，提升社会治理主体的参与意愿和能力。三是畅通渠道，促全民"能"参与。畅通全民通过社会组织、基层单位和具体项目参与社会治理的渠道，促全民都能够参与到社会治理中来。四是强化保障，促全民"真"参与。用行动的实效、坦诚的互动、严格的保护促进全民能够真正参与到社会治理中来。五是健全机制，促全民"常"参与。通过规划先行、机制健全、机构和资金保障有力，促进全民能够常态化地参与到社会治理中来。

第三节　中山市的经验：社会治理现代化的评析

一、社会治理理念现代化是社会治理现代化的根本前提

当前，推进社会治理体系和治理能力现代化是我国社会建设的重要内容，是国家治理体系和治理能力现代化的重要组成部分。推进社会治理现代化，必须不断解放思想，以先进性的社会治理理念为指导思想，在先进性社会治理理念的指引下开展社会治理现代化实践。

（一）协同型、网络化政府的社会治理理念

多元协同共治是现代化社会治理的基本特征，这意味着现代社会治理强调各社会治理主体之间要保持合作性和协调性，以社会治理资源的最合理配置实现其效率的最大化。从中山市的经验来看，协同型社会治理要求政府在开展社会治理实践时要与其他治理主体保持协同一致，相

互扶持，相互促进，使各主体的社会治理功能达到最高效率和最佳执行水平。具体而言，协同型社会治理包含以下三个方面的内容：一是政府从实际的操作者、干预者转变为管理权威者，通过营造良好的社会环境实现赋权予民，而其他社会治理主体基于其自身组织性发挥各自的社会治理职能，实现常态下各主体默契配合、互有分工以及非常态下的积极应变；二是在推进社会治理现代化的整个进程中，政府必须始终坚持三边式的治理方略，即政府、市场、社会三方有序地承担不同的社会治理角色，时而相互配合，时而相互牵制，但大部分情况下三者应该是相互独立的，每个主体都有各自的比较优势，不能相互替代；三是政府在社会治理过程中要逐渐形成网络式的社会治理模式，通过促进市场机制的完善和社会力量的成熟，逐渐使政府机构、社会组织、公民个人的能力、资源和专业知识实现网络化聚合，实现共同应对、迅速出击。形成协同型、网络化的社会治理理念，需要各级政府进一步解放思想，切实转变以往管控型的社会管理理念，更加深入地推进行政管理体制尤其是社会治理体制方面的改革，将多元协同共治贯穿社会治理的所有领域和整个过程。

（二）与中国传统相结合的社会治理理念

社会治理的理念源于西方，这并不意味着我们必须照抄照搬西方的社会治理模式。相反，应该在充分借鉴和吸收西方社会治理有益经验的基础上，切实立足我国五千年悠久历史的基本国情，探索出与我国传统相结合的社会治理理念。从中山市的经验来看，探索与中国传统相结合的社会治理理念需要解决好以下三个方面的问题：一是处理好法治与德治之间的关系。如何在国家治理中充分发挥法治和德治的合力，这既是困扰我国历朝历代统治者的难题，也是我国传统国家治理思想的核心内容。法治在社会治理方面具有外化之功，德治在社会治理方面具有内化之用，二者的有效结合能够极大地提升社会治理效率，这已经被中山市的经验所证明。二是处理好政府与社会之间的关系。与西方"小政府、大社会"的现代型国家相比,"大政府、小社会"既是我国的基本国情,也是我国的传统。因此,在推进社会治理现代化的过程中,必须辩证地看待这一传统。具体而言,既要看到"小政府、大社会"是现代国家的发展方向,又要立足于目前我国所处的发展阶段,在切实推进政府职能转移的同时,不断促进社会的发育和成熟。三是处理好传统伦理与现代伦理之间的关系。正如已故著名社会学家费孝通所言,中国传统社会是一个"差序格局"的伦理型社会。改革开放 40 多年来,以建立和健全社会主义市场经济体制为核心的各项改革使我国传统的伦理型社会逐渐瓦解,但是关系型社会依然是我国最基本的社会形态。因此,在推进社会治理现代化的过程中,既不能割裂我国伦理型社会的传统,也不能无视现代伦理的冲击。

（三）促进利益整合的社会治理理念

现阶段,利益主体和利益诉求多元化以及利益矛盾复杂化是我国推进社会治理现代化面临的突出问题。面对复杂化和多元化的社会结构,需要建立一个成熟的、理性的、开放的并且具备利益高效整合功能的"人民社会"。这是社会治理创新必不可少的要素,也是社会治理的核心理念。在社会治理方面,"人民社会"具有政府和市场都不具备的功能,它可以提高公共产品供给的效率和质量,塑造公民的合作、自治精神,规范政府行为,提高资源配置效率,因此被称为"第三种治理机制"。从中山市的经验来看,"人民社会"的构建需要从以下两个方面入手:一方面,培养公民意识,提升公民能力。通过学校教育、舆论引导等手段,使广大公民从"臣民意识"走向具有民主文化气息的"公民意识",培养当代公民应有的权利义务意识和主体意识,促进国家政治生态的改善,拓宽公民参与公共管理、公共决策和参政议政的渠道。另一方面,加强社会组织的自治性建设,通过政府自上而下的理性推动和民间组织自下而上的自主演进结合,强化社会力量与政府之间的合作与互补,形成社会与政府之间共生共荣、互相支撑的新型社会组织模式。

二、社会治理体系现代化是推进社会治理现代化的重要支撑

厘清国家和社会在社会治理中的结构性关系，是社会治理体系现代化所要解决的根本性问题。从内容上看，现代社会治理体系是与国家治理体系相统一的、以公共社会事务为主要内容的治理体系，由组织体系、制度体系、运行体系、评价体系和保障体系五种部分构成。由此可见，推进社会治理体系现代化就是推进上述五种组成部分的现代化。

（一）推进社会治理组织体系现代化

一般而言，构建完善的组织体系是我国推进社会治理体系现代化面临的首要问题。当前，我国的社会治理主体结构与西方国家有根本性的区别，与我国未来成熟的社会治理体系之间也存在较大的差距。因此，推进我国社会治理组织体系的现代化，必须立足于现阶段我国的国情，按照"强政府、大社会"的思路，逐步推动从"大政府、小社会"向"强政府、大社会"、从"社会管理型"向"社会治理型"的转变。按照这一思路，构建完善的社会治理组织体系的首要任务，就是要深化公共权力体系改革，大力推进社会组织的发展以及完善基层社会自治。

首先，按照党的十八大报告提出的"党委领导、政府负责、社会协同、公共参与、法治保障"的建设目标，对各主体在社会治理中的地位和作用进行具体定位，通过建立科学的公共权力体系促进社会治理组织体系的完善。推进社会治理组织体系现代化，关键在于明确各级党委、政府的权力与责任，进一步制度化、规范化和程序化地界定各公共权力主体在社会治理体系中的关系，突出党委总揽全局和协调统筹的领导地位，突出政府在社会治理体系中的主导地位，突出人民当家作主的主体地位，并通过法治的手段保障各主体的地位和作用得到充分实现。

其次，加快推进社会组织的培育和发展是社会治理组织体系建设最为紧迫的任务。目前，我国社会组织的发展规模、发育程序和结构功能等方面与我国实现社会治理现代化的客观要求之间仍然相差甚远。因此，必须在遵循社会组织一般发展规律的基础上，探索出既有中国特色又符

合社会治理现代化要求的社会组织发展道路。中山市的实践表明，社会组织的培育和发展既需要政府的政策和资金支持，更需要政府营造较为宽松的社会环境，而充分发育的社会组织又是政府推进社会治理现代化的重要依靠力量。

最后，按照《城市居民委员会组织法》和《农村居民委员会组织法》的要求，推进社会自治体系建设。当前，城市和农村的基层自治组织都表现出较为明显的行政化倾向，村民委员会和居民委员会往往沦为各级政府的"附庸"。因此，当前和今后一段时期，应该进一步转变政府职能，完善基层自治相关法律法规，推进村民委员会和居民委员会实现真正的自治，以此作为建立社会自治组织体系的突破口和着力点。

（二）推进社会治理制度体系现代化

国内外经验表明，社会治理制度体系是社会治理一切活动的根本依据。一般而言，社会治理制度体系由基本制度体系、运行制度体系和保障制度体系三个子体系构成。推进社会治理制度体系现代化，就是推进社会治理制度体系的三个子体系的现代化。首先，推进以宪法为核心的社会治理基本制度体系的现代化。宪法对社会治理的基本原则进行了明确的规定，是各主体履行社会治理职能的根本准则。因此，必须按照宪法精神和立法原则，加强社会治理相关法律法规的立法及其修订，使社会治理的一切活动做到有法可依。其次，加强对社会治理实践进行制度性指导和规范的运行制度体系建设。社会治理运行制度体系具有时效性、专业性、针对性和灵活性等特点，以解决现实社会问题为出发点，以规范社会组织和公民个人的行为为目的，其最终目标是确保社会和谐有序运行。中山市的实践表明，推进社会治理现代化必须建立和健全相关运行制度体系，确保社会治理创新实践做到有法可依、执法必严、违法必究。最后，需要在社会治理基本制度体系和运行制度体系的基础上，建立制度间的相互约束机制、制度运行的监督机制和推进制度落实的保障机制，形成相对完善的社会治理制度保障体系。

（三）推进社会治理运行体系现代化

从本质上看，现代化的社会治理运行体系是社会治理现代化的现实路径，是社会治理现代化在现实生活中的具体运行轨迹和客观体现。一般而言，现代化的社会治理运行体系由社会治理基本运行体系、社会治理专业运行体系和社会治理特殊运行体系三个部分组成。具体而言，社会治理基本运行体系反映了社会治理运行的时代性、本质性和普遍性，比如依法治理、社会自治、合作治理等；社会治理专业运行体系反映了社会治理运行的专业性、技术性和行业性，比如社会信用治理体系、环境安全治理体系、文化治理体系、虚拟社会治理体系等；社会治理特殊运行体系反映了社会治理运行的地域性、现实性和个别性，比如民族区域自治、城市网格化管理、农村民间乡绅治理等。从中山市的实践来看，虽然中山市只是广东省的一个地级市，但是其社会治理运行体系是基本运行体系、专业运行体系和特殊运行体系的统一体。首先，中山市的社会治理创新实践充分体现了依法有序治理、合作协商治理、社会自治治理和社会综合治理等社会治理基本运行体系的共同特征。其次，中山市的社会治理创新非常重视社会治理运行的专业性、技术性和行业性，比如毒品治理体系、网络化社会信用体系、外来人口治理体系等。最后，中山市的社会治理创新具有非常明显的地域特征，比如中山市以孙中山的治理思想作为推进社会治理创新的思想来源之一。中山市的实践表明，推进社会治理运行体系现代化，必须综合推进社会治理基本运行体系、社会治理专业运行体系和社会治理特殊运行体系的现代化。

（四）推进社会治理评价体系现代化

实现社会善治是推进社会治理现代化所要实现的目标，而对于社会善治则需要建立一套相应的标准，这套标准的理论基础就是社会治理评价体系。因此，推进社会治理现代化必须建立现代化的社会治理评价体系。从功能上看，社会治理评价体系具有检验、评价、导引、规范、监督以及推动等功能，对社会治理各体系的运行具有追踪和矫正的作用。

从内容上看，社会治理评价体系由评价主体、评价依据、评价指标、评价方式、评价绩效以及评价结果转化等方面组成。根据社会治理评价对象的不同，可以把社会治理评价体系分为综合性社会治理评价、专门领域性社会治理评价以及对社会治理具体事务或特定机构的评价这三种类型。

受计划经济时代形成的科层官僚体制的影响，我国长期以来形成了传统的上级评下级、政府既当"裁判员"又当"运动员"的较为僵化的社会治理评价体系，严重滞后于社会治理现代化的客观要求。因此，建立多元主体的社会治理评价体系已经成为主流。近年来，由各种学术团体、社会组织和民间专业性机构组成的"第三方"得到了长足发展，将其引入社会治理评价体系的构建之中越来越具有深厚的社会基础。目前，在我国许多城市和地区，这些"第三方"已经成为构建社会治理评价体系的基本力量。调研发现，中山市近年来越发重视专业性的第三方机构在社会治理评价体系构建方面的作用。比如，中山市委、市政府与中央编译局合作共建中国社会创新（中山）基地，发挥中央编译局专家学者在构建中山市社会治理评价体系中的作用；同时，中山市与广东省社会科学院合作共建广东省社会科学院中山分院，发挥广东省社科院专家学者在构建中山市社会治理评价体系中的作用；此外，中山市还通过举办社会治理论坛、邀请国内高校和科研院所开展社会治理课题研究等方式，积极探索建立既符合社会治理现代化要求，又具有中山特色的社会治理评价体系。中山市的实践表明，科学合理的社会治理评价体系不仅具有检验功能和评价功能，更具有导向功能、规范功能和推动功能，对于推进社会治理现代化具有非常重要的意义。

（五）推进社会治理保障体系现代化

从本质上看，社会治理保障体系就是确保社会治理各体系能够科学建立、有效运行以及深入推进的环境和条件，它对于社会治理体系的建立和运行发挥着统筹、黏合、互动、控制和支撑作用。从内容上看，社会治理保障体系由统筹体系、人才体系、监督体系和支撑体系四个部分组成。具体而言，社会治理统筹体系指的就是社会治理的领导组织体系，而十八大报告提出的"党委领导、政府负责、社会协同、公共参与、法治保障"明确了各级党委和政府在推进社会治理现代化中的战略统筹地位和作用；社会治理人才体系指的是建立与实现社会治理现代化的要求相适应的社会治理人才队伍，加强社会治理战略性、专业性和实践性人才的培养；社会治理监督体系指的是建立包括司法监督、社会监督、层级监督和自我监督在内的社会治理监督体系；社会治理支撑体系指的是与实现社会治理现代化相适应的社会治理财政支撑体系。

从中山市推进社会治理现代化的实践来看，完善社会治理保障体系对于扎实推进社会治理现代化具有非常重要的意义。首先，通过不断完善社会治理统筹体系，中山市进一步明确了各级党委和政府在推进社会治理现代化中的责任，通过建立由20多个市级部门组成的社会工作委员会统筹协调社会治理相关事务。其次，中山市非常重要社会治理专业人才的培养，不仅积极培养网络安全、公共安全、流动人口管理、禁毒缉毒、公安消防等方面的专业人才，而且还高度重视社会治理智库建设，建立综合型和专家型相结合的社会治理专业咨询人才队伍。此外，中山市也高度重视各类社会组织和社区服务机构的专业性社会工作者队伍的培养。再次，包括司法监督、社会监督、层级监督和自我监督在内的社会治理监督体系在推进中山市社会治理现代化方面发挥着非常重要的作用，其构成了促进中山市不断提高社会治理现代化水平的重要推动力量。最后，作为经济发达地区，中山市推进社会治理现代化拥有非常强有力的财政支撑，而不断增加的财政投入成为推动中山市社会治理现代化不断向前迈进的强大动力。

三、社会治理机制现代化是推进社会治理现代化的基本保障

实践证明，科学合理的社会治理机制是社会治理现代化的基本保障。

在"党委领导、政府负责、社会协同、公众参与、法治保障"的社会治理格局下，科学合理的社会治理机制能够使各个社会治理主体在社会治理实践中形成良性运行的合作共治关系。

（一）建立和健全民生改善保障机制

一般而言，改善民生和创新社会治理二者之间具有相互促进的作用。从创新社会治理的视角来看，建立和健全民生改善保障机制对于推进社会治理现代化具有非常重要的意义。从内容上看，民生改善保障机制由包容性经济增长机制、民生改善的财政保障机制、民生改善的社会保障体系三个部分构成。具体而言，在我国现阶段，要切实保障民生的改善，必须大力推进包容性经济增长，为保障和改善民生奠定坚实的物质基础。同时，不断加大民生领域的财政投入，提高民生领域公共支出占财政总支出的比重，提升基本公共服务水平和质量。此外，切实落实"学有所教、劳有所得、病有所医、老有所养、住有所居"等民生问题，加快建立和健全覆盖城乡居民的社会保障体系，扩大社会保障覆盖范围，提高社会保障统筹层次，建立和健全教育、医疗卫生、养老、就业等领域的公共服务体系。调研发现，中山市通过建立和健全民生改善保障机制，大力搞好"基本民生"和切实兜住"底线民生"，为推进社会治理现代化营造了非常有利的社会氛围。

（二）建立和健全利益诉求表达机制

当前，利益主体和利益诉求多元化以及利益矛盾复杂化是我国推进社会治理现代化面临的突出问题，而建立和健全利益诉求表达机制是解决这一问题的有效途径。从内容上看，利益诉求表达机制由社情民意表达机制、利益诉求解决机制、利益矛盾化解机制这三个方面组成。首先，完善的社情民意表达机制既是巩固和扩大人民民主的重要保证，也是防范和化解社会矛盾的必然要求，同时也是维护和实现社会公平正义的客观要求。其次，运转有效的利益诉求解决机制有利于满足各种利益主体日益多元化的利益诉求，从而保障社会运行的规范化、有序化，为推进社会治理现代化营造良好的社会环境。再次，健全的利益矛盾化解机制有效地缓解了利益主体多元化、利益矛盾复杂化的社会危害性，对维持社会和谐稳定产生非常积极的影响，体现了以多元共治为基本特征的现代社会治理体制的优越性。中山市的实践表明，建立和健全利益诉求表达机制不仅是社会治理现代化的重要内容，同时也是推进社会治理现代化的重要推动力。

（三）建立和健全多元主体协同共治机制

多元主体协同共治是现代社会治理的基本特征，而建立和健全多元主体协同共治机制是推进社会治理现代化的重要保障。从内容上看，建立和健全多元主体协同共治机制需要解决好党委、政府、市场、社会、公民个人等各社会治理主体之间的相互关系，通过对话、竞争、妥协、合作和集体行动等五个核心机制，更好地实现多元协同共治。在上述五种机制中，合作是现代社会治理最为重要的机制。也就是说，现代化的社会治理强调各社会治理主体之间基于根本利益一致基础上的合作。从中山市推进社会治理现代化的实践来看，合作是实现社会治理多元主体协同共治最为重要的机制。具体而言，在推进社会治理现代化的过程中，中山市改变以往政府与市场、社会和公民个人之间的垂直型关系模式，通过建立基于合作原则的、平等的伙伴关系，从而实现多元主体在推进社会治理现代化的大舞台上协同共进，形成推进社会治理现代化的合力。

四、社会治理能力现代化是推进社会治理现代化的强大动力

推进社会治理现代化，必须切实有效地提升各类主体的社会治理能力，使社会治理能力现代化成为推进社会治理现代化的强大动力。社会治理能力涵盖了两个方面的内容：一是政府主导社会治理的能力，二是社会组织承接社会治理职能的能力。因此，推动社会治理能力现代化，必须着力推进政府社会治理能力和社会组织社会治理能力的现代化。

（一）推进政府社会治理能力现代化

现阶段，政府是推进我国社会治理现代化的主导力量。因此，政府社会治理能力现代化是社会治理能力现代化的首要任务。从内容上看，政府社会治理能力由社会治理目标凝聚能力、社会治理资源整合能力、社会资源工具使用能力和社会治理责任控制能力四个部分组成。因此，推进政府社会治理能力现代化，必须切实推进政府社会治理目标凝聚能力、资源整合能力、工具使用能力和责任控制能力的现代化。

首先，在推崇社会治理理念的时代，不仅不同地区之间的实际情况各不相同，而且社会治理的目标也是多样的、变动的，甚至于参与社会治理的不同组织和个人都有不同的目标诉求。在这种情况下，需要政府提升凝聚社会治理目标的能力。否则，如果没有达到目标共识，不仅难以达到社会治理的预期效果，甚至可能加剧社会的分裂与对抗。

其次，在市场机制起决定性使用的社会治理时代，政府虽然仍然掌握庞大的资源，但是越来越多的资源分散于不同的社会组织和公民手中。因此，推进政府社会治理能力的现代化，要求政府不断提升整合社会治理资源的能力，围绕资源整合与配置进行组织重构和转变职能，以便更好地履行社会治理职能。

再次，在强调民主、参与、互动的社会治理时代，政府需要与私人部门、非营利组织或者公民个人进行合作，共享公共权力，共同治理公共事务。在这种情况下，合同外包、公私伙伴关系、社区自治等将成为政府社会治理的新工具，否则将容易导致政府失灵和政策失败。在这种情况下，推进政府社会治理工具使用能力的现代化就成为政府社会治理能力现代化的重要内容。

最后，在社会治理时代，权力共享、责任共担是受到普遍推崇的原则，然而政府在培育政府部门、私人部门、社会组织和公民等不同主体之间的合作意识和信任机制方面负有重要责任。尤其需要指出的是，当前我国社会信任程度较低，如果政府不能很好地控制责任，就会加大监督成本甚至导致多元治理瘫痪。因此，责任控制能力的现代化就成为政府社会治理能力现代化的关键环节。

（二）推进社会组织社会治理能力的现代化

近年来，我国各类社会组织取得了快速发展，但是仍然存在总体数量不够、分布不均、自主性不足、自治能力不强、参与治理范围不广等问题。在社会组织发育不足的情况下，推动政府向社会购买公共服务和转移政府职能的工作往往会遭遇到"社会失灵"的困境。为推动社会组织有效参与社会治理，需要实现从"基层管理"向"基层治理"的转变，关键在于大力培育社会组织，进一步降低准入门槛，简化登记审批程序，推行社会组织登记和备案并行的准入"双轨制"。同时，通过政策扶持、资金扶持和培训等手段，培育社会组织的领导团队，建立和健全社会组织制度体系。此外，在推进社会组织管理制度改革的过程中，需要不断扩大社会组织参与社会治理的范围，将政府包揽的非强制性任务尤其是服务性事务，更多地通过项目化的形式交由社会组织来承担。建立以社区需求为中心的资源配置体系，政府部门通过统筹规划，列出专门预算，从而使社会组织按照社区需求获得经费支持、参与社区治理并接受居民监督。

第四节　协同共进　始终坚持"四化合一"

一、立足本地实际，挖掘和整合社会治理资源

改革开放40多年来，我国经济社会实现了快速发展，但是城乡之间、地区之间发展非常不平衡。在这样的条件下推进社会治理现代化，必须切实从本地实际出发，不能盲目照抄照搬国外和国内其他地区的经验和做法，而是深入挖掘本地的社会治理资源，促进各种社会治理资源的有效整合，使其实现优化配置，从而实现效用最大化。一方面，不断提升政府整合社会治理资源的能力，围绕社会治理资源整合与配置开展政府

机构重构和转变职能，以便政府更好地履行推进社会治理现代化的职能。另一方面，充分发挥私人部门、各类社会组织或者公民个人在推进社会治理现代化中的作用。

二、坚持全民共建共享，形成推进社会治理现代化的合力

多元共治是社会治理的基本特征。因此，在推进社会治理现代化的过程中，必须始终坚持全民共建共享，始终遵循权力共享、责任共担的原则，充分调动各类主体共同参与社会治理的主动性和积极性，形成推进社会治理现代化的合力。当前，推进社会治理现代化面临利益主体多元化、利益冲突复杂化、权利意识民主化和社会生活网络化的严峻挑战，凝聚社会共识、形成社会合力的难度进一步加大。面对这一严峻形势，需要建立和健全以推进社会治理现代化相适应的社会动员机制，充分发挥这一机制在缓解利益冲突、增进社会共识和形成集体行动等方面的积极功能。此外，继续探索与推进社会治理现代化相适应的民生改善保障机制、利益诉求表达机制和多元主体协同共治机制，为建立全民共建共享的社会治理新模式提供有力支撑。

三、正确处理政府、市场和社会的关系，充分发挥各自的社会治理职能

政府、市场和社会是现代社会的三大组成部分，同时也是推进社会治理现代化的三股重要力量。在推进社会治理现代化的过程中，必须正确处理政府、市场和社会的关系，充分发挥政府"有形之手"、市场"无形之手"和社会"隐形之手"在促进社会治理现代化中的作用。一是进一步明确政府的"有形之手"在推进社会治理现代化中的主导作用，不断提升政府在社会治理目标凝聚、社会治理资源整合、社会治理工具使用和社会治理责任控制这四个方面的能力。二是充分发挥市场"无形之手"在社会治理资源配置方面的作用，使市场机制成为调动社会治理主体积

极性的重要手段。三是通过培育和壮大各类社会组织，不断扩大社会组织参与社会治理的领域和范围，充分发挥社会"隐形之手"在推进社会治理现代化中的作用。

四、坚持理念现代化、体系现代化、机制现代化、能力现代化的"四化合一"

社会治理现代化包含社会治理理念现代化、社会治理体系现代化、社会治理机制现代化和社会治理能力现代化这四个方面的内容。首先，社会治理理念现代化是推进社会治理现代化的根本前提。现阶段，需要形成协同型和网络化的社会治理理念、与中国传统相结合的社会治理理念以及促进利益整合的社会治理理念。其次，社会治理体系现代化是推进社会治理现代化的重要支撑。必须扎实推进社会治理组织体系、社会治理制度体系、社会治理运行体系、社会治理评价体系和社会治理保障体系的现代化。再次，社会治理机制现代化是推进社会治理现代化的基本保障。必须建立和健全民生改善保障机制、利益诉求表达机制和多元主体协同共治机制。最后，社会治理能力现代化是推进社会治理现代化的强大动力。必须切实推进政府社会治理能力和社会组织社会治理能力的现代化。在推进社会治理现代化的过程中，必须始终坚持"四化合一"，使其协同共进。

（执笔人：潘华）

第九章 推动全民参与社会治理任重道远

习近平总书记曾指出，坚持人民主体地位，发挥人民首创精神，着力解决好人民群众最关心最直接最现实的利益问题，不断让人民得到实实在在的利益，充分调动人民群众的积极性、主动性、创造性，一切历史都是制度演变史。党的十八大以来，中山、南京、北京等地不断加大资金投入并创新管理理念，在社会治理的工作中取得了一定成效，推动了本地区社会治理的全民参与。然而，这些经济发达地区的经验就全国而言并不具备很强的可推广性，我国在推动全民参与社会治理方面面临着财政保障、贫富差距、法规滞后、利益协调等方面的困难。人民对美好生活的向往就是我们社会治理现代化努力的方向。针对以上困难，根据党的十九大和党的十九届四中全会、五中全会精神，本章提出要提高民生领域相对投入比例、全面提升政府官员治理理念、构建政策规定的动态调整机制、建立政府主导、社会力量能发挥更大作用的利益协调机制等政策建议。

第一节 坚持目标导向 引领制度创新

自党的十八届三中全会以来，社会治理理念取代了社会管理概念，党的十九届四中全会又提出，要"坚持和完善共建共治共享的社会治理制度"。社会各界对社会治理的关注与讨论也上升到了新的高度。解决社会问题、化解社会矛盾、创造社会价值是社会治理的主要目标，全民的广泛参与是实现共建共享的必要基础，政府放权是推动全民参与的重要前提。"十四五"规划纲要中再次提出，要"建设人人有责、人人尽责、人人享有的社会治理共同体"。近年来，我国很多经济相对发达地区政府在推动全民参与社会治理方面积极探索，积累了宝贵经验，课题组先后赴中山、南京、北京等地就全民参与社会治理问题进行了座谈与实地考察，获得了丰富的资料，对我国推动全民参与社会治理的现状与面临的困难有了更深刻的认识。

第二节　透视纷繁现状　找准实质问题

一、政府对社会领域投入不断加大，但可持续性面临挑战

近年来，虽然我国经济发展水平不断提高，但民生领域的社会矛盾和问题却日益突出。面对这一情况，许多地区的政府都认识到了社会稳定与民生问题的重要性，对社会领域资金投入在不断提升，也为全民参与社会治理提供了坚实的财政保障。

例如，为促进全民参与社会治理，中山市每年不算行政开销和硬件支出的激励性项目支出达到 5 亿元。其中为鼓励引导中山市民参与社会治理，中山市政府设立了社会管理与创新专项资金，2015 年资金总额增至 8464 万元（2013 年与 2014 年分别为 5000 万元与 7500 万元），十多项全民行动都相应配齐了专项财政保障经费，确保了各项行动顺利进行。为提升社会治安水平，创建"全民治安"模式，2014 年起将对群众反映的并查实"三非"（非法入境、非法居留、非法务工）外国人的奖励额度由 300 元提升至了 3000 元（2016 年再次提升为 5000 元），取得了明显成效，"三非"外国人数量极大减少。为促进全民健身，中山市大力推进全民健身设施城乡全覆盖，2014 年投入 1960 万建设社区体育公园和全民健身设施 53 个，2015 年又进一步建设了 66 个全民健身驿站。

为改善老年人生活质量，北京市政府将老旧住宅增设外挂式电梯纳入了政府"十大"民生工程之一，在中直单位展开了试点，为更好地协调各楼层住户的利益，市政府对中直单位职工楼进行了全额补贴，目前为止在万寿路六区、人民日报社、灵境胡同 12 号院、国家林业局、中央党校、八里庄干休所、东花市北里西区等地分别加装了平层或半层停靠电梯，取得了一定成效，也为居民带来了便利。

这些不断加大的财政投入，构成了全民参与社会治理的原动力，不断提高的生活水平使得居民有更高层次的追求，参与社会治理的意愿不断得到加强，而合理的激励、补偿政策也会进一步调动居民参与社会治理的积极性。在看到财政投入对全民参与社会治理促进作用的同时，我们也应当认识到随着经济增长速度不断下降，财政支付能力也会受到很大影响，未来这些调动居民参与社会治理方面的激励、补偿措施的可持续性将会面临一定挑战。

二、经济发达地区有很多成功经验，但在全国范围缺乏普适性

在全民参与社会治理比较成功的地区，其成功的原因主要有两个方面：一是相对雄厚的经济实力，二是政府官员有着比较先进的治理理念。

在推动全民公益方面，中山市政府发扬创新精神，探索出了党政部门搭建平台、社会组织实施、市民与企业积极参与的"1+1+1"公益模式。在项目确立过程中，政府在各个公益领域都设了专门的板块，广泛征求社会意见，组织专家进行评选，整个过程公开透明。在项目选择方面，政府给予了投入方充分的选择权力，可根据自己的偏好选择资金最终流入的公益项目，这些公益项目涵盖了留守儿童、自闭症儿童、妇女、老人、戒毒人员等各个领域。这种模式有效调动了社会各界参与公益事业的积极性，2015 年在组委会投入 928 万元种子资金的情况下，撬动部门配套和社会捐助总资金 3346.6 万元，并吸引了 1 万多名志愿

者参与。

可以肯定地说，中山及南京市在全民参与社会治理领域所做的工作，已经达到了全国一流水平。经济相对发达地区在雄厚经济实力的支撑下，不断下放权力，充分尊重民意、引导民意、调动民意，在全民参与社会治理领域不断总结着宝贵的经验。然而，我们在这里有必要指出一点，即这些经验虽然在同样的经济发达地区有适用性，但在贫困地区却不具备可借鉴性。在我国，越是经济相对发达地区，政府的治理理念也越是先进，中山的经验无论多么成熟，如果放在西部或东北的很多贫困地区，即便在财政资金有保障的情况下，短期也未必行得通。

三、成功案例主要集中在居民参与公益慈善或治安监管领域，通过社会力量化解社会矛盾方面鲜有成功案例

居民或社会组织参与公益慈善或治安监管无疑解决了社会问题、满足了社会需求也创造了社会价值，这些都是全民参与社会治理的重要内容，也是形成共建共享社会治理格局的重要部分。然而，全民参与社会治理的另一个更重要组成部分是通过更多社会力量参与有效化解社会矛盾。

中山市的很多村子都处于外地人多于本地人的人口倒挂状态，为化解本地人与外地人的矛盾，中山市推行了村特别委员制度，每村聘任2—3名优秀异地务工人员为村委会特别委员，共同参与社区公共事务尤其是涉及异地务工人员利益的事务的管理。由外地村民组成的特别村委会使得外地村民可以有效表达自己利益诉求，缓冲了很多本地人和外地人之间的矛盾。从严格意义上讲，全民参与社会治理主要指居民或社会组织参与公共事务领域，这种畅通居民群体表达自身利益诉求渠道的模式并不属于全民参与社会治理范畴。

第三节　知难而进　迎难而上

一、经济下行与对社会问题的相对忽视为社会治理的财政保障带来压力

众所周知，未来我国经济运行将会呈现"L型"走势，预计未来我国经济增速会继续放缓，甚至一些地区会出现实际的负增长。

经济的下行与对社会问题的相对忽视使得整个民生领域的财政支出能力都会面临巨大压力，对于需要很多激励政策以保证公民参与积极性的社会治理领域而言，财政支付能力增速的减弱更是会直接影响政策的执行效果。

二、贫富差距为贫困地区社会治理水平提高带来挑战

尽管根据官方统计我国基尼系数在 2008 年达到 0.491 后，一直不断下降，但是我国基尼系数仍处于 0.4 的警戒线之上。我国政府近年来出台的扶贫、惠农支农等政策在很大程度上缩小了贫富差距，但受政府财政能力、农业经营效率下降、农业劳动力流动效应渐进极限等问题影响，我国未来的贫富差距很难显著改善。

中山市的小榄镇在吸引社会力量参与公益慈善事业方面做出了显著的成绩，小榄镇作为中国百强镇一年的地区生产总值可以达到 300 亿元，而西藏自治区一年的地区生产总值也只有 1000 亿元。从国际经验来看，全民参与社会治理往往是经济发展水平达到一定阶段之后的产物，全民的参与在很多时候是一个把政府财政投入由"舍得花"转为"花得值"的过程，而我国地区、城乡间的贫富差距为在全国范围内推动全民参与社会治理，真正实现共建共享带来了一定阻碍。

从某种意义上看，全民参与社会治理同产业发展一样都具有"规模效应"，全民的参与可以使很多社会问题向着更好的方向发展，而民生问

题的改善又可以进一步带动经济的发展，形成良性循环。从目前看来，贫富差距在很大程度上造成了基本公共服务在地区、群体间的不均等，而未来的贫富差距很有可能会进一步加大各地区推动全民参与社会治理成效的不均等，进而还有可能进一步拉大地区间的贫富差距。

三、新问题与旧规定的矛盾为社会治理效率提升带来障碍

中山市很多自发形成的民间社会组织已经有了不小的规模，但由于满足不了在民政部门所需要的登记要求，因此政府部门采取了备案的形式。现有的登记制度还是沿用的国务院 1998 年印发的《社会团体登记管理条例》（国务院 250 号令），与现今的时代相比已经明显滞后了，但中山市作为地级市没有立法权，因此只好参照近 20 年前的规定继续执行。

在北京市 2016 年市属住宅增设电梯试点中就由于北京市市属的楼和中直单位的楼结构不同，楼间距很近，按现有规定增设电梯很难符合要求，只能采用"备案"这一"权宜之计"，从而导致因缺乏审批证明，开工证无法正常办理，质量安全监管权责不清问题的出现。

尽管如养老、医疗等社会领域的很多问题都是一些历史遗留问题引发的，但这些问题却已经成为了社会发展领域的新问题，在设法解决这些问题的过程之中，陈旧法律条文的限制往往形成了问题解决的第一道障碍，与"改革"的积极性相比，"改法"的进程在很多时候明显滞后了。要想推动改革，很多地方政府或官员都需要付出一定时间成本研究如何"打擦边球"以规避违法所造成的损失。

陈旧的法律条文加上我国复杂的行政法体系，给改革造成了掣肘，加之近两年社会问题频发，互联网的发展又使得很多社会矛盾得到了进一步放大，直接增加了改革的风险，降低了很多地方政府改革的积极性。

四、多元利益难以协调为社会稳定带来风险

化解社会矛盾是社会治理的一个重要目标，调研中也有专家表示"社会治理就是一种高层次的维稳"。任何一个社会都存在众多的利益主体，个人、企业、非政府组织、政府建立的公益组织和政府机构本身等等。这些主体总是有着不同的利益、偏好和目标与行为方式，他们之间合作与竞争，既是社会进步的动力，也可能成为社会冲突的原因。要想实现共建共享，就必须更为有效地化解多元化的利益主体之间冲突，实现社会的稳定、发展与进步。

在中国，近年来多元利益主体之间的冲突给社会稳定带来比较大的风险。一般地说，大部分冲突来自于公共领域的产权制度的不完整或不公平。这特别表现在以下几个方面：第一，在计划向市场经济转变中，在产权改革过程遗留下许多人们对于公平问题的质疑；第二，中国特殊的土地产权制度，法律法规相当不健全，而且很难正常地操作，很多以发展为目标的操作过程又违反了现有的法规；第三，在许多公共领域，公民自组织和自协商的机制还没有建立起来；第四，随着互联网等新技术的进步，面对新技术带来的权利与权力之间种种矛盾，还需要通过比较长时间的探索；第五，解决政府官员的腐败和工作低效还需要比较长时间的努力；第六，在医疗、养老等社会保障领域，无论在保障力度还是在公平性方面都有许多需要改进的空间。

第四节　创新政策　努力践行

一、提高民生领域相对投入比例

经济与社会并非两个相互割裂的概念，而是两个相辅相成的领域，在改革开放初期，人民生活水平较低，将更多的精力投入到经济领域、切实提高人民生活水平是在当时的情况下的一种必然选择。而随着经济水平的提高，对效率的追求也引发了很多社会公平问题，这些社会公平

问题又进一步抑制了经济的发展，这时候就需要加强对社会发展的重视，化解社会矛盾，只有社会更公平，经济才能更有效率。

在今后的工作中，还应当进一步提升民生领域支出在总支出中的相对比例，并加大对地方政府特别是相对落后地区政府的转移支付力度，为地方政府促进社会发展提供更多的财力保障。

在对政府的政绩考核过程中，应当把社会发展放到跟经济发展同样重要的位置进行考核，要全面提高地方政府推动社会发展的积极性，彻底消除"唯 GDP 论"。只有建立对政府官员合理的激励制度，才能保障各地政府对社会问题的真正重视。

二、全面提升政府官员治理理念

社会治理的核心概念，就是政府让渡权力，将更多的权力交还社会，全社会共同参与社会建设，这一概念的提出本身就是一种理念的进步，推动社会治理的全民参与，必须整体提升政府官员的理念，让各级各类官员认识到放权对经济社会发展的重要性。

各地区官员特别是相对落后地区官员，必须认识到金钱或福利待遇的激励作用固然有效，但权力的下放，能在公民与政府之间形成更多的"共融利益"，这种方式的激励效果很多时候不弱于金钱或福利待遇的激励作用。居民、社会组织等社会力量参与社会治理积极性，绝不是简单的口头鼓励引导就可以提高的，这种"积极性的购买"，需要付出成本，需要让公民更多的体验到参与所获得的收益，而对各方意见的尊重与采纳，无疑是组成收益的重要部分。

在理念提升的过程中，顶层设计是至关重要的，只有中央政府做好表率，地方政府才能更好地效仿，必须加速简政放权的进度，将更多的权力下放至地方政府与全社会的各个领域。"群众点菜，政府买单"是一句响亮的口号，在中山市等经济发达地区也已经得到了很好的体现，在接下来的工作中，中央政府不仅应当给予地方政府"买单"的责任，更要提高地方政府"买单"的能力。

三、构建政策规定的动态调整机制

要想真正意义上实现共建共享，就必须鼓励创新，推动在社会治理领域的改革，这就要求我们必须构建政策的动态调整机制。第一，在监管思路上，要加速建立更为全面的"负面清单"模式，明确"法无禁止即可为"的总体方针，随着社会发展出现的新问题，对"负面清单"进行及时更新。第二，要在自下而上不断征求意见，充分吸收各界观点的基础之上，梳理总结出阻碍社会领域改革进程的法律条文，对这些条文及时进行更新完善。在这一过程中，对于与其他规定相关性较强的法律条文，要认真研究，统筹调整。第三，对于敢于改革的领导干部，要有容错机制。对于改革失败的案例，要及时总结，吸取教训，为之后的改革提供宝贵经验；对于尝试改革失败的领导者，只要不侵犯人权或对人民生命财产带来损失，应当尽量包容。

四、建立政府主导、社会力量能发挥更大作用的利益协调机制

无论法律制度或产权制度都不可能是完美的，而且公共领域的情况、问题和矛盾千差万别，不可能都依靠司法过程来解决。利益主体之间由于信息不对称而产生的恶意猜测和"敌意"导致了许多问题的产生。在价格机制失效的公共领域，需要构建一个良好的沟通机制，使各利益主体之间可以互相协商，互相体谅，互相照顾。中国政府在社会角色中始终处于超级强势的地位，协商机制的建立，政府有责任也应当有能力处于主导的地位，无论政府自身是不是矛盾的一方。

在容易发生矛盾和冲突的领域，政府相关部门应当有专门的人力来主导不同利益主体之间的协商，以不同方式促进他们之间的沟通、谈判、讨价还价，甚至提供解决问题的意见和建议。更重要的是，在协商

过程中，要更多发挥社会力量的作用，让媒体能更好地挖掘真相，让公众可以根据真相做出更客观的评论，让专家学者的意见得到更多的采纳。政府应当在长期的主导协商中，不断总结经验，对于各类成本和收益，各类补偿和付出的估价，以协商过程的实现，建立起各种可能的、自发的、非正式的、非强制行为规则和惯例，把更多社会力量的参与作为一种重要的社会资本，更好地维护社会稳定。在整个矛盾化解过程中，信息的公开透明是一切的基础，必须保证信息可以及时发布，保障社会的知情权。

（执笔人：田帆）

第十章　网络化对社会治理的
红利效应、挑战与应对

习近平总书记强调，构建网上网下同心圆深入开展理想信念教育，深化新时代中国特色社会主义和中国梦宣传教育，积极培育和践行社会主义核心价值观，推进网上宣传理念、内容、形式、方法、手段等创新，把握好时度效，构建网上网下同心圆，更好凝聚社会共识，巩固全党全国人民团结奋斗的共同思想基础。目前，我国网民规模居世界首位。以互联网为代表的新技术变革对社会发展带来了机会平等、消费公平、就业灵活和教育多元化等红利效应，同时也深刻变革了传统金字塔式的社会结构，推动社会结构扁平化、社群化和原子化，对社会治理创新提出了新的挑战，挑战传统的意见表达机制和舆论引导机制，挑战传统的社会诚信体系，挑战传统的公共服务管理模式，对公民个人隐私暴露带来较大风险。要深刻把握大数据、移动互联、云计算和人工智能等现代科技发展大势，创新社会治理思维和方式，以"三化"为抓手，形成共建共享共治的社会治理新生态；以技术赋能为突破，建设基于大数据的社会诚信基础设施；以激活社会组织为重点，创新社会矛盾预防化解机制。

随着我国互联网的快速发展，互联网普及率日益提高，网民规模不断扩大，网民人数居世界第一，青少年是网络最为活跃的使用者。我国网民规模已从2005年的1.11亿人增至2018年的8.29亿人，13年增长7.18亿人。互联网普及率从8.5%增至59.6%，13年增长了51.1%（见图10-

1）。同时，截至 2018 年，我国手机网民规模达 7.88 亿，网民通过手机接入互联网的比例高达 98.3%。2018 年，我国 16—59 岁的劳动年龄人口为 8.97 亿人，占总人口的 64.3%，网民人数与劳动年龄人口比达到 1∶1.06，劳动年龄人口基本全部网络化。随着我国网络覆盖范围显著扩大、连接速度不断提升、使用费用持续降低，互联网对经济社会的影响越来越大，已经成为推动我国经济社会发展的重要力量，以互联网为代表的新技术变革对社会发展带来了巨大的红利效应，深刻变革了传统金字塔式的社会结构，对社会治理创新提出了新的挑战。

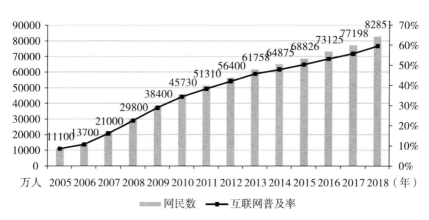

图 10-1　我国网民数及互联网普及率情况（2005—2018 年）

数据来源：CNNIC。

第一节　网络化东风　带来社会发展四大红利

一是机会平等。网络改变了城乡发展水平及基础设施分布不平衡，弥补了资源配置空间可及性部分落差，提供了更多机会平等。互联网技术突破传统的地理限制，扩大市场的范围，让偏远地区的潜在生产要素能够进入到现代经济活动之中并实现其应有的价值，为偏远地区创造更多的就业机会，拓宽偏远地区的人们参与发展的途径。网络将进一步促进优质的教师智力资源、数字教学资源和社会信息资源从教育"高地"

向"洼地"精准、高效、可持续地流动，向农村、薄弱学校、贫困地区、困难群体倾斜，不断消弭数字鸿沟、知识鸿沟，努力实现包容、平等、有质量的教育和终身学习的目标。网络也促进了农村和边缘地区接入市场，包括农产品上行和消费品下行，加速了农村经济市场化进程和生活消费便利性。商务部数据显示，2018 年，我国农村网络零售额达 1.37 万亿元，占全网零售额的 15.2%，我国有 4000 多个淘宝村 800 多万村民，活跃网店超过 66 万个，创造了近 700 万个就业岗位。

二是消费公平。网络改变了消费结构和方式，在线消费、信用消费等"互联网 + 消费"成为新亮点，并呈现出内容付费、移动支付等新特征。网络推动了线上线下消费界限逐步融合，消费者主权被重新定义，传统的以货物为核心的销售方式、以生产者为中心的生产方式转变为以消费者需求为中心的柔性生产组织方式。在发现消费者需求、引领创造新的需求的过程中，"互联网 +"正在发挥更大作用。国家统计局数据显示，2018 年全国实现社会消费品零售总额超过 38 万亿元，其中，网上零售额 90065 亿元，占社会消费品零售总额的比重为 23.64%。其中，实物商品网上零售额 70198 亿元，占社会消费品零售总额的比重为 18.4%；非实物商品网上零售额 19867 亿元，增长 18.7%。线上线下的界限逐步融合。

三是就业灵活。以互联网为代表的新技术变革释放了劳动力的潜能，催生了大量新增就业机会，重构了就业新生态，就业结构和方式更加多元化，灵活就业和平台就业成为可接受的重要就业方式。传统就业边界扩大化、模糊化，"平台型就业"逐渐浮现，自由工作者群体正不断扩大。创新创业门槛大大降低，"创业式就业"快速发展。平台型就业、创业式就业正成为显著的就业方式。中国人民大学劳动人事学院发布的《阿里巴巴零售电商平台就业吸纳与带动能力研究（2017 年度）》报告数据显示，2017 年阿里巴巴零售生态创造就业机会总量达 3681 万。其中平台产生了 1405 万个交易型就业机会。零售业上游的研发设计、生产制造，下游的快递物流、售后服务等环节产生了 2276 万个带动型就业机会。腾讯微信、中国信通院、数字中国研究中心共同发布的《微信就业影响力报告》显示，2018年微信带动就业机会达2235万个，其中带动直接就业机会527万个，小程序带动就业机会182万个。

四是教育多元化。互联网改变了传统的教育方式，丰富了教育的量度，打破了权威对知识的垄断，变革了传统教育模式，让教育从封闭走向开放，人人能够创造知识、共享知识、获取和使用知识，"随时随地学习"成为现实。同时，互联网技术将提高信息传播的速度，丰富信息传播的内容，扩大信息传播的覆盖面，大幅度降低获取知识、提升技能的成本和门槛，使更多的人有条件获得教育和培训的机会，有力促进教育的均衡化发展。互联网推动了个性化的教育，教育理念、教育方法、学习环境和学习模式也都随之发生了深刻的变革，老师们从传统的课堂，演变成可以随处拿着PPT，直播授课，学生们也可以不受任何限制地去反复播放学习。在"互联网＋"的催化作用下，知识的载体将不再是书本那么简单，各类数字学习资源（音频、视频等）、各类电子数字产品（平板、手机等）、各式学习方式（游戏化学习、翻转课堂等）将有机结合成新型教育融媒体。《2018年中国在线教育行业发展研究报告》数据显示，截至2017年，我国在线教育用户规模达到1.44亿，网民使用率近两成。

第二节　网络化重塑　对社会结构带来三大变革

互联网新经济蓬勃发展，技术进步在推动经济发展方式和业态模式系统性变革的同时，也深刻改变了人们的社会活动参与方式，对社会结构进行了重新塑造，推动社会结构扁平化、社群化、原子化。

一、进一步推动社会结构扁平化

以互联网等为代表的新兴技术变革，为社会结构变迁注入了新生力量，改变和重塑传统社会结构，使得传统意义上的金字塔形、块状的层级结构模式变为扁平化社会结构。社会阶层呈现出分化和整合并存的态势，不同阶层之间的利益张力越来越强化。阶层结构从刚性结构逐渐转向弹性结构，阶层之间的流动性增大，阶层利益日益凸显，物质财富和教育机会的分配越来越呈现出代际传递的特点，不同阶层之间的利益张力越来越强化，有可能从张力转化为矛盾，从矛盾转化为冲突。传统社会结构中各社会要素上下、垂直的结构形态发生了变化，网络社会结构不再以传统意义上的社会结构形态进行分层，而是重新依据兴趣、爱好等方式进行重组。原有的社会块状结构和层级结构模式将发生重大改变，整个社会将维系于信息网络，使社会变得更加多变，不确定性增大，社会呈现出一种多元网状结构。

二、促使社会结构社群化

互联网逐渐消除了不同地区之间的地理边界，达到"足不出户，通晓全球"的状态，与此同时，虚拟性的网络催生了一种全新的互动模式，微博、微信等即时通信工具大大缩短了人们之间的空间距离。人与人交往的形态也呈现出了新的特点和方式，社会结构呈现出以互联网为平台的社群化特征。人们按照各自的需求和兴趣参与到多样化的网络社区中，依赖社群来获取信息，建立新的人际关系网络。社群化从互联网社交、消费、信息垂直化更容易观测到，其本质是认知差异和文化教育差异。

三、推动社会结构原子化

互联网极大地放大了个人的社会关系广度，改变了人与人之间的连接方式，人与人之间联系弱化、个人与公共世界不断疏离，单位制度日益消解，社会制约因素走向弱化，人与人之间、个人与社会组织间呈现弱联结状态，导致社会结构"去中心化""原子化""碎片化"。在传播活动中，互联网的使用者追求的是多元化信息"为我所用"，强调网络行为是"我"要发言、"我"要参与。个性化本身就是互联网的核心竞争力所在。

第三节　网络化危险　对社会治理带来新的挑战

网络化的信息社会已然成为一种真实的社会形态，传统的社会治理模式已经不合时宜，来自网络社会的问题与风险对当前社会治理提出了巨大挑战。

一、挑战传统的意见表达机制和舆论引导机制

新兴媒体迅猛发展，信息传播和交流方式发生重大变化，网络虚拟社会对现实社会的影响日益增强，对创新社会治理方式提出了新要求。一方面，网络化促使新媒体出现，改变了人们旧有的信息消费模式，打破了传统媒介的单向传播模式，受众群体的自主性增强、选择性增强、互动性增强，让媒体对于社会的影响在一定程度上增大。另一方面，网络化增强了新媒体传播内容的海量性、选择性，可能导致不良价值观的渗透，对社会治理带来危机。第三，网络具有独立的社会组织功能，即时性和匿名性使其极易形成人气集合、信息汇总等网络行动，同时也伴随网络语言暴力、网络色情、网络谣言、网络思想渗透、网络黑客控制等新型社会问题。传统社会治理方式缺乏透明性和互动性，仅靠屏蔽、封锁等以堵为主的强力手段，缺乏必要的法律依据和制度规范，舆论引导机制不灵活，难以应对信息化社会和网络时代的挑战。

二、挑战传统的社会诚信体系

随着互联网的快速发展，社会利益快速向网络延伸，传统社会中的各种犯罪行为都在虚拟空间内找到了成长的土壤，网络空间内信息的失真、造假，给网络诚信、社会诚信带来巨大的伤害，也给商业骗局、欺诈作

伪、造谣传谣、人身攻击、窥探隐私、煽动蛊惑、网络病毒、网络盗版、网络赌博、金融诈骗等网络失范乃至网络犯罪提供了机会，极大地伤害了社会诚信，破坏了社会秩序。一是网络公关公司、网络水军异常活跃，他们以合法或非法的方式，不断绑架社会舆论制造所谓"一夜成名"的神话。网络水军往往占据道德高地，抓住人性的弱点制造热门话题，煽动公众情绪，绑架社会舆论。受西方消费社会的影响，目前社会上一些人爱慕虚荣，期望通过走捷径来谋求意外的成功。于是，网络公关公司和网络水军就抓住这些人的心理，以各种出格的方式滥用媒体、绑架舆论，挥霍网民的正义和良知。芙蓉姐姐、流氓燕、郭美美等都是通过踩踏道德底线走进公众视野的。二是形式多样的网络诈骗屡禁不止，十分活跃。如在信贷、股市和集资等金融领域，所布下的陷阱主要是以高额回报为钓饵，吸引那些急于致富、想赚快钱的网民的投机心理。网络金融骗局利用网络传播速度快、扩散空间大、冲击力度强的优势，短期积聚众多客户，吸纳大笔资金。网络经济诈骗不管以何种手法出现，都对社会诚信造成极大的伤害。由于受害面广、人员多、涉案金额巨大，常在大范围内造成冲击，使受害人蒙受巨大财产损失和心灵创痛，是对社会稳定的严重破坏。

三、挑战传统的公共服务管理模式

以互联网为代表的新技术变革对于公共服务对象明晰、垂直管理的运行方式和政府主导的改革逻辑形成了冲击。互联网技术显著提升了公共服务改革，关联舆情传播效率、渗透强度和社会影响力进一步扩大，部分群体的局部性利益诉求被不断放大，群体间攀比和逆反心理普遍存在并不断蔓延，使公共服务改革议题往往会发酵为负面热点和舆情旋涡，并带来社会稳定风险等衍生性问题，对公共服务改革平稳推进形成了一定约束。当前，我国政府部门之间的职能共建、信息共享、治理数据库搭建等工作尚不完善，政策融合联动机制没有落地。科学治理、源头治理等现代治理理念和方式还未切实融入决策过程。咨政体系、监管体系、评估体系仍处于实际治理过程的"体外循环"。社会资源参与社会治理的分工协作体系也存在不适应之处，群众性自治组织、公益性社会组织、专业化智库以及社会志愿者队伍的治理协作效率不高。

四、对公民个人隐私暴露带来较大风险

互联网化带来海量大数据，大数据给社会治理带来公民个人隐私暴露的风险。人们从网络上上获得更多便利的同时，也将个人的思想语言、行为习惯、价值偏好等不自觉地融入到网络中，无论从工作到学习、从购物到出行、从社交到运动，几乎所有行为都被网络大数据捕获并进行频繁、普遍、精准的数据分析，大数据不仅从社会成员处直接获得数据，更能够通过数据关联性分析，挖掘到更深层次的个人隐私。大数据打破了私人领域和公共领域的界限，使得"私人领域和公共领域形成共同的数据基础"，人人都可能变成"透明人"，而平衡公共利益和个人利益之间关系的隐私权保护机制并没有建立。大数据给公民带来隐私暴露的风险：在道德层面，隐私是与人类尊严不可分割的天赋的条件和权利，在大数据条件下，隐私则超越了"不愿为他人干预或不便为他人入侵"的领域，成为了被收集挖掘、被分析预测、被全面监控的公共数据。

第四节　趋利避害　调整政策

一、以"三化"为抓手，构建共建共享共治的社会治理新生态

一是融化：把新媒体工具、大数据思维整合进入社会治理常态业务流程。要深刻把握大数据、移动互联、云计算和人工智能等现代科技发展大势，创新社会治理思维和方式，搭建多元社会治理和公共服务平台，推动"互联网＋社会治理"融合发展，积极将大数据、新媒体等整合进入社会治理常态业务流程，优化社会治理环节和流程，逐步建立上下互动、主体多元的矛盾化解机制，实现从经验治理向数据治理、从被动响应

型治理向主动预见型治理转变，及时、全面掌握社会治理情况及其变化趋势，提升社会治理智能化水平，推进社会治理体系和治理能力现代化。

二是强化：鼓励社会创造，细化社会群体，分类引导社会预期。 要转变粗放式、经验式的管理思维，细化社会群体，着重区分外来人口与本地居民、不同年龄群体以及不同阶层群体之间特点和利益诉求，根据实际采取个性化、精细化的社会治理措施，提供多样化、专业化、人性化、高效化服务，实现更优质、更关注细节和更加人性化的治理效果。要针对不同社会群体，分类引导社会预期，凝聚各方共识，形成治理合力，促进社会治理在高效化、实效化中实现精细化。

三是柔化：支持广泛的社会创新，形成共建共享共治的社会治理新生态。 要打破传统国家主导—社会服从的社会传导机制，突破利益固化的藩篱，避免"该管的不管，不该管的硬管"的"大政府"部门治理乱象发生。要广泛支持社会创新，通过社会体制创新和治理体系重塑推进社会治理，激发社会力量参与社会治理和自我管理的积极性，加快建立完善以政府为主导、社区自治为基础、社会组织为中介、公众广泛参与的社会治理新格局，提高社会自治能力和优化政府职能权责，助力形成上下互动、和谐共生的共建共治共享社会治理新生态。

二、以技术赋能为突破，建设基于大数据的社会诚信基础设施

一是促进新技术与社会治理相结合，提高社会治理智能化水平。 首先，打破"数据孤岛"，完善大数据基础建设，坚持互通、互动、共享原则，开发与制定统一开放、共享应用的数据标准体系，建立由政府、市场和社会多主体共建大数据治理平台，通过平台建设，整合基础数据资源，形成立体式的数据网络，实现数据信息的"聚、通、用"，为社会治理提供新支撑，提高社会治理的精准化、精细化水平。其次，建立健全新型社会舆情监测系统，开展社会舆情大数据分析，做好重大决策社会稳定风险评估工作，变革原有自上而下的矛盾化解机制，逐步建立上

下互动、主体多元的矛盾化解机制。再次，探索网络化社会治理新模式，充分借助智能互联技术，探索实施"互联网＋群众路线"治理模式，调动广大群众积极参与社会治理，扩大参与广度，拓展参与深度。

二是着力建设基于网络化大数据的社会信用基础设施。把信用建设重心从经济信用为主扩展到社会行为信用，使社会信用成为推动社会治理方式创新的新动能。首先，大力推进诚信守法，加强普法教育，强化制度约束，形成诚信守法的长效机制。其次，要加快建立基于公民身份证号码的信任根制度，建立统一的社会信用代码制度和相关实名登记制度，切实推行手机号码、银行卡、网络实名制。再次，要建立违法犯罪记录与信用、职业准入等挂钩制度，强化对守信者的鼓励和对失信者的惩戒。最后，要坚持推行实名制与保护公民个人信息安全并重，健全用户信息保护制度，加强对用户个人隐私、商业秘密的保护。

三、以激活社会组织为重点，创新社会矛盾预防化解机制

积极通过"互联网＋"激发社会组织活力。社会组织在社会治理中扮演重要的角色，当其遭遇信任危机时，需要及时通过互联网公开网民关注的信息、回应网民关切，重新获得网民的信任。需要及时地向社会公众及相关利益者公开资金来源及使用情况，提高社会组织运转的透明度。社会组织透明度越高，就越容易得到社会各界特别是相关利益者的支持，促进社会组织公平竞争，激发社会组织的活力。此外，还要充分发挥互联网在社会动员、救援等方面的作用，通过互联网集聚正能量，应对灾害、事故等突发性事件。

充分利用网络化创新社会矛盾预防化解体制机制。把互联网和群众路线相结合，借鉴新加坡设立民情联系组的成功经验，建立联系群众的互联网平台，形成"互联网＋群众路线"模式，引导人民群众充分有序地表达诉求、反映问题，以便党政部门有针对性地调解、处理和化解社会矛盾，保障人民群众的合法权益。建立社会舆情监测系统，开展社会

舆情大数据分析，做好重大决策社会稳定风险评估工作。进一步推动政府部门和公检法司部门通过互联网公开行政执法和司法信息，强化社会监督，及时纠正不作为、乱作为现象。推行网上信访，拓宽信访渠道，让访民及时表达诉求，反映问题。

（执笔人：范宪伟）

附录：新中国成立70余年社会建设的成就、历程和经验

新中国成立70余年来的社会建设是不断奋进，也是硕果累累的。在站起来的时期（1949—1977年），顺利完成了社会主义改造，实现了由资本社会向劳动社会的转变，人民全方位当家作主。在富起来的时期（1978—2011年），坚持发展就是硬道理，致力于全面建成小康社会，人民生活逐步富裕，基本公共服务体系不断健全。在强起来的时期（2012—　　），习近平同志坚持发展新时代中国特色社会主义，完善社会治理新格局，不断增强人民群众幸福感、安全感和获得感。

社会建设从来就不是孤立而存在的。新中国社会建设的70年是中国特色社会主义建设的重要组成部分、不可或缺，并且与经济建设、政治建设、文化建设和生态文明建设一道并驾齐驱，一路高歌，奏响了中国人民站起来、富起来和强起来的恢宏历史交响乐。

第一节　新中国成立70余年社会建设取得巨大成就

众所周知，社会建设由四大部分组成：一是大力发展社会事业，不断完善基本公共服务体系和提高基本公共服务质量；二是动态优化社会结构，主动适应经济和社会发展的客观需要；三是完善社会服务功能，增进社会公平正义；四是促进社会组织发展，增强社会活力。我们深入

考察新中国社会建设 70 年取得的重大进展，自然也离不开这四个结构性维度。

一、基本公共服务体系不断健全，服务质量显著提高

改善民生是社会建设的首要任务。70 年来，我们党和政府特别重视发展社会事业。社会事业是关系人民群众基本生活质量和共同利益的公共事业，也是中国特色社会主义中的一个重要组成部分。社会事业主要包括教育培训、医疗卫生、劳动就业、社会保障、科技事业、文化事业、体育事业、社区建设、旅游事业、公共安全等方面。公众性、公用性、公益性和非营利性，是社会事业最主要的特征。现在社会事业的概念正在朝着公共服务的方面转变，其中既包括过去特别强调的基本公共服务，也包括强起来以后的非基本公共服务。

1949 年新中国成立初期，百废待兴，基本公共服务方面也是一穷二白。经过 70 年的努力奋斗，我们的基本公共服务体系和质量在人均 GDP 一万美元的发展中国家里面算好的，集中表现在受教育水平偏高、平均预期寿命很长，社会实现了比较充分就业。中国的基本公共服务体系主要体现在"七个有所"方面。

1. 幼有所育。在幼有所育方面，我们努力让所有 0—6 岁的适龄儿童得到更好的养育。截至 2018 年底，全国共有幼儿园 26.67 万所，比上年增长 4.6%。其中，普惠性幼儿园 18.29 万所，比上年增长 11.14%，普惠性幼儿园占全国幼儿园的比重为 68.57%。全国学前 3 年毛入园率达到 79.6%，比上年提高 2.2 个百分点，提前完成了教育规划纲要提出的目标任务。

2. 学有所教。我国教育改革取得显著成就，教育事业迈上新的台阶，总体发展水平进入世界中上行列，服务经济社会发展能力显著提高，国际影响力稳步增强，人力资源强国建设加快推进，为提高全民族素质、实施创新驱动发展战略、全面建成小康社会做出了重要贡献。

3. 劳有所得。大规模开展职业技能培训，注重解决结构性就业矛盾，

鼓励创业带动就业。提供全方位公共就业服务，促进高校毕业生等青年群体、农民工多渠道就业创业。破除妨碍劳动力、人才社会性流动的体制机制弊端，使人人都有通过辛勤劳动实现自身发展的机会。确保在经济增长的同时实现居民收入同步增长、在劳动生产率提高的同时实现劳动报酬同步提高。有效拓宽了居民劳动收入和财产性收入渠道。即使近年来，在经济增速放缓的情况下，每年城镇新增就业均超过了1300万人，主要就业目标处于合理区间，在一个拥有14亿多人口的发展中大国实现充分就业，十分不易。

4. 老有所养。实施全民参保计划。完善城镇职工基本养老保险和城乡居民基本养老保险制度，尽快实现养老保险全国统筹。一方面，着力增强全社会积极应对人口老龄化的思想观念。敬老爱老是中华民族的传统美德。把弘扬孝亲敬老纳入社会主义核心价值观宣传教育，建设具有民族特色、时代特征的孝亲敬老文化。在全社会开展人口老龄化国情教育、老龄政策法规教育，引导全社会增强接纳、尊重、帮助老年人的关爱意识和老年人自尊、自立、自强的自爱意识。另一方面，着力完善老龄政策制度，追求"四个更加"：一是多支柱、全覆盖、更加公平、更可持续的社会保障体系更加完善；二是居家为基础、社区为依托、机构为补充、医养相结合的养老服务体系更加健全；三是有利于政府和市场作用充分发挥的制度体系更加完备；四是支持老龄事业发展和养老体系建设的社会环境更加友好。

5. 病有所医。一方面，以提高人民健康水平为核心，突出问题导向和需求导向，深入推进医药卫生体制改革。将健康融入所有的政策，加快转变健康领域的发展方式，由过去以治病为中心转向以人民健康为中心，更加注重体制机制的创新，更加注重预防为主和健康促进，更加注重提高基本医疗服务的质量和水平，更加注重医疗资源重心下移、资源下沉，使基本医疗卫生制度能够更加成熟、定型，为人民群众创造出更多的健康福祉。另一方面，完善了统一的城乡居民基本医疗保险制度和大病保险制度。特别是党的十八大以来，我国健康领域改革发展取得显著成就，城乡环境面貌明显改善，全民健身运动蓬勃发展，医疗卫生服务体系日益健全，人民健康水平和身体素质持续提高。

6. 住有所居。贯彻"房子是用来住的，不是用来炒的"理念，一方面重点加强保障性住房建设，确保棚户区改造三年1800万户计划完成，继续因地制宜推进货币化安置。另一方面，努力抓好房地产调控，支持居民自住购房需求，抑制投资投机性购房，确保房地产市场平稳健康发展。按照供给侧结构性改革的要求，继续坚定不移抓好三、四线城市和县城房地产去库存。加快推动住房租赁市场立法，推进机构化、规模化租赁企业发展，努力构建购租并举的住房制度。加强住房市场监管和整顿，规范开发、销售、中介等行为。加快研究建立符合国情、适应市场规律的房地产基础性制度和长效机制。进一步做好公租房工作。推进公积金体制改革，用好用足公积金。有序推进老旧小区和住宅宜居综合改造。

7. 弱有所扶。实施脱贫攻坚战。让贫困人口和贫困地区同全国一道进入全面小康社会是我们党的庄严承诺。要动员全党全国全社会力量，坚持精准扶贫、精准脱贫，坚持中央统筹省负总责市县抓落实的工作机制，强化党政一把手负总责的责任制，坚持大扶贫格局，注重扶贫同扶志、扶智相结合，深入实施东西部扶贫协作，重点攻克深度贫困地区脱贫任务，确保到2020年我国现行标准下农村贫困人口实现脱贫，贫困县全部摘帽，解决区域性整体贫困，做到脱真贫、真脱贫。

积极帮助8500万残疾人发展，他们占劳动力市场中弱势群体的大部分。美好生活一个不能少！党的十八大以来残疾人的扶持力度不断加大，贫困残疾人得到有效扶持，越来越多的残疾人过上了有尊严的生活。2018年有116.1万残疾人脱贫退出建档立卡；残疾人接受实用技术培训58.8万人次。1.3万农村残疾人获得康复扶贫贴息贷款扶持。5490个残疾人扶贫基地安置7万残疾人就业，扶持带动13.5万户残疾人家庭。全国共完成11.3万户农村贫困残疾人危房改造，投入资金13.7亿元。

二、社会结构不断高级化，与经济结构的契合度不断提高

结构优化是社会建设推进的重要标志。众所周知，社会结构是指一个国家占有一定资源、机会的社会成员的组成方式及其关系格局，包含种群数量结构、家庭结构、社会组织结构、城乡结构、区域结构、就业或分工结构、收入分配结构、消费结构、社会阶层结构等若干重要子结构，其中社会阶层结构是核心。社会结构同经济结构一样，是一个国家最重要的基本结构。社会结构是由经济结构决定的，有什么样的经济结构，就会有什么样的社会结构相匹配。一般说来，一个国家的社会结构具有复杂性、整体性、层次性、相对稳定性等重要特点。中国当代的社会结构具有公正性、合理性、开放性的重要特征。

一是劳动力的产业结构发生跃迁。在过去 70 年中，无论是中国的劳动力产业结构还是 GDP 的产业结构都经历了两个历史性的大跨越，首先是工业超过了农业的比重，实现了从农业社会到工业社会的跨越；其次是服务业超过了工业的比重，实现了从工业社会到服务业社会的跨越。2018 年全年国内生产总值 900309 亿元，其中，第一产业增加值 64734 亿元，比重为 7.2%；第二产业增加值 366001 亿元，比重为 40.7%；第三产业增加值 469575 亿元，比重为 52.2%。服务业吸纳就业的能力进一步增强。服务业作为我国国民经济的第一大产业，在吸纳就业方面发挥着极其重要的作用。初步核算，2018 年服务业增加值占 GDP 的比重达到 52.2%，比上年提高 0.3 个百分点。与第二产业相比，服务业劳动密集程度高，吸纳就业能力更强，从而使经济增长拉动就业的能力不断增强。在过去的 70 年中社会阶层结构不断现代化，到如今以专业技术人员、办事人员、个体工商户、商业服务业员工为主的社会中间层将逐渐成为大多数，农业劳动者阶层在全国总就业人口中不再占多数，企业家和经理阶层成为一个非常重要的独立阶层，他们同国家与社会管理者阶层以及专业技术人员阶层一起，成为主导性的社会阶层。

二是城乡收入差距不断缩小。1949 年人均国民收入只有 69.29 元，

到 2018 年发展到 28228 元，70 年名义收入增长了 406.4 倍。基尼系数由 1996 年的 0.485 下降到 2015 年的 0.462。城乡收入差距由 2007 年的 3.33：1 下降到 2017 年的 2.7：1。2018 年按全国居民五等份收入分组，低收入组人均可支配收入 6440 元，中间偏下收入组人均可支配收入 14361 元，中间收入组人均可支配收入 23189 元，中间偏上收入组人均可支配收入 36471 元，高收入组人均可支配收入 70640 元。全国农民工人均月收入 3721 元，比上年增长 6.8%。

三是所有制结构持续发展，民营经济成为拉动就业增长的重要力量。改革开放前非公有制经济占 GDP 的比重不到 1%，到 2018 年发展到 60%。随着"放管服"改革深入推进、各项支持民营企业发展壮大的政策措施落实，民营经济活力增强，在扩大就业方面发挥了重要作用。2018 年 12 月，城镇私营企业和个体工商户就业人数分别比上年同期增长 5.7% 和 6.7%，增速分别高于城镇就业人员 3.4 个和 4.4 个百分点。

四是空间结构不断优化，中西部地区成为就业增长的新支撑。中西部地区具有资源丰富、要素成本低、市场潜力大的优势。2018 年，中西部地区积极承接国内外产业转移，发展后劲不断增强，有力支撑了就业增长。2018 年，在东部地区务工的农民工为 15808 万人，比上年减少 185 万人。而在中西部地区务工的农民工人数为 12044 万人，比上年增加 378 万人，增长 3.2%，增速快于全国 2.6 个百分点。

五是在人口总量翻番的情况下，过去 70 年中国城市化依然大幅度向前推进。1949 年，中国的城市化率只有 10.64%，到 2018 年，中国的城市化率达到 59.58%。2018 年末，全国内地总人口 139538 万人，比上年末增加 530 万人，其中城镇常住人口 83137 万人，占总人口比重（常住人口城镇化率）为 59.58%，比上年末提高 1.06 个百分点。户籍人口城镇化率为 43.37%，比上年末提高 1.02 个百分点。全年出生人口 1523 万人，出生率为 10.94‰；死亡人口 993 万人，死亡率为 7.13‰；自然增长率为 3.81‰。全国人户分离的人口 2.86 亿人，其中流动人口 2.41 亿人。

三、社会功能逐步增强，公平正义进一步弘扬

功能完善是社会建设的重要路径。目前，社会公平正义问题在我国正在凸显，这主要是由于在市场经济发展过程中政府职能缺位、错位引起的。政府为授权主体即全体国民服务，是政府天经地义的职守。社会要和谐发展，政府职能就得"归位"，而不能"缺位""越位""错位"。政府的服务职能，一方面，体现在制定制度"游戏规则"。通过不断健全民主权利保障制度、公共财政制度、收入分配制度、社会保障制度，从制度上保障人民在经济、政治、文化、社会等方面的权利公平、机会公平、规则公平和分配公平。另一方面，要合理配置公共服务资源。通过建立和完善政府的社会支持、社会帮助、社会救援的公共服务体制，有效提供公共产品，直接为人民群众服务。弘扬社会公平正义是社会建设的主要目的、基本要求和目标，也是一个文明社会进步的重要标志。所谓社会功能增强就是社会各方面的利益关系得到妥善协调，人民内部矛盾和其他社会矛盾得到正确处理，使社会公平和正义得到切实维护和实现。构建社会主义和谐社会，实现社会公平与正义，有必要从人类社会发展和理解的角度全面认识和解决社会公正问题。

新中国成立70余年的社会建设，有力地促进了保障公民的社会经济权利，其中包括：财产权、劳动权、休息权、继承权、物质帮助权、离退休人员社会保障权。社会经济权利是指公民根据宪法规定享有的具有物质经济利益的权利，是公民实现基本权利的物质上的保障。进入新世纪以后，随着改革开放的不断深入，经济的巨大发展，小康目标的实现，党和国家把维护和解决社会公平正义放到更加突出的位置，要求全党不仅要"更加注重社会公平"，而且要综合运用多种手段，依法逐步建立以权利公平、机会公平、规则公平、分配公平为主要内容的社会公平保障体系，加强对保障社会公平正义具有重大作用的制度建设，使全体人民朝着共同富裕的方向稳步前进。习近平同志指出："要把促进社会公平正义、增进人民福祉作为一面镜子，审视我们各方面体制机制和政策规定，

哪里有不符合促进社会公平正义的问题，哪里就需要改革。"

四、社会组织普遍发展，积极参与国家治理

社会组织发展是社会建设的有效支撑。改革开放以来，随着经济发展水平的提高，各级政府虽然也在不断提高社会服务的能力，加大对公共产品和公共服务的投入，但与人民群众多层次、多样化的物质文化需求相比，投入与需求的矛盾仍未从根本上得到解决。从国际上的成功经验来看，解决问题的出路在于扩大社会和公众的参与，促进社会组织的发展，从而填补政府不到位和市场"失灵"的空白。一个成熟的社会组织体系，对于社会的健康发展具有重要的意义。社会组织是沟通政府和民众的重要桥梁，它一方面把社会成员对政府的要求、愿望、建议、批评集中起来，转达给政府；另一方面把政府的政策意图反馈给社会成员，实现政府与民众的良性互动。截至 2019 年 2 月 9 日，全国社会组织数据系统显示全国登记社会组织已超过 81.6 万个，其中民政部登记社会组织2300 个。社会组织在过去 70 年有了长足的发展：一是不断规范管理社会组织，各级社会组织党的建设全面加强，打击整治非法社会组织专项行动持续开展，广大社会组织积极参与扶贫济困；社会工作专业人才突破100 万人，各类志愿服务活动广泛开展。二是大力推进社会组织登记管理条例的立法，完善社会组织管理法规政策，依法做好社会组织的管理，更好地发挥社会组织的积极作用。

第二节　新中国成立 70 余年社会建设的奋斗历程

每一个时代有一个时代的历史使命，每一个时代的社会建设都有其具体的奋斗目标。我们按照站起来、富起来和强起来三个历史阶段来梳理新中国 70 年社会建设的奋斗经历。

一、站起来阶段的社会建设

新中国成立伊始，除东北等地外中国大多数地方都是从半封建半殖民地的社会一步跨入社会主义社会的，必须进行社会主义改造。因此，站起来阶段社会建设的主要任务是摧毁旧的、落后的、反革命的社会系统，建设一个新的、先进的、革命的社会系统。新中国建立后，中国共产党领导全国迅速地对农业、手工业和资本主义工商业三大行业进行了彻底的所有制改造。1952 年 9 月 24 日毛泽东在中央书记处的会议上就明确提出："我们现在就要开始用 10 年到 15 年的时间，基本上完成到社会主义的过渡。"在掀起社会主义建设高潮的时期，实践推进的速度很快，实际上新中国从 1952 年下半年至 1956 年仅仅用了 4 年时间，我们就完成了对农业、手工业和资本主义工商业的社会主义改造，实现了把生产资料私有制转变为社会主义公有制，实现了过去地主和资本家当家作主向劳动大众当家作主的转换，使中国顺利地从新民主主义社会跨入了社会主义社会。这样做不仅极大地促进了整个国民经济体系的建设和发展，而且极大地促进了工、农、商业的社会变革，实现了从以私有制为基础的社会关系向以公有制为基础的社会关系的彻底转换，人民群众建设社会主义的热情充分显现。

在广大农村社会和农业领域，党中央从 1951 年 12 月开始出台了一系列的决议，规定了我国的农业社会主义改造的路线、方针和政策。到 1953 年春天中国的土地改革任务基本完成，重新获得土地的农民有着极大的生产积极性，但是当时分散、脆弱的农业个体经济既不能满足工业发展对农产品的需求，又有两极分化的危险。中国共产党当时认为只有组织起来互助合作，才能发展生产，共同富裕。到 1956 年底，农业社会主义改造在经历了互助组、初级社、高级社三阶段后基本完成，全国加入合作社的农户达 96.3%。因此，这个时期的农村社会建设走的是合作化道路，从过去的个体劳动变成了集体劳动，从过去的家庭分配变成了集体分配。中国农村这种社会建设是有利于巩固刚刚建立起来的社会主义制度的，否则可能使新中国扼杀在摇篮之中。毛泽东说，我们的方向应该逐步地、有次序地把工（工业）、农（农业）、商（商业）、学（文化教育）、兵（民兵，即全民武装）组成一个大公社，从而构成我国社会的基层单位。1958年7月1日，全国第一个人民公社——嵖岈山卫星人民公社（位于河南省遂平县）正式成立，旨在把农村合作社办成既有农业合作，又有工业合作的基层组织单位。《嵖岈山卫星人民公社的试行简章（草案）》规定：各农业社的一切生产资料和公共财产转为公社所有，由公社统一核算，统一分配；社员分配实行工资制和口粮供给制相结合；总结了青年队集体吃食堂的好处，推广了公共食堂；同时成立了托儿所、幼儿园、敬老院、缝纫组；公社设立了农业、林业、畜牧、工交、粮食、供销、卫生、武装保卫等若干部或委员会，下设生产大队和生产队，实行统一领导，分级管理和组织军事化、生产战斗化、生活集体化。我国人民公社运动是从1958年夏季开始的，很短时间内，全国农村就实现了公社化。人民公社成为我国社会主义社会结构的、工农商学兵相结合的基层单位，同时又是农村社会主义组织的基层单位。1961年3月中共中央制定的《农村人民公社工作条例（草案）》，全文共60条。条例草案针对人民公社内部严重存在的队与队、社员与社员之间的平均主义，在纠正社、队规模偏大，公社对下级管得太多太死，民主制度和经营管理制度不健全等方面，作了比较系统的规定。

个体手工业是以私有制和个体劳动为基础、从事商品生产的一种个体经济，当时在中国国民经济中占有一定的地位，据统计1952年手工业产值占全国工业总产值的21%。从1953年起，我们在过渡时期总路线的指导下，决定逐步对手工业进行社会主义改造。改造采取合作化的形式和逐步过渡的步骤，从手工业生产合作小组、手工业供销合作社，再发展为手工业生产合作社。1956年底参加手工业合作组织的人数已占全国手工业从业人数的91.7%，这标志着对个体手工业的社会主义改造基本完成。

　　消灭资本主义私有制也是过渡时期的一项基本任务。资本主义工商业的社会主义改造，从1954年至1956年底全面进行。党对之采取了"和平赎买"的政策，逐步将其改造成社会主义公有制企业。全行业公私合营后，采用定息方式，即按照公私合营企业的私股股额每年发给资本家5%的股息，连发10年，这就使得私股与生产资料的使用权相分离。与此同时，我们将所有制改造与人的改造相结合，努力使剥削者成为自食其力的劳动者，最终不到10年，民族资产阶级作为一个阶级就整体上被彻底消灭了。

　　城市的社会建设基本上实行的是单位制，虽然带有一些苏联的痕迹，但是应该说是中国的一大创造和发明。中国的单位既包括全民所有制单位，也包括集体所有制单位，但是集体所有制单位不如全民所有制单位；中国的单位既包括政府机关单位，也包括企事业单位，一般说来政府机关单位优于企事业单位。"一五"计划期间，中国开始学习借鉴苏联模式，重点工程在建立厂房的同时，建立职工生活区，为"单位办社会"格局的形成提供了基础性空间条件。在相对集中的空间内形成了一整套的社会服务体系，让这里的居住者更容易体验到"单位办社会"的氛围。浓郁的单位氛围使得这一空间具有明显的封闭性，体制性的限制令其员工无法走出单位的辖区，缺乏社会流动。与此同时，单位的封闭性自然带来"排他性"。从摇篮到坟墓的社会福利保障体制使得单位人充满了一种优越情结，人们也不愿意轻易离开单位空间。这在当时是国营企业的一种优势，但是各自为政，后来变成既不利于劳动力流动也不利于社会融合的弊端，逐渐成为后来改革的对象。

　　总而言之，站起来这个时期的社会建设以破旧立新为主，积极为政治建设和经济建设服务，遵循先生产后生活的发展路径，顺利实现了由资本社会向劳动社会的转变，这个时期的社会建设为政权巩固和经济发展提供了重要的支撑，但是也埋下了社会建设滞后经济建设的伏笔。

二、富起来阶段的社会建设

富起来阶段的社会建设，如果归结为一句话，就是要千方百计恢复社会活力，打破不合理条条框框的限制和制约，让一部分人先富起来，然后通过先富带后富，最终实现共同富裕。

首先是在农村诞生了家庭联产承包责任制，最终导致了人民公社体制的瓦解。具有半军事化特征的人民公社转变成了新时期的乡村社会。1978 年 11 月 24 日晚上，安徽省凤阳县凤梨公社小岗村西头严立华家低矮残破的茅屋里挤满了 18 位农民。关系全村命运的一次秘密会议此刻正在这里召开。这次会议的直接成果是诞生了一份不到百字的包干保证书。其中最主要的内容有三条：一是分田到户；二是不再伸手向国家要钱要粮；三是如果干部坐牢，社员保证把他们的小孩养活到 18 岁。1978 年，这个举动是冒天下之大不韪，也是一个勇敢的甚至是伟大的壮举。所谓家庭联产承包责任制就是恢复农民以家庭为单位，向集体经济组织（主要是村、组）承包土地等生产资料和生产任务的农业生产责任制形式。在农业生产中农户作为一个相对独立的经济实体承包经营集体的土地和其他大型生产资料（一般做法是将土地等按人口或人劳比例分到农户经营），按照合同规定自主地进行生产和经营。其经营收入除按合同规定上缴一小部分给集体及缴纳国家税金外，全部归于农户。集体作为发包方除进行必要的协调管理和经营某些工副业外，主要是为农户提供生产服务。从 1978 年开始改革开放到 1985 年，中国社会中的人民公社最终退出历史的舞台，重新恢复了乡人民政府。这归功于 1984 年颁布的宪法。显然，这个时期的经济建设和社会建设相互促进，有效促进了农业和农村社会的发展和繁荣。

其次是单位制的解体。在富起来时期，中国社会发生了剧烈的变迁。在从传统的封闭的农耕社会向现代的开放的工业社会转型的过程中，我国的所有制结构出现了变化，社会流动越来越频繁，尤其是社会主义市场经济体制的确立，最终取代了高度集中的计划经济体制，这些都使得

"单位制"失去了生存的土壤，不得不走向崩溃瓦解的地步。

一是所有制结构不断丰富。改革开放以前，我国单一的公有制经济确保了把所有的职工都纳入"单位制"之中。改革开放以后，这种单一的所有制结构被打破，党和政府从一开始承认非公有制经济是社会主义经济的补充，到后来逐步鼓励和支持非公有制经济的发展，并且公有制经济本身也出现了实现形式的多样化。江泽民在党的十五大报告中提出："公有制为主体、多种所有制经济共同发展，是我国社会主义初级阶段的一项基本经济制度""非公有制经济是社会主义经济的重要组成部分"。非公有制经济的发展，使得体制外出现了自由流动资源，单位不再可能全面管控职工。

二是社会流动日益自由充分。改革开放以后，随着流通体制、劳动人事、社会保障、户籍等制度的改革，我国社会出现了前所未有的自由活动空间。在城乡之间，原来附着于土地上的农民大量流入城市，出现了全国规模的"民工潮"，僵硬的城乡二元格局开始松动。在单位之间，职员的流动已司空见惯，出现了大量国有企业职工流入外资企业，大量内陆省份人才如教师、管理人员等流入沿海城市，单位几乎不再有任何措施可以严格限制人员的流动。特别是随着社会组织的不断发展，整个社会建设进入了既充满活力，又有一定秩序的发展新阶段。

三是市场经济体制不断完善。高度集中的计划经济体制强调指令性计划，管理经济和社会的手段主要是行政手段，使企事业单位成了政府的工具和附庸。1992年党的十四大最终明确"我国经济体制改革的目标是建立社会主义市场经济体制"。市场经济强调市场规律，效率至上。市场经济的实行，带来了我国国有企业以及政府事业单位的全面改革。国有企业建立现代企业制度，按照市场规律办事，努力提高市场竞争力；政府事业单位改革管理体制，提高工作效率，实现政企分开、政社分开以及事社分离。从计划经济体制到社会主义市场经济体制的过渡，使"单位制"的运行基础不复存在。由此，真正的社会制开始出现。

　　总而言之，富起来这个时期的社会建设以释放社会活力为主，为经济建设破局在基层发挥了重要的作用，随着生产关系的调整，行业协会等社会组织开始发展，社会活力有所增强，社会生产力得到充分的释放，社会建设与经济建设的差距有所缩小，但是经济一条腿长、社会一条腿短的局面没有产生根本性的突破。

三、强起来阶段的社会建设

　　强起来时期社会建设的特点就是强调对社会人和社会组织的赋权赋能，强调建立共建共治共享社会。习近平在讲话中强调，要善于把党的领导和我国社会主义制度优势转化为社会治理效能，完善党委领导、政府负责、社会协同、公众参与、法治保障的社会治理体制，打造共建共治共享的社会治理格局。其中党委领导是核心，政府负责为主导，社会协同做机制，公众参与是基础，法治保障是根本。

　　进入强起来的新时代，强调工作下沉，我们在完善基层社会建设方面做了大量的工作，概括起来有五个方面：一是深入学习贯彻习近平关于城乡社区治理的重要论述，准确把握方向，系统整理了习近平关于基层政权建设和城乡社区治理的重要论述，指导全国民政系统将思想认识统一到习近平的重要论述上来。与此同时，大力推广福建"军民社区工作法"，并组织开展全国优秀社区工作法征集展示和交流工作，推行新时代党的群众工作方法，得到了广大社区的高度肯定。二是持续抓好中共中央、国务院关于加强和完善社区治理意见的贯彻落实，不断改进基层社会建设。一方面，在全国各地进行宣讲，召开全国城乡社区治理创新现场会，提出具体贯彻落实文件的重点任务和举措；另一方面，会同中央和国家机关共34个部门一道贯彻落实好这个重要文件，面向基层，把人、财、物向基层下沉、倾斜，为城乡社区治理提供条件和保证。三是持续推进城乡社区服务体系建设，指导各地贯彻实施城乡社区服务体系"十三五"规划，使老百姓的生活更加便捷。制定实施城乡社区治理三年行动计划（2019—2021 年），进一步完善政策制度，抓好示范创新，加强能力建设和宣传推广工作。四是完善基层群众自治制度，充分调动人民群众的社会建设积极性。为适应党的基层组织任期的变化，调整了村民委员会、城市居民委员会的任期，使其与村（社区）党组织任期相一致。一方面，组织完成了 65 万个基层群众性自治组织特别法人统一社会信用代码赋码工作，村（居）委会有了自己的"身份证"；另一方面，加强村（居）委会换届选举指导工作，基层民主进一步规范化和法治化。与此同时，深入推进村民自治试点和城乡社区协商，加强和规范村规民约、居民公约工作。五是加强城乡社区工作者队伍建设，提高社区工作者工作能力和服务老百姓的水平，让城乡社区居民有更多的获得感、幸福感和安全感。

总而言之，强起来这个时期的社会建设以增强人民群众的获得感、幸福感和安全感为主线，在新发展理念的指引下特别强调社会建设的重要性，社会建设和经济建设同等重要，协调发展和共享发展成为重要的指针，着力于构建社会治理新格局，突出社会建设的共建共治和共享，全体人民撸起袖子加油干，一张蓝图绘到底，社会建设滞后经济建设的格局开始发生实质性的改善。

第三节　新中国成立 70 年社会建设的基本经验

国际社会保障协会社会保障杰出成就奖是对某一个国家在社会保障方面做出的非凡承诺和杰出成就的世界性认可。2016 年 11 月 17 日，国际社会保障协会（ISSA）在其第 32 届全球大会期间，将"社会保障杰出成就奖"（2014—2016）授予中华人民共和国政府，以表彰中国近年来在扩大社会保障覆盖面工作中取得的卓越成就。这是中国社会建设被国际社会高度认可的一个侧面。

回顾新中国走过的 70 年，社会建设之所以能够取得令人骄傲的成就，与我们的一贯做法是分不开的，这些可以归结为社会建设的基本经验，值得高度肯定和发扬光大。

一、社会建设必须始终坚持党领导的核心地位

党政军民学，东西南北中，党是领导一切的。过去 70 年，无论是经济建设还是社会建设，我们都特别强调中国共产党领导的核心地位和支部建设全面覆盖。1939 年 10 月，毛泽东为中共中央主办的党内刊物《共产党人》撰写了发刊词，系统总结了建党以来党的建设的历史经验，阐述了党的建设的指导思想，强调党的建设是一项"伟大的工程"，提出"建立一个全国范围的、广大群众性的、思想上政治上组织上完全巩固的布尔什维克化的中国共产党"。邓小平在《党和国家领导制度的改革》中说："在中国这样的大国，要把几亿人口的思想和力量统一起来建设社会主义，没有一个由具有高度觉悟性、纪律性和自我牺牲精神的党员组成的能够真正代表和团结人民群众的党，没有这样一个党的统一领导，是不可能设想的，那就只会四分五裂，一事无成。"党的十九大报告把"坚持党对一切工作的领导"作为新时代坚持和发展中国特色社会主义基本方略中的第一条。习近平要求"各级各部门党委（党组）必须树立正确政绩观，坚持从巩固党的执政地位的大局看问题，把抓好党建作为最大的政绩"。为切实加强党对社会组织的领导，促进社会组织健康发展，2015 年 9 月 28 日中共中央办公厅印发《关于加强社会组织党的建设工作的意见（试行）》，这是根据党章和有关法律法规，就加强社会组织党的建设工作提出的指导性意见。习近平总书记进一步指出，"有效应对我国人口老龄化，事关国家发展全局，事关亿万百姓福祉"。党的宗旨就是全心全意为人民服务，社会建设工作的好坏与人们的美好生活、幸福生活密切相关，与人们的公平感和正义感密切相关。增强政治意识是坚持党对一切工作的领导的首要条件，各级社会建设相关部门必须进一步增强政治意识，提高政治站位，坚定政治自觉，把握政治方向这个生命线，始终

坚定正确政治方向，牢牢站稳政治立场。一方面，在各级社会建设工作中要切实改善党的领导、突出党的领导、加强党的领导，确保我国社会主义现代化事业发展保持正确的政治方向；另一方面，要充分尊重人民群众，要充实人民群众的政治生活，积极发挥老共产党员的作用，进一步增强基层党组织的凝聚力。

新中国 70 年的历史证明，凡是党的领导有力的时候，社会建设就阔步前进；凡是党的领导弱化的基层，社会矛盾就比较突出。

二、社会建设必须始终坚守人民的利益高于一切

过去 70 年，在社会建设中坚持以人民为中心是坚守人民的利益高于一切的具体体现。新中国建立前夕，毛泽东同上海工商业界代表进行了一次别开生面的谈话。上海商人问："共产党的经济方针是什么？"毛泽东说："我们的方针是'唯利是图'。"商人们听了觉得很合胃口，又问："共产党也唯利是图？"毛泽东说："是的，不过有点区别，我们是唯人民的利益是图，而不是唯个人的利益是图。"在党的十一届三中全会上，邓小平明确指出："社会主义现代化建设是我们当前最大的政治，因为它代表着人民的最大利益，最根本的利益。"改革开放以来，邓小平高度重视群众的力量、群众的智慧，善于把群众的智慧转化为国家层面的政策。他说过，"农村搞家庭联产承包这个发明权是农民的。农村改革中的好多东西都是基层创造出来的，我们把它拿来加工提高作为全国的指导"。习近平在党的十九大报告指出，"中国共产党人的初心和使命，就是为中国人民谋幸福，为中华民族谋复兴，与此同时做出了一个重要的历史性判断中国社会主要矛盾已经转化为人民日益增长的美好生活需要和不平衡不充分的发展之间的矛盾"。习近平强调："以人民为中心的发展思想，不是一个抽象的、玄奥的概念，不能只停留在口头上、止步于思想环节，而要体现在经济社会发展各个环节。"民心是最大的政治。坚持以人民为中心，就要倾听群众声音、反映群众诉求、接受群众监督。新时代社会

建设工作要时刻将人民群众的根本利益放在首位，并且注重根本利益和眼前利益的有机结合，明白人民群众对美好生活真正的期待和需求是什么，这样才能制定正确的、有利于服务人民群众的政策，才能够切实提高社会检核工作绩效。在社会建设工作中我们一定要以服务人民为中心，既不能以有关社会建设部门为中心，也不能以社区机构为中心。我们的社会建设事业只有充分尊重人民群众的意愿，尊重人民群众对社会政策的参与权和知情权，尊重人民群众对基本公共服务的选择权，才能确保社会建设工作服务质量的全面提高。与此同时，人民群众是构建社会主义和谐社会的重要力量，只有努力解决人民群众的实际问题，才能切实维护人民群众的发展权，让全体人民参与和谐社会建设，共享和谐社会建设成果。习近平高度重视坚持和发展"枫桥经验"。2003年在浙江工作时，他就明确提出要充分珍惜"枫桥经验"，大力推广"枫桥经验"，不断创新"枫桥经验"。党的十八大以来，习近平提出了一系列社会治理的新理念新思想新战略，特别是对坚持发展"枫桥经验"作出重要指示，要求把"枫桥经验"坚持好、发展好，把党的群众路线坚持好、贯彻好。新时代我们要推动社会治理重心向基层下移，推广促进社会和谐的"枫桥经验"，构建城乡社区治理新格局。

新中国70年的历史证明，凡是社会建设脱离群众的时候，社会建设就缺乏活力。凡是社会建设紧紧依靠人民群众的时候，社会建设总是生机勃勃。

三、社会建设必须始终坚持不断深化改革

改革是不竭的动力。过去70年，几代领导人都特别关心改革的重要性。1958年9月5日，毛泽东说："搞八年没有摸到一条路，不会搞。也是因为制度没有改革。"邓小平在南方谈话中说道，"改革开放胆子要大一些，敢于试验，不能像小脚女人一样。看准了的，就大胆地试，大胆地闯。深圳的重要经验就是敢闯。没有一点闯的精神，没有一点'冒'

的精神，没有一股气呀、劲呀，就走不出一条好路，走不出一条新路，就干不出新的事业。不冒风险，办什么事情都有百分之百的把握，万无一失，谁敢说这样的话？一开始就自以为是，认为百分之百正确，没那回事，我就从来没有那么认为"。中国特色社会主义之所以能够在新时期显示出蓬勃的生机和活力，就在于它是实行改革开放的社会主义；中国改革开放之所以能够健康发展，就在于它是有利于巩固和发展社会主义的改革开放。这样的结合不仅创造了真正活跃起来的社会主义，而且创造了进一步造福人民的社会主义。众所周知，中国的全面深化改革，注定是一场史无前例的伟大实践和深刻变革。越是改到深处，越没有理由徘徊和后退。党的十九大报告要求，坚决破除一切不合时宜的思想观念和体制机制弊端，突破利益固化的藩篱，这表明改革进入深水区，要啃硬骨头、要闯险滩。习近平总书记特别强调：全面深化改革总目标是完善和发展中国特色社会主义制度、推进国家治理体系和治理能力现代化。我们站在新的历史起点，如何以制度创新来推动社会建设工作改革，使改革态势跃出局部进而延展到全局，使改革力度穿透表面抵达矛盾汇聚的深处，使此项改革与彼项改革建立起稳定的连接体系，考验着各级社会建设工作相关部门的改革智慧与治理水平。社会建设工作不改革没有出路，唯有坚持全面深化改革的路线方针，扎实推进基本公共服务供给侧结构性改革，才能开创新时代社会建设工作的新局面。我们必须深入研究社会建设工作改革、系统设计社会建设工作改革、全面推动社会建设工作改革。因此，社会建设既要着力构建系统完备、科学规范、运行有效的制度体系，又要善于运用制度化、规范化、程序化的手段全面改善社会建设工作，进而不断提高社会建设工作与基本公共服务的水平和质量。与此同时，新时代加强和创新社会治理，一方面，要大力健全社会信用体系建设，不断改善社会整体信用水平；另一方面，要健全国家应急体系，努力提高防灾减灾救灾能力。

新中国成立 70 年的历史证明，凡是社会建设坚持改革的时候，社会建设的功能就会不断完善。凡是社会建设脱离改革的地方，社会结构就出现僵化。

四、社会建设必须始终坚持全面依法治国

"法治兴则国家兴，法治衰则国家乱。"过去 70 年，是法制建设不断发展的 70 年。毛泽东在领导新中国法制建设时，不仅注重研究我国的传统法律文化和历史上的立法经验，同时，也关注世界上其他国家的立法经验。这就是"古为今用"和"洋为中用"。毛泽东在评价 1954 年宪法时指出："它总结了无产阶级领导的反对帝国主义、反对封建主义、反对官僚资本主义的人民革命的经验，总结了最近几年来社会改革、经济建设、文化建设和政府工作的经验。这个宪法草案也总结了从清朝末年以来关于宪法问题的经验，从清末的'十九信条'起到民国元年的《中华民国临时约法》，到北洋军阀政府的几个宪法和宪法草案，到蒋介石反动政府的《中华民国训政时期约法》，一直到蒋介石的伪宪法，这里面有积极的，也有消极的。"邓小平在论述"加强社会主义法制建设"时，往往是同"发展社会主义民主"并提的。他指出："民主和法制，这两个方面都应该加强，过去我们都不足。要加强民主就要加强法制。没有广泛的民主是不行的，没有健全的法制也是不行的。"全面依法治国是党领导人民治理国家的基本方略，是建设新时代中国特色社会主义的必然要求和重要保障。习近平强调："改革和法治如鸟之两翼、车之两轮。""政府职能转变到哪一步，法治建设就要跟进到哪一步。"按照习近平总书记全面依法治国的总要求，2018 年 3 月在全国人大新组建了"社会建设委员会"，其主要职责是负责研究、拟订、审议劳动就业、社会保障、民政事务、群团组织、安全生产等方面的有关议案、法律草案，开展有关调查研究，开展有关执法检查等。这一设计是为了适应统筹推进"五位一体"总体布局需要，加强社会建设，创新社会管理，更好保障和改善民生，推进社会领域法律制度建设。目前全国人大交给社会建设委员会审议的议案

有 21 件，包括加强反校园欺凌立法的议案、修改未成年人保护法、完善未成年人家庭监护和国家监护的议案、制定社会组织法的议案等。未来要改革社会组织管理制度，加强社会组织立法，规范和引导各类社会组织健康发展。社会组织法应当采用以营利法人和非营利法人的区分为标志的立法模式，明确营利的判断标准，并将社会组织细分为公益法人和中间法人予以规制。其中，社会团体，既可以是公益法人，也可以是中间法人。而民办非企业单位和基金会则应强调其从事事业的公益性，归类于公益法人。同时，虽然社会组织法不宜采用社团法人和财团法人的分类，但是并不妨碍借鉴其他国家和地区的社团法人和财团法人的规定，以完善我国社会组织的相关法律制度。社会组织法的制定，将为我国社会组织的健康发展、创新社会治理体制提供有力的制度保障。社会建设领域贯彻依法治国，一方面，不断改进信访工作，及时解决群众合理诉求，充分保障人民群众特别是妇女、儿童、老人和残疾人的合法权益；另一方面，注重完善立体化社会治安防控体系，深入推进扫黑除恶专项斗争，依法惩治盗、抢、骗、黄、赌、毒等违法犯罪活动，打击非法集资、传销等经济犯罪，整治侵犯公民个人信息等突出问题，坚决守护好人民群众的平安生活。

新中国 70 年的历史证明，凡是社会建设依法推进的时候，社会建设就秩序井然。凡是社会建设没有章法的地方，社会建设总是一团乱麻。

五、社会建设必须始终注重不断改善民生

关注民生、重视民生、保障民生、改善民生，是我们党搞革命、搞建设、搞改革的出发点和落脚点，是党的宗旨的根本要求，是政府的神圣职责和终极目标，彰显着一个政党以人民为中心的执政追求，体现着一个国家深切赤诚的为民情怀，我们必须积极响应人民群众过上更好生活的热切期盼。

毛泽东一贯重视人民的基本生活问题。在 1950 年 6 月的中共七届三

中全会上，毛泽东提出，"我们要合理地调整工商业，使工厂开工，解决失业问题，并且拿出二十亿斤粮食解决失业工人的吃饭问题，使失业工人拥护我们。我们实行减租减息、剿匪反霸、土地改革，广大农民就会拥护我们。我们也要给小手工业者找出路，维持他们的生活。"邓小平作为我国改革开放的总设计师，以过人的胆略，从生产力和人民根本利益两方面分析入手，指出"社会主义的本质是解放生产力，发展生产力，消灭剥削，消除两极分化，最终达到共同富裕"。邓小平还从解决人民群众的实际生活问题出发，把经济建设作为党的工作的中心，把解决人民群众的温饱问题和2亿多人的贫困问题作为当时最大的民生问题。为了冲破僵化思想的束缚，邓小平明确提出要把"是否有利于发展社会主义社会生产力、有利于增强社会主义国家的综合国力、有利于提高人民的生活水平"，作为评判是非得失的重要标准。习近平在党的十九大报告中指出："增进民生福祉是发展的根本目的。必须多谋民生之利、多解民生之忧，在发展中补齐民生短板、促进社会公平正义，在幼有所育、学有所教、劳有所得、病有所医、老有所养、住有所居、弱有所扶上不断取得新进展，深入开展脱贫攻坚，保证全体人民在共建共享发展中有更多获得感，不断促进人的全面发展、全体人民共同富裕。建设平安中国，加强和创新社会治理，维护社会和谐稳定，确保国家长治久安、人民安居乐业。"

民生改善无止境，习近平心中还始终牵挂着老百姓的住房问题、食品安全、养老院服务质量、冬季取暖、垃圾分类、畜禽养殖废弃物处理、厕所革命等一系列具体问题。未来各级各类社会建设工作要把满足人民群众的合理需求放在发展首位和贯穿改革始终，切实在新时代让全体人民有更大的安全感、更多的获得感、更强的幸福感。因此，社会建设工作必须与时俱进，要让基本公共服务事业及时分享改革、创新和发展的成果，发展基本公共服务事业我们必须做到尽力而为和量力而行相契合：只有尽力而为，我们的基本公共服务才能爬坡上坎、滚石上山、不断改善；只有量力而行，我们基本公共服务的改善才能是可持续的、与时俱进的、天长地久的。与此同时，我们一方面要切实加强安全生产，防范遏制重特大事故，不断提高全社会的安全感和获得感；另一方面要积极引导支持社会组织、人道救助、志愿服务和慈善事业健康发展，不断提高人民群众的幸福感和自豪感。

新中国 70 年的历史证明，凡是社会建设注重改善民生的时候，老百姓就有幸福感。凡是社会建设不注重改善民生的地方，老百姓总是不满意。

第四节　结束语

在站起来时期，社会建设以社会整合为重点，强调社会的一致性，突出统一发展；在富起来时期，社会建设以社会活力为核心，强调社会的差异性，突出加快发展；在强起来时期，社会建设以社会幸福感为目标，强调获得感和安全感，突出协调发展和共享发展。习近平在党的十九大报告中强调："必须始终把人民利益摆在至高无上的地位，让改革发展成果更多更公平惠及全体人民，朝着实现全体人民共同富裕不断迈进。"只有坚持人民利益高于一切，不断追求实现人的自由全面发展，才能为新时代中国特色社会主义事业发展提供源源不断的动力，才能顺利完成我们党担负的历史重任。我们必须坚持以习近平新时代中国特色社会主义思想为指导，全面创新社会建设，不断开创社会建设工作的新局面，让人民群众生活得更加体面、更加美好、更加幸福！

总而言之，第一个一百年是第二个一百年的基础，总结过去新中国民生发展 70 年的历史，就是要让人民在未来的社会主义现代化新征程中获得更多的实惠。"山再高，往上攀，总能登顶；路再长，走下去，定能到达。"唯有"人民有信心，国家才有未来，国家才有力量"！

（执笔人：黄燕芬　杨宜勇）

参考文献

1.《建国以来毛泽东文稿》第十册，中央文献出版社 1996 年版。

2. 习近平：《决胜全面建成小康社会　夺取新时代中国特色社会主义伟大胜利——在中国共产党第十九次全国代表大会上的报告》，人民出版社 2017 年版。

3. 中共中央、国务院：《关于加强和改进乡村治理的指导意见》，2019年 6 月 23 日。

4.《中共中央关于坚持和完善中国特色社会主义制度、推进国家治理体系和治理能力现代化若干重大问题的决定》，人民出版社 2019 年版。

5.《习近平谈治国理政》，外文出版社 2014 年版。

6.《习近平谈治国理政》第二卷，外文出版社 2017 年版。

7.《中共中央关于全面深化改革若干重大问题的决定》，2013 年 11 月15 日，http://cpc.people.com.cn/n/2013/1115/c64094–23559163.html。

8. 姜明安：《法治、法治思维与法律手段——辩证关系及运用规则》，《人民论坛》2012 年第 14 期。

9. 何雨：《责任清单：构建基于社会治理背景下的权力清单制度核心》，《上海城市管理》2014 年第 4 期。

10. 蓝志勇：《论社会治理体系创新的战略路径》，《国家行政学院学报》2016 年第 1 期。

11. 李强：《构建全民共建共享的社会治理格局》，《前线》2016 年第2 期。

12. 孙涛:《发达国家完善社会治理体制的经验》,《学习时报》2015
年 8 月 13 日。

13. 唐皇凤:《法治建设:转型中国社会治理现代化的战略路径》,
《江汉论坛》2014 年第 9 期。

14. 王名:《治理创新重在政社分开》,《人民论坛》2014 年第 7 期。

15. 王名、张严冰、马建银:《谈谈加快形成现代社会组织体制问
题》,《社会》2013 年第 3 期。

16. 俞可平:《从统治到治理》,《学习时报》2001 年 1 月 22 日。

17. 张康之:《论新型社会治理模式中的社会自治》,《南京社会科学》
2003 年第 9 期。

18. 国家民族宗教委员会:《关于做好民族团结和睦指数统计监测工
作的通知》,2015 年。

19. 国务院办公厅:《关于推行法治政府建设指标体系的指导意见》,
2009 年 12 月。

20. 胡颖廉:《政府如何推进社会治理现代化》,《学习时报》2014 年
7 月 14 日。

21. 姜晓萍:《国家治理现代化进程中的社会治理体制创新》,《中国
行政管理》2014 年第 2 期。

22. 赖德胜:《中国劳动力市场报告 2012》,北京师范大学出版社
2013 年版。

23. 全国妇联妇女研究所:《国际妇女参政主要状况》,《研究报告》,
2014 年 6 月。

24. 人民日报:《政务指数报告》,http://news.163.com/14/1208/19/
ACVEGKTJ00014JB6.html。

25. 世界正义工程:《法治报告》,2015 年 4 月。

26. 王志勇:《社会治安评价指标体系的探索》,《中国刑事警察》
2006 年第 5 期。

27. 俞可平：《中国治理评估框架》，《经济社会体制比较》2008 年第 6 期。

28. Ulich Beck,World Risk Society,Cambridge:Blackwell,1999.

29. 安东尼·吉登斯：《现代性的后果》，译林出版社 2000 年版。

30. 徐猛：《社会治理现代化的科学内涵、价值取向及实现路径》，《学术探索》2014 年第 5 期。

31. 张雪梅：《新时期社会治理创新的制约因素与民主路径解析》，《社会主义研究》2014 年第 1 期。

32. 张屹、谭晓旭：《中国语境下社会治理现代化的现实困境及路径选择》，《中共济南市委党校学报》2015 年第 5 期。

33. 陈华：《吸纳与合作：非政府组织与中国社会管理》，社会科学文献出版社 2011 年版。

34. 国家民间组织管理局编：《社会组织管理政策法规选编》，华龄出版社 2010 年版。

35. 黄晓勇：《中国民间组织报告（2011—2012）》，社会科学文献出版社 2012 年版。

36. 李国武、李璐：《社会需求、资源供给、制度变迁与民间组织发展：基于中国省级经验的实证研究》，《社会》2011 年第 6 期。

37. 马庆钰：《十三五时期我国社会组织发展思路》，《中共中央党校学报》2015 年第 2 期。

38. 熊光清：《让社会组织在应急管理中发挥更大的作用》，《领导科学论坛》2015 年第 24 期。

39. 俞可平：《NGO 将发挥更大作用》，《中国发展简报》2011 年 5 月 16 日。

40. 朱全宝：《社会组织参与基层社会治理的路径》，《光明日报》2016 年 4 月 1 日。

41. 周秀平、刘求实：《以社管社：创新社会组织管理制度》，《中国非营利评论（第七卷）》2011 年第 3 期。

42.［美］约翰·克莱顿·托马斯：《公共决策中的公民参与》，中国人民大学出版社 2010 年版。

43.陈蔚涛：《影响地方公众参与社会治理基础性作用的制约因素分析》，《中共四川省委党校学报》2015 年第 1 期。

44.付宇程：《论行政决策中的公众参与形式》，《法治研究》2011 年第 10 期。

45.付宇程：《行政决策中的公众参与类型初探》，《法学杂志》2011 年第 12 期。

46.胡仙芝：《公众参与制度化是我国社会治理法治化的必由之路》，《理论研究》2015 年第 3 期。

47.胡仙芝、曹胜：《公众参与社会治理制度化创新的思考》，《中国国情国力》2014 年第 9 期。

48.宋煜萍：《公众参与社会治理：基础、障碍与对策》，《哲学研究》2014 年第 12 期。

49.王莹、王义保：《政府信任与公众参与的模型阐释与关系重建》，载魏礼群主编：《创新社会治理：建设法治社会》，红旗出版社 2015 年版。

50.杨新元、邓搴：《社会治理语境下公众参与政府决策研究》，《法制与社会》2016 年第 1 期。

51.尹文嘉、王惠琴：《社会治理创新视域下的公众参与：能力、意愿及形式》，《广西师范学院学报（哲学社会科学版）》2014 年第 2 期。

52.朱西括：《在社会治理创新中切实推进公众参与》，《哈尔滨市委党校学报》2014 年第 3 期。

53.丹·艾瑞里：《不诚实的诚实真相》，中信出版社 2013 年版。

54.房宁：《国外社会治理经验值得借鉴》，《红旗文稿》2015 年第 2 期。

55.连志英：《美国联邦政府电子文件信息获取政策分析》，《档案学研究》2013 年第 3 期。

56. 梁国亮：《国外社会如何构建诚信体系》,《学习时报》2016 年 2 月 18 日。

57. 梁国亮：《诚信：加拿大社会的基石》,《学习时报》2016 年 4 月 28 日。

58. 刘锦宏、闫翔：《透析美国文化产业发展战略》,《经济导刊》2007 年第 9 期。

59. 马林青：《国外政府电子文件管理规划分析及经验借鉴——以美国、澳大利亚文件管理的数字转型为例》,《档案学通讯》2015 年第 5 期。

60. 托马斯·库恩：《科学革命的结构》, 北京大学出版社 2003 年版。

61. 吴德金：《美国文化产业发展研究》, 吉林大学，2015 年。

62. 张惠、张韦：《反思电子政务发展：基于美国地方政府的调查》,《淮南师范学院学报》2015 年第 2 期。

63. 张慧娟：《美国文化产业发展的历程及启示》,《中国党政干部论坛》2011 年第 10 期。

64. 周国梁：《美国文化产业集群发展研究》, 吉林大学，2010 年。

65. Flanagan, Maureen A.America Reformed: Progressivesand Progressivisms1890s–1920s.New York: Oxford University Press,2007.

66.［美］约翰·维特：《事故共和国——残疾的工人、贫穷的寡妇与美国法的重构》, 上海三联书店 2008 年版。

67. 程萍：《构建以民为本的社会保障体系——新加坡夯实和谐社会的经验》,《行政管理改革》2013 年第 2 期。

68. 邓辉：《日本和新加坡社会组织在社会治理中的实践与启示》,《厦门特区党校报》2013 年第 2 期。

69. 郭伟伟：《改善民生、促进社会和谐的成功实践——透视新加坡社会保障制度》,《东南亚纵横》2009 年第 11 期。

70. 蓝志勇:《美国社会治理的实践》,《城市管理与科技》2015年第6期。

71. 李剑鸣:《大转折的年代——美国进步主义运动研究》,天津教育出版社1992年版。

72. 李剑鸣:《西奥多·罗斯福的新国家主义》,《美国研究》1992年第2期。

73. 李路曲:《新加坡社会发展中的政治稳定机制》,《亚太研究》1993年第2期。

74. 廖健:《法治视阈下新加坡社会治理模式及其启示》,《理论视野》2015年第4期。

75. 吕元礼:《新加坡为什么能:和谐社会是怎样建成的》(下卷),江西人民出版社2010年版。

76. 马骏、刘亚平:《为什么研究美国进步时代改革?》,《公共行政评论》2008年第2期。

77. 王涵:《转型期的社会管制与自组织治理——美国进步时代的治理启示》,《行政与法》2012年第6期。

78. 吴元华:《新加坡社会治理要略》,《城市管理与科技》2015年第6期。

79. 颜如春:《当代中国的政府与社会关系模式探析》,《探索》2006年第3期。

80. 张素玲:《新加坡社会治理的经验探析》,《中国浦东干部学院学报》2014年第11期。

81. 曾巧:《新加坡社会治理的经验及其对重庆的启示》,《重庆行政(公共论坛)》2016年第1期。

82. 范逢春、尤佳:《社会治理现代化:理念、制度与过程的三维重构》,《河南社会科学》2015年第1期。

83. 刘权政、王永利:《当代中国社会利益冲突分析》,《西北农林科技大学学报（社会科学版）》2009 年第 1 期。

84. 童星：《论社会治理现代化》,《贵州民族大学学报（哲学社会科学版）》2014 年第 5 期。

85. 王华杰、薛忠义：《社会治理现代化：内涵、问题与出路》,《中州学刊》2015 年第 4 期。

86. 殷昭举：《创新社会治理与实现和谐善治的"中山经验"》,《社会建设》2015 年第 1 期。

87. 殷昭举：《中国社会治理的现代化》,《社会学评论》2014 年第 3 期。

88. 中山市社会工作委员会：《中山市全民参与社会治理相关资料汇编》,2016 年。

89. 周红云等：《构建全民共建共享的社会治理格局：中山的实践与创新》,中国社会出版社 2016 年版。

90. 姜晓萍主编：《社会治理创新发展报告（2015）》,中国人民大学出版社 2015 年版。

91. 马西恒、刘中起主编：《都市社区治理》,学林出版社 2011 年版。

92. 殷星辰主编：《北京社会治理发展报告（2014—2015）》,社会科学文献出版社 2015 年版。

93. 赵德余主编：《发展型政策的实践与反思：中国的经验》,上海人民出版社 2013 年版。

94. 徐汉明、张新平：《网络社会治理的法治模式》,《中国社会科学》2018 年第 2 期。

95. 王国华、骆毅：《论"互联网 +"下的社会治理转型》,《人民论坛·学术前沿》2015 年第 10 期。

96. 王国华、骆毅：《论互联网时代社会治理的转型》,《江汉论坛》2015 年第 7 期。

97. 张海波：《大数据驱动社会治理》,《经济社会体制比较》2017 年第 3 期。

98. 侯万锋：《用大数据提高社会治理智能化水平》，《人民日报》2018 年 11 月 13 日。

99. 孙涛：《依托大数据推进社会治理现代化》，《学习时报》2018 年 5 月 18 日。

100. 陶希东：《大数据时代中国社会治理创新的路径与战略选择》，《南京社会科学》2016 年第 6 期。

101. 刘少杰：《网络化时代的社会结构变迁》，《学术月刊》2012 年第 10 期。

102. 曹思华、向前：《从网络社会分层结构看新时代网络社会治理机制》，《中国党政干部论坛》2018 年第 8 期。

103. 吴卫南、罗昕、支庭荣：《中国网络社会治理研究报告（2017）》，社会科学文献出版社 2017 年版。

104. 刘少杰：《网络化时代社会认同的深刻变迁》，《中国人民大学学报》2014 年第 5 期。

105. 陈潭：《大数据驱动社会治理的创新转向》，《行政论坛》2016 年第 6 期。

106.《2018 年全国共有幼儿园 26.67 万所在园幼儿 4656.42 万人》，《中国教育在线》，见 http：//xueqian.eol.cn/dongtai/201902/t20190226_1646305.shtml，2019–02–26。

107. 杨宜勇：《十八大以来的民生成绩单》，《人民论坛》2017 年第 11 期。

108.《中国残疾人联合会：2018 年残疾人事业发展统计公报》（残联发〔2019〕18 号），见 http：//www.cdpf.org.cn/zcwj/zxwj/201903/t20190327649544.shtml，2019–03–27.

109.《国家统计局：2018 年国民经济和社会发展统计公报》，见 http：//www.stats.gov.cn/tjsj/zxfb/201902/t201902281651265.html，2019–02–28。

110. 魏礼群:《党的十八大以来中国社会治理的新进展》,《社会治理》2017 年第 5 期。

111. 薄一波:《若干重大决策与事件的回顾》(上卷),中共中央党校出版社 1991 年版。

112. 陈伯达:《在毛泽东同志的旗帜下》,《红旗》1958 年第 4 期。

113. 王来青:《全国第一个人民公社兴衰录》,《农家之友》2010 年第 4 期。

114.《农村人民公社工作条例(修正草案)人民公社六十条》,人民网·强国社区,见 http://bbs1.people.com.cn/post/2/1/2/158097420.html,2016–08–20。

115.《三大改造 – 社会学概念 – 百科全书》,价值中国网,见 http://www.chinavalu,2011。

116. 田毅鹏:《"典型单位制"的起源和形成》,《吉林大学社会科学学报》2007 年第 4 期。

117. 王雷雷、葛素表:《中国:为"诺言"奔行 30 年》,《今日中国论坛》2008 年第 10 期。

118.《毛泽东选集》(第 2 卷),人民出版社 1991 年版。

119.《邓小平文选》(第 2 卷),人民出版社 1994 年版。

120.《江泽民文选》(第 3 卷),人民出版社 2006 年版。

121. 何海兵:《企业参与社区治理模式研究——基于四个案例样本的分析》,《治理现代化研究》2018 年第 5 期。

122. 田毅鹏、吕方:《单位社会的终结及其社会风险》,《吉林大学社会科学学报》2009 年第 6 期。

123.《习近平:在党的群众路线教育实践活动总结大会上的讲话》,《人民日报》2014 年 10 月 9 日。

124. 黄燕芬、杨宜勇、蔡潇彬、范宪伟:《40 年小康社会建设的 4 次历史性飞跃》,《宏观经济管理》2018 年第 12 期。

125. 渤海钓鳌客:《毛主席"唯人民的利益是图"有何深意?》,人民网·中国共产党新闻网,2013-09-26,见 http://cpc.people.com.cn/pinglun/n/2013/0926/c241220-23045891.html。

126.《邓小平文选》(第 3 卷),人民出版社 1993 年版。

127.《人民为中心不能只停留在口头上》,《京华时报》2016 年 1 月 19 日。

128. 杨宜勇:《中国改革开放获得巨大成功的诀窍》,《治理现代化研究》2019 年第 2 期。

129.《中共中央关于全面深化改革若干重大问题的决定》(2013 年 11 月 12 日中国共产党第十八届中央委员会第三次全体会议通过),中国政府网,见 http://www.gov.cn/jrzg/2013-11/15/content_2528179.htm。

130.《政府工作报告——在第十三届全国人民代表大会第二次会议上》,人民出版社 2019 年版。

131.《建国以来毛泽东文稿》(第 1 册),中央文献出版社 1987 年版。